高等法律职业教育系列教材
审定委员会

高等法律职业教育系列教材

高职体育教程

GAOZHI TIYU JIAOCHENG

主　编 ○ 王　冰　　陈国栋

副主编 ○ 林柔伟　　许余有　　李雄飞　　程孟良
　　　　　冯子禄　　陈清华

撰稿人 ○ 王　冰　　陈国栋　　林柔伟　　许余有
　　　　　李雄飞　　程孟良　　冯子禄　　陈清华
　　　　　樊嘉琳　　苏若可　　陈丽霞　　梁文芝

中国政法大学出版社

2018 · 北京

图书在版编目（ＣＩＰ）数据

高职体育教程 / 王冰，陈国栋主编. —北京：中国政法大学出版社，2018.3（2021.7重印）
ISBN 978-7-5620-8015-2

Ⅰ.①高⋯　Ⅱ.①王⋯②陈⋯　Ⅲ.①体育—高等职业教育—教材　Ⅳ.①G807.4

中国版本图书馆CIP数据核字(2018)第008250号

出 版 者　　中国政法大学出版社

地　　址　　北京市海淀区西土城路 25 号

邮　　箱　　fadapress@163.com

网　　址　　http://www.cuplpress.com (网络实名：中国政法大学出版社)

电　　话　　010-58908435(第一编辑部) 58908334(邮购部)

承　　印　　固安华明印业有限公司

开　　本　　787mm×1092mm　1/16

印　　张　　22

字　　数　　456 千字

版　　次　　2018 年 3 月第 1 版

印　　次　　2021 年 7 月第 2 次印刷

印　　数　　4001~9000 册

定　　价　　52.00 元

总　序
Preface

　　高等法律职业化教育已成为社会的广泛共识。2008 年，由中央政法委等 15 部委联合启动的全国政法干警招录体制改革试点工作，更成为中国法律职业化教育发展的里程碑。这也必将带来高等法律职业教育人才培养机制的深层次变革。顺应时代法治发展需要，培养高素质、技能型的法律职业人才，是高等法律职业教育亟待破解的重大实践课题。

　　目前，受高等职业教育大趋势的牵引、拉动，我国高等法律职业教育开始了教育观念和人才培养模式的重塑。改革传统的理论灌输型学科教学模式，吸收、内化"校企合作、工学结合"的高等职业教育办学理念，从办学"基因"——专业建设、课程设置上"颠覆"教学模式："校警合作"办专业，以"工作过程导向"为基点，设计开发课程，探索出了富有成效的法律职业化教学之路。为积累教学经验、深化教学改革、凝塑教育成果，我们着手推出"基于工作过程导向系统化"的法律职业系列教材。

　　《国家中长期教育改革和发展规划纲要（2010～2020 年）》明确指出，高等教育要注重知行统一，坚持教育教学与生产劳动、社会实践相结合。该系列教材的一个重要出发点就是尝试为高等法律职业教育在"知"与"行"之间搭建平台，努力对法律教育如何职业化这一教育课题进行研究、破解。在编排形式上，打破了传统篇、章、节的体例，以司法行政工作的法律应用过程为学习单元设计体例，以职业岗位的真实任务为基础，突出职业核心技能的培养；在内容设计上，改变传统历史、原则、概念的理论型解读，采取"教、学、练、训"一体化的编写模式。以案例等导出问题，根据内容设计相应的情境训练，将相关原理与实操训练有机地结合，围绕关键知识点引入相关实例，归纳总结理论，分析判断解决问题的途径，充分展现法律职业活动的演进过程和应用法律的流程。

法律的生命不在于逻辑，而在于实践。法律职业化教育之舟只有驶入法律实践的海洋当中，才能激发出勃勃生机。在以高等职业教育实践性教学改革为平台进行法律职业化教育改革的路径探索过程中，有一个不容忽视的现实问题：高等职业教育人才培养模式主要适用于机械工程制造等以"物"作为工作对象的职业领域，而法律职业教育主要针对的是司法机关、行政机关等以"人"作为工作对象的职业领域，这就要求在法律职业教育中对高等职业教育人才培养模式进行"辩证"地吸纳与深化，而不是简单、盲目地照搬照抄。我们所培养的人才不应是"无生命"的执法机器，而是有法律智慧、正义良知、训练有素的有生命的法律职业人员。但愿这套系列教材能为我国高等法律职业化教育改革作出有益的探索，为法律职业人才的培养提供宝贵的经验、借鉴。

2016 年 6 月

前 言

Foreword

　　人的素质决定着民族的素质，民族的素质影响着国家的发展和社会的进步。发展职业教育，提高学生素质，加快培养技能型、实用型人才，有利于切实提高学生的就业能力，促进就业率的提升，对适应我国新型工业化发展起到重要作用。职业教育在实施科教兴国和人才强国战略中具有特殊而主要的地位，党中央、国务院对此一贯高度重视。高职体育教育是高职院校课程体系的重要组成部分，是增强学生体质、促进健康的重要手段，《中共中央国务院关于深化教育改革全面推进素质教育的决定》明确提出，"健康体魄是青少年为祖国和人民服务的基本前提，是中华民族旺盛生命力的体现。学校教育要树立健康第一的指导思想，切实加强体育工作"。

　　为了更好地落实党中央精神，加强高职院校体育教材建设，为了适应我国高等职业教育的改革和建设的需要，广东司法警官职业学院组织各学科专业骨干教师，共同编写了一套高职高专专用教材，《高职体育教程》即为其中一本。

　　本教材力求体现"健康第一"指导思想的同时，也体现高职体育的专业特点，坚持基础性、实践性、专业性和发展性相结合，突出学生的个性发展和能力培养，帮助学生掌握体育的基础知识和基本技能，养成良好的锻炼习惯，培养爱国主义精神、集体主义观念和团队合作精神。

　　本教材具有以下特点：

　　1. 新颖性。本教材充分考虑到目前我国职业教育院校学生的现状，考虑他们将来走向社会所需要面临的各种挑战，紧跟世界教育发展与改革的新形势，吸取了许多新的教育观念和知识，将其融入体育理论的讲解中，追求教材的新颖性；本教材图文并茂，通俗易懂，方便自学。

2. 科学性与实用性。本教材针对职业院校学生的身心发育特点及我国职业院校体育教育现状，并依照学生的阅读习惯和体育项目的学练特点编写，旨在引导学生充分认识体育对健康的重要意义，不断增强他们的体育参与意识，提高其体育技能，最终使他们养成良好的锻炼习惯和健康的行为方式，以达到终身受益的目的。

3. 结构合理性。本教材内容设计符合学生的认知规律，有助于学生自主练习。

本教材主编王冰、陈国栋，副主编林柔伟、许余有、李雄飞、程孟良、冯子禄、陈清华，樊嘉琳、苏若可、陈丽霞、梁文芝参与编写工作。参加撰稿人分工如下：

王冰：负责统稿以及编写单元一、单元二、单元三；

陈国栋：负责统稿以及编写单元四、单元十；

林柔伟：单元九；

许余有：单元七；

李雄飞：单元六、单元八；

程孟良：单元十一、单元十三；

冯子禄：单元五；

陈清华：单元十四；

樊嘉琳：单元十二；

苏若可 、陈丽霞、梁文芝负责整理资料。

本教材在编写过程中，参考了有关的教材和资料，在此一并向著作者表示感谢。

《高职体育教程》编写组

2018 年 1 月 13 日

目录 *Contents*

—— 单 元 一 ——

体育与健康概述

项目一　体育概述

在人类生存发展的实践过程中，一方面通过自己的身体活动作用于自然界外部，以获得物质生活资料；另一方面通过自己的身体活动作用于自身，以促进自身的生存和发展，提高生活质量。我们把后一种作用于人类自身的活动称为"身体运动"，即我们传统意义上所讲的体育运动或广义体育。

一、体育基本概念

体育运动（广义体育）是以身体练习为基本手段，以增强体质、促进人的全面发展、丰富社会文化生活和促进精神文明为目的的一种有意识、有组织的社会活动。它是社会文化的一部分，其发展受一定社会的政治和经济制约，也为一定政治和经济服务。

二、体育的组成

根据体育的目的、对象和社会施予的影响不同，广义的体育又包括学校体育、竞技体育和大众体育三个方面。

（一）学校体育

学校体育又称狭义体育，是指在各级各类学校中展开的，通过身体活动增强学生体质，并传授身体锻炼的知识、技术和技能，培养其道德和意志品质以及终身体育意识的有目的、有计划的教育过程。它是教育的组成部分，是培养人全面发展的一个重要方面。

学校体育的目的是完善人类的自身发展，使学生具有良好的体质，并能掌握体育锻炼的相关知识、技能，使其终身受用，学校体育的主要形式是体育教学和校内体育

1

活动，没有竞技运动的功利性，也没有大众体育的随意性，而是具有很强的规范性。

（二）竞技体育

竞技体育是指为了最大限度地发挥和提高人体在体格、体能、心理和运动能力方面的潜力，为取得优异竞赛成绩而进行的科学、系统的训练和竞赛活动。它有以下特征：

1. 有激烈的对抗性和极高的观赏性，运动员最大地发挥潜能以战胜对手；
2. 竞技比赛具有国际性，比赛规则国际通用，结果也被社会承认；
3. 参加竞赛的运动员，代表的是一个国家或一个团体，加强了活动的严肃性；
4. 竞赛活动是功利的，不像休闲运动那样，仅仅是为了消遣和娱乐。

（三）大众体育

大众体育是指为达到强身健体、医疗保健和休闲娱乐等目的而进行的内容广泛、形式多样的体育活动，它有以下特征：

1. 健身性，这是大众百姓参加体育活动的主要目的；
2. 娱乐性，体育运动的功能之一便是参加该活动所能体验到的身心的快感；
3. 自主选择性，参加者根据自己的需要和实际情况，选择活动时间、地点和内容；
4. 生活性，大众体育已经成为人们日常生活的一项内容，并且日常化和生活化；
5. 余暇性，从时间上来讲，大众体育是善度余暇的手段，是丰富业余生活的手段。

学校体育、竞技体育和大众体育，三者既有一定的区别，又有一定的联系。他们都是以身体练习为基本手段，身体直接参与活动，他们都要求全面地发展身体，提高有机体机能能力。在三者的实践过程中，都有教育和教学的因素，都要学习一定的体育知识，掌握一定的体育技术技能。不同的是，学校体育的侧重点是教育，竞赛体育的侧重点是训练和比赛，大众体育的主要目的是休闲娱乐、强身健体。

三、体育的产生和发展

体育是人有目的、有意识地通过身体运动，增强身心健康的一种教育实践活动，它是身心发展的教育过程，也是社会文化教育重要的组成部分。体育这种锻炼身心的教育过程是为了满足人自身生存与发展的需要；为了增强自身的体质，娱乐身心，延年益寿，享受健康幸福生活的需要；为了提高民族素质，推动社会进步，促进国家发展的需要。这种目的与意识是人们从事体育实践的根本动力。

（一）体育的产生

世上一切事物都有它产生、发展和演变的过程。体育作为一种社会存在，也是从无到有逐渐演变发展而来的。行为科学认为，任何行为都有其产生的内部原因，这种内部原因就是人类生存发展的需要，这种需要是人类一切实践活动的原动力，也是体育产生与发展的源泉。

人类的祖先为了适应环境和生存的需要，学会了直立行走，解放了上肢。原始人的生活条件恶劣，为了谋生，就要靠快速的奔跑去捕获猎物，用刺杀和投掷杀伤野兽，靠游泳并用锐利的树枝、木器去捕鱼，靠攀登和爬越去采集野果。原始人这些求生的身体活动既是生存的基本技能，也是劳动的基本技能。在这些身体动作反复出现的过程中，人的跑、跳、投、攀登、支撑、爬越和涉水等身体基本活动能力得以发展，这就是现代体育活动的萌芽。但是，原始人类的这些活动，其根本是为了生存，而不是为了锻炼身体和增强体质。

（二）体育的发展

原始社会的教育活动促进了体育的发展。原始社会的教育主要是传授劳动技能，而当时生产劳动技能主要是跑、跳、投、攀登、支撑、爬越等人的基本活动能力。部落之间的战争对体育的发展起了推动作用。原始社会后期，随着人口密度的增大，为了保证血亲生存，部落间的冲突和战争不断加剧。这就出现了以军事为目的的身体训练和教育方式，即军事教育的雏形。

宗教祭祀活动丰富发展了体育。原始人由于认识能力低下，把大自然的变化视为是神灵的力量。为了表示对神灵的崇拜和尊敬，出现了祭祀活动。人们通过竞技、角力和身体动作（舞蹈的雏形）来祈祷风调雨顺，求得神灵庇护。古代奥林匹克运动会就是由这种祭祀中的竞技活动发展成为定期的节日竞技运动会的。

休闲娱乐和健身祛病丰富了体育的内容。一些体育项目是人们在娱乐中发展起来的，如各种游戏、民间舞蹈等，娱乐活动的内容主要是身体的活动，既具有娱乐的作用，又具有健身作用，很多活动发展成了体育的内容。

从体育发展的几个阶段我们不难看出，体育的形成是一个自然体育与人类认识同步的过程，是人类文明进步的标志。体育作为一种文化现象，它与其他社会现象不同之处在于，体育是通过人自身的运动来调整和促进人的有机体物质与能量代谢的变化以及活动能力的变化过程，是以身体练习为手段，利用自然因素结合卫生措施来增强人的体质，提高运动技术水平。体育也是满足人类个体和社会物质需要及精神需要的一种实践活动，具有作用于人体亦作用于社会的双重功能。对于人体，体育既作用于机体又作用于精神，使人身心健康；对于社会，既可提高生产力促进社会生产的发展，建设社会的物质文明，又可影响社会风气的改革，建设社会的精神文明。所以体育的价值是物质也是精神。

四、体育的功能

随着社会的不断进步和发展，人类需要的层次不断提高，体育自身的特征及其各种社会现象之间相互作用的规律不断被揭示，人们对体育功能的认识更为深刻。体育主要有五大功能。

（一）健身功能

健身功能是体育最主要的本质功能。科学证明，经常从事体育运动能使青少年生长发育健全、体型健美、姿态端正、动作矫健；能促进中年人身体健康，调节心理，消除由于现代生活节奏过快、压力过大所形成的不良心理反应；对老年人可以防病治病，推迟衰老，延年益寿。总之，体育运动是促进身体发展、增强体质最有效的手段。

（二）教育功能

体育的教育功能是体育最基本的派生功能。突出表现在它已被广泛地纳入各国的教育体系中。体育作为一种特殊的社会现象，不仅本身是学校教育中不可缺少的重要组成部分，而且对整个社会所产生的影响也是非常深刻的。

就学校教育体系而言，学校体育是学校教育不可缺少的组成部分，是学校培养全面发展人才的重要内容和手段。现代教育观认为在学校教育过程中，应完成教育、教学和发展三方面的任务，而体育本身的动态特征决定它在这方面更具有广阔的作用空间。

就社会教育体系而言，由于体育具有群众性、活动性、技艺性、竞争性、国际性和礼仪性等特点，它在激发人们的爱国热情、振奋民族精神以及培养人们的社会公德等方面具有不可低估的社会教育作用。

（三）娱乐功能

随着社会的不断进步和发展，社会余暇时间不断增多。人们在紧张的劳动之余，要求有高质量的精神文明生活。由于体育运动所显示的高难性、惊险性、造型的艺术性、配合的默契性和易于接受的朴素性，不仅给人以健、力、美的享受，而且吸引越来越多的人自觉地投身于其中，成为人们余暇生活的一个重要组成部分，丰富了社会文化生活，满足了人们的精神需要。

（四）政治功能

体育是人类社会文化的特殊组成部分，它的兴衰直接反映着社会的发展，它的荣辱直接反映了国家和民族的尊严。在国际体育竞赛中，比赛的胜负往往影响着一个国家的国民情绪和国际地位。第二十三届奥运会，在比赛的第一天，许海峰勇夺首枚金牌，为中国实现了奥运会金牌"零"的突破。昔日的"东亚病夫"已成为巨龙，极大地提高了我国的国际威望，振奋了民族精神，鼓舞了国人士气，增加了民族自信心和自豪感。许多西方人士都说，他们是国际赛场上最先开始了解改革开放的中国的。由此可见体育比赛的国际影响是那么的巨大。

体育具有超越世界语言和社会障碍的国际交往功能，长期以来，人们都把体育视为一种文化交往手段。一个国家的体育代表队往往被称为"穿着运动衣的外交家"。20世纪70年代初，中美两国乒乓球队互访，打开了两国建交的大门，被世界誉为"小球推动大球"的"乒乓外交"，在世界外交史上留下了光辉的一页。体育比赛作为新世纪最广泛的国际文化交流活动，它能促进世界各国人民之间的了解和友谊，加强国与国之间的文化交流和团结，在缓和国际关系，创造和平氛围，打开对外交流等方面发挥着积极的作用。

（五）经济功能

体育集健身、娱乐、休闲、竞赛等为一体的特点，吸引着数以亿计的人亲身参与体育运动和观赏体育竞赛，促进了体育用品、练习器材、场地设施等产业的极大发展，通过组织竞赛，出售电视转播权、广告权、发售门票、纪念币、体育彩票等直接获得较大的收入；通过国际大型竞赛，吸引世界众多观众，带动旅游、商业、交通、电信和新闻出版等行业的发展。

体育也成为推动我国经济持续增长的重要力量。由于具备广阔的市场前景和开发潜力，体育产业被国际体育经济专家誉为"最有开发前景的处女地"，大批国际体育经营和管理公司纷至沓来，国内的体育产业范围也在不断拓展增长。除了极具魅力的体育产业外，全国健身热的持续升温，使群众体育锻炼和休闲娱乐体育的市场展现出了不可估量的庞大需求。体育产业在中国国民经济中的地位将进一步提升，对推动中国经济在新世纪继续保持增长将发挥越来越大的作用。

五、当代大学生应具备的体育素质

1. 体育素养概述。体育素养是人们通过体育知识的学习和体育活动的参与而形成的各种体育能力和行为的综合表现。它是通过体育知识的深浅、体育技能的优劣、体育技术的好坏、体育意识的强弱、体育个性的突出与否来表现的，提高学生的体育文化素养是适应现代教育由应试教育向素质教育转化的一个重要组成部分，是学生当前激烈的竞争和未来社会竞争必须具备的个人品质。

体育素养的各个方面是有机联系的相辅相成的整体。体育知识是基础，但只有体育知识，没有运动技能和运动技术，也只是一个夸夸其谈之徒；运动技能和运动技术是重点，是体育文化素养的外在表现形式。但只有运动技能和技术，缺乏体育道德作灵魂，也不过是增加了几个四肢发达、头脑简单的莽汉而已；而没有体育意识作动力，提高体育文化素养就成了纸上谈兵。因此，提高学生体育文化素养，需要注重全面提高体育文化的各个方面，不可偏废。

2. 当代大学生必备的体育素养知识。

（1）树立大学生"健康第一"的体育学习理念。健康是人类生存和发展的最基本的自身条件，也是创造社会物质文明和精神文明的基础，同时也是一个民族或国家整体素质与社会文明的重要标志。《中共中央、国务院关于深化教育改革全面推进素质教育的规定》明确指出："健康体魄是青少年为祖国和人民服务的基本前提，是中华民族旺盛生命力的体现。学校教育要树立健康第一的指导思想，切实加强体育工作。"因此当代大学生要清楚地认识到，健康的身体是生命的本钱，是国家社会对全面发展综合素质人才的要求。体育锻炼不仅对形态结构、生理功能、身体素质和适应能力有良好的影响，而且在丰富精神文化生活中会起到不可忽视的作用。

（2）掌握体育和健康的基本知识，提高自身体育活动的动力。大学生在高校的体育学习过程中，应注重体育对促进健康的重要作用，掌握体育健身的基本原理，并能运用这些知识和原理指导自身的体育锻炼；要学会体育锻炼评价方法和身心健康的评价方法，把体育视为一种文化加以理解，不断提高自己的体育素养，同时还要注重提高自己的体育活动能力。体育活动能力的提高除了要掌握体育和健康的知识，还要学习一定的运动技术和体育锻炼方法，形成一定的运动技能。要从增强体质的角度去学习运动技术，把运动技术看成是增强体质和提高健康水平的手段，把运动技术和体育锻炼方法的学习过程看成是增强体质、增进健康、传播体育文化的过程，切实为终身体育奠定基础。

（3）坚持锻炼身体的习惯，养成健康的行为方式。不良的行为和生活方式给健康带来不利影响。现代社会生活方式的多样性，行为方式的个性自由特征，使个人的行为和生活方式对健康的不利影响逐步增加。对于持久的健康来说，无论是目前使用或将来使用的药物，都没有健身计划和健康体育锻炼方式更有发展前途，为此我们应养成坚持体育锻炼的习惯，培养自我健康的行为方式。

（4）培养自身的体育道德修养、合作精神和坚强毅力。自工业革命以来，人类社会对地球无限制地开采和掠夺，以及科学发展的无序、核毁灭、人口过剩、环境恶化等关系人类生存的问题已引起人们的高度关注，制定全球范围的道德规范将是伦理学家和政治家的重要工作。而体育是传播精神文明的重要载体，通过体育行为培养现代人高尚的道德情操是一条有效途径。因此我们应培养自身的体育道德素养，在体育运动竞赛中培养合作意识和坚强的毅力。大学生要加深对体育的理解，领悟体育的真谛，这是培养良好体育素养的根本途径。

项目二　健康概述

一、健康的概念

什么是健康？不同时期的人们有不同的标准。古希腊文明时期，人们以健壮的体魄为健康标准；中国古代以善武能文、博学多识为健康；生活当中人们习惯于把不生病、对疾病抵抗力强的人视为健康。其实这都是不全面的认识，世界卫生组织（WHO）于1948年首先提出了健康的含义：健康不仅仅是指身体没有疾病和衰弱，而且也指在身体方面、精神方面和社会适应方面的完美状态。从而将人类的健康与生理的、心理的以及社会的因素联系在一起。

这个定义包含三层含义：

（1）**身体健康**。是指躯体的结构完好，功能正常。躯体与环境之间保持相对的平衡状态。

（2）**心理健康**。又称精神健康，指人的心理处于完好状态，包括正确地认识自我，正确地认识环境，及时适应环境。

（3）**社会适应能力良好**。是指个人的能力在社会系统内得到充分的发挥，个体能够有效地扮演与其身份相适应的角色，个人的行为与社会规范和谐一致。

1989 年，世界卫生组织对健康的概念又进行了重新定义，指出健康应包括身体健康、心理健康、社会适应良好和道德健康，这就是所谓的四维健康观念（如图 1 - 2 - 1 所示）。

图 1 - 2 - 1　四维健康观　　　　图 1 - 2 - 2　健康五要素

继四维健康观之后，美利坚大学的国家健康中心提出了一个与其类似的健康定义，即健康是人类对环境适应后所达到的一种生命质量，个体只有在身体、情绪、智力、精神和社会各方面达到完美状态才能称得上真正的健康，这种健康观又称健康五要素（如图 1 - 2 - 2 所示）。这种观念将人们对健康的认识提高到一个崭新的高度，并为世界各国学者广泛接受。

（1）**身体健康**。不仅包括无病，而且还包括体能。体能是一种能满足生活需要和有足够能量完成各种活动的能力。具备这种能力，就可以预防疾病，提高生活质量。

（2）**情绪健康**。情绪涉及我们对自己和他人的感受。情绪健康的主要标志是情绪的稳定，所谓稳定是指个体应对日常生活中人际关系和环境压力的能力。当然，生活中偶尔有些情绪波动均属正常，关键是生活的大部分时间要保持情绪稳定。

（3）**智力健康**。是指在长期的学习和生活中，大脑始终保持活跃状态。

（4）**精神健康**。是指理解生活基本目的的能力，以及关心和尊重所有生命的能力。对于不同宗教、文化和国家的人来说，精神健康的内容也有所不同。

（5）**社会健康**。是指个体与他人及社会环境相互作用形成的和谐的人际关系和社会角色的能力。此能力将使人们在人际交往中充满自信和安全感，进而减少烦恼，保持心情愉快。

值得注意的是，健康的五要素相互联系，相互影响，例如，身体不健康会导致情绪不健康，心理不健康会导致身体、情绪和智力不健康。因此，只有每一个健康要素平衡地发展，人们才能真正健康，才能幸福地生活。

二、衡量健康的标准

世界卫生组织在给健康下定义时并未给出量化的标准，由于发展时期、地域、种族、年龄段、性别、职业等因素的不同，衡量健康的具体标准也有所不同。所以说，健康没有一个确切的概念和具体标准，它只是对一个个体在不同时间和空间的状态的描述。可见，衡量健康的标准是广泛的。

近年来，为了便于普及健康知识，世界卫生组织提出了衡量人体健康的 10 条标准：

（1）精力充沛，能从容应付日常生活和工作；

（2）处事乐观，态度积极，乐于承担责任；

（3）善于休息，睡眠质量好；

（4）应变能力强，能适应各种环境的变化；

（5）对一般感冒等传染疾病具有一定的抵抗能力；

（6）体型匀称，体重适当，身体各部分比例协调；

（7）眼睛明亮，思维反应敏捷；

（8）牙齿清洁，无损伤，无病痛，齿龈无出血；

（9）头发光泽，无头屑；

（10）走路轻松，肌肉、皮肤富有弹性。

人们在日常生活也形成了一些关于健康的标准，实际上是对世界卫生组织提出的标准的延伸：

（1）胃口好，进餐适量，不挑剔食物，内脏功能正常；

（2）排泄畅通，胃肠功能良好；

（3）能很快入睡，且睡眠程度深，醒后精神饱满，头脑清醒；

（4）语言表达正确，说话流利，头脑清楚，思维敏捷，中气实足，心、肺功能正常；

（5）行动自如、敏捷，精力充沛旺盛；

（6）性格温和，意志坚强，感情丰富，具有坦荡胸怀与达观心境；

（7）具有良好的处世能力，看问题客观现实，具有自我的控制能力；

（8）能适应复杂的社会环境，对事物的变化保持良好的情绪，保持对社会外界与机体内环境的平衡；

（9）具有良好的人际关系，待人接物大度和善，不过分计较，助人为乐，与人为善。

现代健康观揭示了人体的整体性以及人体与自然环境和社会环境的统一。人类对疾病的预测从对个体诊断延伸到对群体乃至整个社会的健康评价，而对健康的评价标准由单纯的生物标准扩展到心理、社会标准。

项目三　高职体育与终身体育

一、体育在高职教育中的地位和作用

高职体育是我国培养身心健康的高级专门人才的需要，既是国民体育的基础，又是发展我国体育事业的需要；既是丰富大学生课余文化生活、建设校园精神文明的需要，又是高职教育的重要组成部分。健康的身体、强健的体魄对于大学生紧张的学习、丰富多彩的活动、感知与认识世界、形成良好的个性都是十分重要的，也是他们在将来的工作中有所作为的重要保证。

体育运动是大学生感受人生、体验人生最深刻、最直接、最生动的活动。它在培养学生的意志品质、拼搏精神、团队精神等方面，以及对学生人生态度、情感、价值观的形成具有独特的、其他学科无法替代的作用。其作用主要表现在：

第一，完善大学生的身体发育，提高身体素质，保持并增进健康。

第二，体育教育能使大学生获得体育和卫生保健方面的知识及锻炼身体的技巧和方法，提高运动能力。

第三，体育教育有助于大学生个性的全面发展，塑造良好的心理品质，对大学生世界观的形成以及个人的良好道德品质的培养都起着积极的作用。

第四，高职体育可以为国家培养体育骨干和优秀人才。

二、高职体育目标

（一）基本目标

基本目标是根据大多数学生的基本要求而确定的，分为五个领域目标。

1. 运动参与目标：积极参与各种体育活动并基本形成自觉锻炼的习惯，基本形成终身体育意识，能够编制可行的个人锻炼计划，具有一定的体育文化欣赏能力。

2. 运动技能目标：熟练掌握两项以上健身运动的基本方法和技能，能科学地进行体育锻炼，提高自己的运动能力，掌握常见运动创伤的处理方法。

3. 身体健康目标：能测试和评价体质健康状况，掌握有效提高身体素质、全面发展体能的知识和方法；能合理选择人体需要的健康营养食品；养成良好的行为习惯，形成健康生活方式；具有健康体魄。

4. 心理健康目标：根据自己的能力设置体育学习目标；自觉运用体育活动改善心理状态、克服各种心理障碍，养成积极乐观的生活态度；运用适宜方法调节自己的情绪；在运动中体验运动乐趣和成功的感觉。

5. 社会适应目标：表现出良好的体育道德和合作精神，正确处理竞争与合作的关系。

（二）发展目标

发展目标是针对部分学生学有所长和有余力的学生制定的，也可作为大部分学生努力的目标。

1. 运动参与目标：形成良好的体育锻炼习惯；能独立制定适用自身需要的健身运动处方；具有较高的文化素养和观赏水平。

2. 运动技能目标：积极提高运动技术水平，发展自己的运动才能，在某个项目上达到或相当于国家等级运动员水平；能参加有挑战性的野外活动和运动竞赛。

3. 身体健康目标：能选择良好的运动环境，全面发展体能，提高自身科学锻炼的能力，练就强健的体魄。

4. 心理健康目标：在具有挑战性的运动环境中表现出勇敢顽强的意志品质。

5. 社会适应目标：形成良好的行为习惯，主动关心、积极参与社区体育事务。

三、高职体育的组成

根据《学校体育工作条例》的规定，学校体育工作是指体育课教学、课外体育活动、课余体育训练和课余体育竞赛。《全国普通高等学校体育课程教学指导纲要》指出：把有目的、有计划、有组织的课外体育锻炼、校外（社会、野外）活动、运动训练等纳入体育课程，形成课内外、校内外有机联系的课程结构。

体育课堂教学、课外体育活动、课余体育训练和课余体育竞赛是实现我国高职体育目标的基本形式。

（一）体育课堂教学

体育课堂教学是高职课堂课程体系的重要组成部分，是实现高职体育教育目的与目标的重要组成形式，是保证全体学生学习并掌握体育与健康的知识技能，达到增强体质和提高体育素养目标的中心环节；体育课堂教学是促进身心和谐发展、个性培养、科学知识教育、生活与体育技能教育于一体的教育过程。目前，我国高职体育的体育课程主要有普通体育课、专项体育课、保健体育课和体育选修课程。

（二）课外体育课

课外体育课活动是高职体育课的延续和补充。《学校体育工作条例》规定：普通高等学校除安排有体育课外，每天应当组织学生开展各种课外体育活动。根据学校的实际情况和传统特点，因人、因时、因地制宜地开展多种形式的课外体育活动，对巩固和提高体育课的教学效果，增进集体凝聚力，促进精神文明建设等方面都会起到良好的促进作用。课外体育活动主要有早操和课外体育锻炼。

（三）课余体育训练

课余体育运动训练时在课余时间对部分体育基础较好，有一定体育运动天赋的学生运动员进行系统的训练。大学的课余运动训练具有两重性：一是作为竞技体育的重要组成部分，培养竞技体育人才，为提高我国的竞技体育运动水平作贡献；二是作为学校群众性体育的组成部分，培养群众性体育的骨干，推动群众性体育活动的开展。随着我国教育于体育事业的迅速发展，竞技体育体制改革的深入，高职院校作为我国培养高水平竞技体育人才主要途径的作用必将日益显著。

（四）课余体育竞赛

课余体育竞赛是在课余时进行的，由两个或两个以上的个人或团体，依据一定的规则和比赛规程进行的互相竞赛的体育活动。课余体育竞赛是推动大学群众性体育活动的开展、丰富课余生活、提高课余运动训练水平的重要杠杆。大学的课余体育竞赛包括：校内体育竞赛，即校内各系科、各年级、各班级等之间进行的各种小型多样的、丰富多彩的、并有广泛群众性的竞赛活动；全校性的综合或单项竞赛活动。

（五）其他体育活动

1. 野外活动。野外活动是指个人或集体靠智慧和能力，在环境复杂的大自然中，从事郊游、远足、野营、登山、涉水、攀岩等活动。这类活动带有浓厚的探险色彩，可以培养学生的创造性思维和科学探险精神，倡导人与人的协作精神以及弘扬团队精神。

2. 体育节。体育节以其具有的时代特点和独特的表现形式，正在成为校园文化的重要组成部分。它一般是结合有意义的节日或重大国际、国内的体育活动，利用"体育周"或"体育日"形式，开展专题性的体育主题活动，进行体育教育和锻炼等。

四、高职院校体育的特点

高等职业教育是我国高等教育的重要组成部分，担负着为国家培养高素质的专业技能型人才的重任。在高等职业院校里主要通过德育、智育、体育、美育和专业技能教育这几个方面对学生进行培养。

在高职院校实施体育教育的过程中，既要看到当代大学生的共性特点，还要强调高职院校培养技能专门人才的特点，尤其应重视针对不同专业的特殊性职业的要求，发展未来职业所必须的身体素质以及职业保健技能。例如，对地质、采矿等专业学生重视登山、攀爬技能的培养，对航海、水利等专业学生突出掌握游泳技能的要求等。因此，不同类别的高等职业院校，应当在认真贯彻教育方针、培养身心全面发展人才的前提下，结合各校不同专业人才培养的具体要求和特点，改革体育教学内容与方法，建立符合本专业实际的体育课程体系。

五、高职体育与终身体育

（一）终身体育的概念

20世纪60年代中期，法国著名教育家朗格朗提出了终身教育的观点，1972年联合国教科文组织对终身教育的理论和原则进行了系统的论述。在终身教育的影响下，更主要的是由于人们追求健康长寿、改善生活方式、提高生活质量的主体需求，终身体育思想是从人的生涯角度对体育问题的理性认识。它以人为出发点，从哲学的角度探讨人、体育、社会三者的关系，旨在塑造全面发展的人，实现体育运动对人和社会发展的巨大功能。

（二）终身体育正在成为高职体育改革和发展的指导思想

现代教育特别强调"为学生的终身发展奠定基础"。终身体育的指导思想是指以培养学生终身参与体育活动的能力和习惯为主导的思想。这种思想认为，学校体育是终身体育的最重要的、具有决定性意义的中间环节，主张在学校阶段培养学生终身从事体育学习和锻炼的观念和习惯，并使学生掌握终身体育的基本理论和方法，我国推出的《全国普通高等学校体育课程教学指导纲要》中有多处体现高职体育改革要贯彻终身体育思想的表述。

（三）高职体育是终身体育的基础

学校体育是奠定终身体育基础的极好时机。一方面，可以促进大学生正常生长发育、增强体质，打好体质健康基础；另一方面，使大学生掌握体育的基本理论知识和锻炼方法，培养他们对体育的爱好、兴趣，养成体育锻炼的习惯，使体育活动成为学生生活中不可缺少的内容。这个阶段所产生的体育后续效应将在学生毕业后的几十年生活中表现出来。

终身体育是依靠在高职体育阶段形成的体育意识、习惯和能力，在人生的各个不同阶段继续坚持体育学习和健身，不断修炼个性、充实人生，提高生活乃至生命质量，它是高职体育的长远目标。

单元二

体育锻炼与身体健康

项目一　高职学生的身体特点

一、身体形态发育特点

高职学生的年龄一般为 17～22 岁，他们经历了身体发育的两次高峰，但仍处于发育的后期到基本发育成熟之间，身体形态还在继续成长，只不过速度要相对慢一些，在这个时期进行全面和科学的身体锻炼，能够使其体格健壮，体态匀称。

二、身体机能发育特点

（一）神经系统

神经兴奋与抑制发展趋势与平衡，灵活性提高，机能逐渐完善。抽象思维能力不断增强，综合分析能力显著提高。

（二）运动系统

骨骼增厚、增粗和更坚固，能够承受较大的压力；肌纤维增粗、横断面增大，肌力增强，骨骼和肌肉的发育还在继续。

（三）呼吸系统

呼吸肌增强。呼吸深度加大，呼吸频率减慢。胸腔增大，肺活量增大，最大吸氧量和负氧债的能力逐步提高。

（四）心血管系统

心肌的收缩力加强，每搏输出量增加，心率逐渐减慢。

高职阶段，学生通过体育课的学习、锻炼以及课余体育锻炼，可以使身体机能得到进一步发展和完善。

13

三、身体素质的特点

男生的力量、耐力、速度、灵敏性等素质明显要高于女生，而女生的柔韧性和协调性比男生要好；女生重心比男生低，平衡能力高于男生。

四、运动能力特点

加强肌肉力量、柔韧、协调、灵敏性等练习，科学地进行体育锻炼，能使身体形态得到很好的改善。重视和加强有氧运动的练习，可以大大提高心肺功能，有利于运动能力的提高。

项目二　体育锻炼对身体健康的积极影响

一、体育锻炼的意义和作用

体育锻炼对促进人体生长发育和形态结构改善，塑造健美体态，提高机体的工作能力，消除疲劳，调节情绪，愉悦身心，预防疾病等都有非常重要的意义和作用。

二、体育锻炼对身体健康的积极影响

体育锻炼对身体健康的积极影响主要表现在以下几个方面：
(1) 促进人体正常生长发育和智力发展；
(2) 促进人体机能，提高基本活动能力；
(3) 形成良好的体形和体态，塑造外在美；
(4) 提高身体对外界环境的适应能力；
(5) 可以预防疾病，延缓衰老，延年益寿。

项目三　国家大学生体质健康测评

一、《国家学生体质健康标准（2014年修订）》实施说明

（一）说明

1.《国家学生体质健康标准》（以下简称《标准》）是国家学校教育工作的基础性指导文件和教育质量基本标准，是评价学生综合素质、评估学校工作和衡量各地教育发展的重要依据，是《国家体育锻炼标准》在学校的具体实施，适用于全日制普通小学、初中、普通高中、中等职业学校、普通高等学校的学生。

2. 本标准的修订坚持"健康第一"，落实《国家中长期教育改革和发展规划纲要（2010－2020年）》《国务院办公厅转发教育部等部门关于进一步加强学校体育工作若干意见的通知》和《教育部关于印发〈学生体质健康监测评价办法〉等三个文件的通知》的有关要求，着重提高《标准》应用的信度、效度和区分度，着重强化其教育激励、反馈调整和引导锻炼的功能，着重提高其教育监测和绩效评价的支撑能力。

3. 本标准从身体形态、身体机能和身体素质等方面综合评定学生的体质健康水平，是促进学生体质健康发展、激励学生积极进行身体锻炼的教育手段，是国家学生发展核心素养体系和学业质量标准的重要组成部分，是学生体质健康的个体评价标准。

4. 本标准将适用对象中高校部分分为：大学一、二年级为一组，三、四年级为一组。

5. 大学各组别的测试指标均为必测指标。其中，身体形态类中的身高、体重，身体机能类中的肺活量，以及身体素质类中的50米跑、坐位体前屈为各年级学生共性指标。

6. 本标准的学年总分由标准分与附加分之和构成，满分为120分。标准分由各单项指标得分与权重乘积之和组成，满分为100分。附加分根据实测成绩确定，即对成绩超过100分的加分指标进行加分，满分为20分；大学的加分指标为男生引体向上和1000米跑，女生1分钟仰卧起坐和800米跑，各指标加分幅度均为10分。

7. 根据学生学年总分评定等级：90.0分及以上为优秀，80.0～89.9分为良好，60.0～79.9分为及格，59.9分及以下为不及格。

8. 每个学生每学年评定一次，记入《〈国家学生体质健康标准〉登记卡》（见表2－3－9）。特殊学制的学校，在填写登记卡时可以按规定和需求相应地增减栏目。学生毕业时的成绩和等级，按毕业当年学年总分的50%与其他学年总分平均得分的50%之和进行评定。

9. 学生测试成绩评定达到良好及以上者，方可参加评优与评奖；成绩达到优秀者，方可获体育奖学分。测试成绩评定不及格者，在本学年度准予补测一次，补测仍不及格，则学年成绩评定为不及格。普通高中、中等职业学校和普通高等学校学生毕业时，《标准》测试的成绩达不到50分者按结业或肄业处理。

10. 学生因病或残疾可向学校提交暂缓或免予执行《标准》的申请，经医疗单位证明，体育教学部门核准，可暂缓或免予执行《标准》，并填写《免予执行〈国家学生体质健康标准〉申请表》（见表2－3－10），存入学生档案。确实丧失运动能力、被免予执行《标准》的残疾学生，仍可参加评优与评奖，毕业时《标准》成绩需注明免测。

11. 各学校每学年开展覆盖本校各年级学生的《标准》测试工作，《标准》测试数据经当地教育行政部门按要求审核后，通过"中国学生体质健康网"上传至"国家学生体质健康标准数据管理系统"。测试和数据上传时间由教育行政部门确定。

12. 本标准由教育部负责解释。

（二）单项指标与权重（表2-3-1）

表2-3-1　测试指标与权重

测试对象	单项指标	权重（%）
大学各年级	体重指数（BMI）	15
	肺活量	15
	50米跑	20
	坐位体前屈	10
	立定跳远	10
	引体向上（男）/1分钟仰卧起坐（女）	10
	1000米跑（男）/800米跑（女）	20

注：体重指数（BMI）＝体重（千克）/身高（米）的平方

二、《国家学生体质健康标准》的测试方法

（一）1分钟仰卧起坐（女）

1. 测试目的。测试学生的腹肌耐力。

2. 测试方法。受试者仰卧于垫上，两腿稍分开，屈膝呈90度角左右，两手指交叉贴于脑后。另一同伴压住其膝关节，以固定下肢。受试者坐起时两肘触及或超过双膝为完成一次。仰卧时两肩胛必须触垫。测试人员发出"开始"口令的同时开表计时，记录1分钟内完成次数。1分钟到时，受试者虽已坐起但肘关节未达到双膝者不计次数。记录精确到个位（图2-3-1）。

图2-3-1

3. 注意事项。

（1）如发现受试者借用肘部撑垫或臀部起落的力量坐起时，该次不计数。

（2）测试过程中，观测人员应向受试者报数。

（3）受试者双脚必须放于垫上。

（二）引体向上（男）

1. 测试目的。测试学生的上肢肌肉力量的发展水平。

2. 测试方法。受试者跳起双手正握杆，两手与肩同宽成直臂悬垂。静止后，两臂同时用力引体（身体不能有附加动作），上拉到下颌超过横杠上缘为完成一次。记录引体次数。

3. 注意事项。

（1）受试者应双手正握单杠，待身体静止后开始测试。

（2）引体向上时，身体不得做大的摆动，也不能借助其他附加动作撑起。

（3）两次引体向上的间隔时间超过10秒则停止测试。

（三）立定跳远

1. 测试目的。测试学生下肢爆发力及身体协调能力的发展水平。

2. 测试方法。受试者两脚自然分开站立，站在起跳线后，脚尖不得踩线（最好用线绳做起跳线）。两脚原地同时起跳，不得有垫步或连跳动作。丈量起跳线后缘至最近着地点后的垂直距离，以厘米为单位，不计小数。

3. 注意事项。

（1）发现犯规时，此次成绩无效。

（2）可以赤足，但不得穿钉鞋、皮鞋、塑料凉鞋参加测试。

（四）坐位体前屈

1. 测试目的。测量学生在静止状态下的躯干、腰、髋等关节可以达到的活动幅度，主要反映这些部位的关节、韧带和肌肉的伸展性和弹性及学生身体柔韧素质的发展水平。

2. 测试方法。受试者两腿伸直，两脚平蹬测试纵板坐在平地上，两脚分开10～15厘米，上体前屈，两臂伸直，用两手中指尖逐渐向前推动游标，直到不能前推为止。测试计的脚蹬纵板内沿平面为0点，向内为负值，向前为正值。记录以厘米为单位，保留1位小数点。测试2次，取最好成绩（图2-3-2）。

图2-3-2

3. 注意事项。

（1）身体前屈，两臂向前推游标时两脚不能弯曲。

（2）受试者应匀速向前推动游标，不得突然发力。

（五）800 米（女）、1000 米（男）跑

1. 测试目的。测试学生耐力素质的发展水平，特别是心血管呼吸系统的机能及肌肉耐力。

2. 测试方法。受试者至少 2 人一组进行测试，站立式起跑，当听到"跑"的口令后开始起跑。计时员看到旗动开表计时，当受试者的躯干部到达终点线垂直面时停表。以分、秒为单位记录测试成绩，不计小数。

3. 注意事项。

（1）如果在非 400 米标准场地上进行测试，测试人员应向受试者报告剩余圈数，以免跑错距离。

（2）测试人员应告知受试者在跑完后要继续慢走动，不要立刻停下，以免发生意外。

（3）受试者不得穿皮鞋、塑料凉鞋、钉鞋参加测试。

（4）对分、秒进行换算时要细心，防止差错。

（六）50 米跑

1. 测试目的。测试学生速度、灵敏素质及神经系统灵活性的发展水平。

2. 测试方法。受试者至少 2 人一组测试。站立起跑，受试者听到"跑"的口令后开始起跑。发令员在发出口令同时要摆动发令旗。计时员视旗动开表计时，受试者躯干到达终点线的垂直面停表。以秒为单位记录测试成绩，精确到小数点后 1 位，小数点后第 2 位数按非 0 进 1 的原则进位，如 10.11 秒读成 10.2 秒并记录之。

3. 注意事项。

（1）受试者测试最好穿运动鞋或平底布鞋，赤足亦可，但不得穿钉鞋、皮鞋、塑料凉鞋。

（2）发现有抢跑者，要当即召回重跑。

（3）如遇风时一律顺风跑。

（七）肺活量

1. 测试目的。测试学生的肺通气功能。

2. 测试方法。房间通风良好，使用干燥的一次性口嘴（非一次性口嘴，则每换测试对象需消毒一次，每测一人时将口嘴下倒出唾液并注意消毒后必须使其干燥）。肺活量计主机放置在平稳桌面上，检查电源线及接口是否牢固，按工作键液晶屏显示"0"即表示机器进入工作状态，预热 5 分钟后测试为佳。

首先告知受试者不必紧张，并且要尽全力，以中等速度和力量吹气效果最好。令被测试者面对肺活量计站立，手持吹气口嘴，测试过程口嘴或鼻处不能漏气，如漏气应调整口嘴和用鼻夹（或自己捏鼻孔）；学会深吸气（避免耸肩提气，应该像闻花式的

慢吸气）。受试者进行一两次较平日深一些的呼吸动作后，更深地吸一口气，屏住气向口嘴处慢慢呼出至不能再呼为止，防止此时从口嘴处吸气，测试中不得中途二次吸气。吹气完毕液晶屏上最终显示的数字即为肺活量毫升值。以毫升为单位，不保留小数。

3. 注意事项。

（1）电子肺活量计的计量部位的通畅和干燥是仪器准确的关键，吹气筒的导管必须在上方，以免口水或杂物堵住气道。

（2）严禁用水、酒精等任何液体冲洗气筒内部。

（3）导气管存放时不能弯折。

（4）定期校对仪器。

（八）体重

1. 测试目的。测试学生的体重，与身高测试相配合，评定学生身体匀称度，评价学生生长发育的水平及营养状况。

2. 测试方法。测试时，杠杆秤应放在平坦地面上，调整0度至刻度尺水平位。受试者赤足，男性受试者身着短裤；女性受试者身着短裤、短袖衫，站在秤台中央。测试人员放置适当砝码并移动游标至刻度尺平衡。读数以千克为单位，精确到小数点后1位。记录员复诵后将读数记录。测试误差不超过0.1千克（图2-3-3）。

图2-3-3　　　　　　　　　图2-3-4

3. 注意事项。

（1）测量体重前受试者不得进行激烈体育活动或体力劳动。

（2）受试者站在秤台中央，上下杠杆秤动作要轻。

（九）身高

1. 测试目的。测试学生身高，与体重测试相配合，评定学生的身体匀称度，评价学生生长发育的水平及营养状况。

2. 测试方法。受试者赤足，立正姿势站在身高计的底板上（上肢自然下垂，足跟并拢，足尖分开成60度角）。足跟、骶骨部及两肩胛区与立柱相接触，躯干自然垂直，头部正直，耳屏上缘与眼眶下缘呈水平位。测试人员站在测试者的右侧，将水平压板轻轻沿立柱下滑，轻压于受试者头顶。测试人员读数时双眼应与压板水平面等高进行读数，记录员复述后进行记录。以厘米为单位，精确到小数点后1位。测试误差不得超过0.5厘米（图2-3-4）。

3. 注意事项。

（1）身高计应选择在平坦靠墙的地方放置，立柱的刻度尺应面向光源。

（2）严格掌握"三点靠立柱""两点呈水平"的测量姿势要求，测试人员读数时两眼一定与压板等高，两眼高于压板时要下蹲，低于压板时应垫高。

（3）水平压板与头部接触时，松紧要适度，头发蓬松者要压实，头顶的发辫、发结要放开，饰物要取下。

（4）读数完毕，立即将水平压板轻轻推向安全高度，以防碰坏。

（5）测量身高前，受试者应避免进行激烈体育活动和体力劳动。

三、《国家学生体质健康标准（2014年修订）》测试评分表

表2-3-2　体重指数（BMI）单项评分表

（单位千克/平方米）

等级	单项得分	大学男生	大学女生
正常	100	17.9~23.9	17.2~23.9
低体重	80	≤17.8	≤17.1
超重		24.0~27.9	24.0~27.9
肥胖	60	≥28.0	≥28.0

表2-3-3　大学男生各测试项目评分表

（大一、大二适用）

等级	单项得分	肺活量（毫升）	50米跑（秒）	坐位体前屈（厘米）	立定跳远（厘米）	引体向上（次）	耐力跑1000米（分·秒）
优秀	100	5040	6.7	24.9	273	19	3'17"
	95	4920	6.8	23.1	268	18	3'22"
	90	4800	6.9	21.3	263	17	3'27"

续表

等级	单项得分	肺活量（毫升）	50米跑（秒）	坐位体前屈（厘米）	立定跳远（厘米）	引体向上（次）	耐力跑1000米（分·秒）
良好	85	4550	7.0	19.5	256	16	3'34"
	80	4300	7.1	17.7	248	15	3'42"
及格	78	4180	7.3	16.3	244		3'47"
	76	4060	7.5	14.9	240	14	3'52"
	74	3940	7.7	13.5	236		3'57"
	72	3820	7.9	12.1	232	13	4'02"
	70	3700	8.1	10.7	228		4'07"
	68	3580	8.3	9.3	224	12	4'12"
	66	3460	8.5	7.9	220		4'17"
	64	3340	8.7	6.5	216	11	4'22"
	62	3220	8.9	5.1	212		4'27"
	60	3100	9.1	3.7	208	10	4'32"
不及格	50	2940	9.3	2.7	203	9	4'52"
	40	2780	9.5	1.7	198	8	5'12"
	30	2620	9.7	0.7	193	7	5'32"
	20	2460	9.9	−0.3	188	6	5'52"
	10	2300	10.1	−1.3	183	5	6'12"

表2-3-4 大学男生各测试项目评分表

（大三、大四适用）

等级	单项得分	肺活量（毫升）	50米跑（秒）	坐位体前屈（厘米）	立定跳远（厘米）	引体向上（次）	耐力跑1000米（分·秒）
优秀	100	5140	6.6	25.1	275	20	3'15"
	95	5020	6.7	23.3	270	19	3'20"
	90	4900	6.8	21.5	265	18	3'25"
良好	85	4650	6.9	19.9	258	17	3'32"
	80	4400	7.0	18.2	250	16	3'40"

等级	单项得分	肺活量（毫升）	50米跑（秒）	坐位体前屈（厘米）	立定跳远（厘米）	引体向上（次）	耐力跑1000米（分·秒）
及格	78	4280	7.2	16.8	246		3'45"
	76	4160	7.4	15.4	242	15	3'50"
	74	4040	7.6	14.0	238		3'55"
	72	3920	7.8	12.6	234	14	4'00"
	70	3800	8.0	11.2	230		4'05"
	68	3680	8.2	9.8	226	13	4'10"
	66	3560	8.4	8.4	222		4'15"
	64	3440	8.6	7.0	218	12	4'20"
	62	3320	8.8	5.6	214		4'25"
	60	3200	9.0	4.2	210	11	4'30"
不及格	50	3030	9.2	3.2	205	10	4'50"
	49	2860	9.4	2.2	200	9	5'10"
	30	2690	9.6	1.2	195	8	5'30"
	20	2520	9.8	0.2	190	7	5'50"
	10	2350	10.0	-0.8	185	6	6'10"

表2-3-5　大学女生各测试项目评分表

（大一、大二适用）

等级	单项得分	肺活量（毫升）	50米跑（秒）	坐位体前屈（厘米）	立定跳远（厘米）	1分钟仰卧起坐（次）	耐力跑800米（分·秒）
优秀	100	3400	7.5	25.8	207	56	3'18"
	95	3350	7.6	24.0	201	54	3'24"
	90	3300	7.7	22.2	195	52	3'30"
良好	85	3150	8.0	20.6	188	49	3'37"
	80	3000	8.3	19.0	181	46	3'44"

续表

等级	单项得分	肺活量（毫升）	50米跑（秒）	坐位体前屈（厘米）	立定跳远（厘米）	1分钟仰卧起坐（次）	耐力跑800米（分·秒）
及格	78	2900	8.5	17.7	178	44	3'49"
	76	2800	8.7	16.4	175	42	3'54"
	74	2700	8.9	15.1	172	40	3'59"
	72	2600	9.1	13.8	169	38	4'04"
	70	2500	9.3	12.5	166	36	4'09"
	68	2400	9.5	11.2	163	34	4'14"
	66	2300	9.7	9.9	160	32	4'19"
	64	2200	9.9	8.6	157	30	4'24"
	62	2100	10.1	7.3	154	28	4'29"
	60	2000	10.3	6.0	151	26	4'34"
不及格	50	1960	10.5	5.2	146	24	4'44"
	40	1920	10.7	4.4	141	22	4'54"
	30	1880	10.9	3.6	136	20	5'04"
	20	1840	11.1	2.8	131	18	5'14"
	10	1800	11.3	2.0	126	16	5'24"

表2-3-6　大学女生各测试项目评分表

（大三、大四适用）

等级	单项得分	肺活量（毫升）	50米跑（秒）	坐位体前屈（厘米）	立定跳远（厘米）	1分钟仰卧起坐（次）	耐力跑800米（分·秒）
优秀	100	3450	7.4	26.3	208	57	3'16"
	95	3400	7.5	24.4	202	55	3'22"
	90	3350	7.6	22.4	196	53	3'28"
良好	85	3200	7.9	21.0	189	50	3'35"
	80	3050	8.2	19.3	182	47	3'42"

续表

等级	单项得分	肺活量（毫升）	50米跑（秒）	坐位体前屈（厘米）	立定跳远（厘米）	1分钟仰卧起坐（次）	耐力跑800米（分·秒）
及格	78	2950	8.4	18.2	179	45	3′47″
	76	2850	8.6	16.9	176	43	3′52″
	74	2750	8.8	15.6	173	41	3′57″
	72	2650	9.0	14.3	170	39	4′02″
	70	2550	9.2	13.0	167	37	4′07″
	68	2450	9.4	11.7	164	35	4′12″
	66	2350	9.6	10.4	161	33	4′17″
	64	2250	9.8	9.1	158	31	4′22″
	62	2150	10.0	7.8	155	29	4′27″
	60	2050	10.2	6.5	152	27	4′32″
不及格	50	2010	10.4	5.7	147	25	4′42″
	40	1970	10.6	4.9	142	23	4′52″
	30	1930	10.8	4.1	137	21	5′02″
	20	1890	11.0	3.3	132	19	5′12″
	10	1850	11.2	2.5	127	17	5′22″

表2-3-7　大学生加分指标测试项目评分表一

（单位：次）

得　分	引体向上（男）		1分钟仰卧起坐（女）	
	大一、大二	大三、大四	大一、大二	大三、大四
10	10	10	13	13
9	9	9	12	12
8	8	8	11	11
7	7	7	10	10
6	6	6	9	9
5	5	5	8	8
4	4	4	7	7

得　分	引体向上（男）		1分钟仰卧起坐（女）	
	大一、大二	大三、大四	大一、大二	大三、大四
3	3	3	6	6
2	2	2	4	4
1	1	1	2	2

注：引体向上（男）、1分钟仰卧起坐（女），均为高优指标，学生成绩超过单项评分100分后，以超过的次数所对应的分数进行加分。

表2－3－8　大学生加分指标测试项目评分表二

（单位：分·秒）

加　分	1000米跑（男）		800米跑（女）	
	大一、大二	大三、大四	大一、大二	大三、大四
10	−35″	−35″	−50″	−50″
9	−32″	−32″	−45″	−45″
8	−29″	−29″	−40″	−40″
7	−26″	−26″	−35″	−35″
6	−23″	−23″	−30″	−30″
5	−20″	−20″	−25″	−25″
4	−16″	−16″	−20″	−20″
3	−12″	−12″	−15″	−15″
2	−8″	−8″	−10″	−10″
1	−4″	−2″	−5″	−5″

注：1000米跑（男）、800米跑（女）均为低优指标，学生成绩低于单项评分100分后，以减少的秒数所对应的分数进行加分。

表 2-3-9 《国家学生体质健康标准》登记卡

姓名			性别						学号						学校
院（系）			民族						出生日期						
单位指标	大一			大二			大三			大四			毕业成绩		
	成绩	得分	等级	成绩	得分	等级	成绩	得分	等级	成绩	得分	等级	得分	等级	
体重指标（BMI）（千克/米²）															
肺活量（毫升）															
50米跑（秒）															
坐位体前屈（厘米）															
立定跳远（厘米）															
引体向上（男）/ 1分钟仰卧起坐（女）（次）															
1000米跑（男）/ 800米跑（女）（分·秒）															
标准分	成绩	附加分		成绩	附加分		成绩	附加分		成绩	附加分				
加分指标															
引体向上（男）/ 1分钟仰卧起坐（女）（次）															
1000米跑（男）/ 800米跑（女）（分·秒）															
学年总分															
等级评定															
体育教师签名															
辅导员签名															

学校签章：　　　　　年　　月　　日

注：高等职业学校、高等专科学校参照本样表执行。

表2-3-10　　免于执行《国家学生体质健康标准》申请表

（样表）

姓　名		性　别		学　号	
班级/院（系）		民　族		出生年月	
原因					
体育教师签名		家长签名			
学校体育部门意见				学校签章： 年　月　日	

注：中等职业学校及普通高等学校的学生，"家长签字"由学生本人签字。

单元三

体育锻炼与心理健康

项目一 学生的心理健康标准

一、心理健康的涵义

健康是每个人所渴望和追求的。怎样才算健康？过去人们认为只要身体没有疾病就是健康。随着医学模式从传统"生物医学模式"向"生物——心理——社会医学模式"的转换，人类开始重视强调心理健康在人的生活中的地位和作用。联合国卫生组织（WHO）对健康的定义为："健康不但没有躯体缺陷，还要有完整的生理、心理状态和社会适应能力。"这表明一个人只有生理健康是不够的，还必须有心理健康。只有将健全的精神寓于健壮的身体之中，才能被称为健康的人。那么什么是心理健康呢？英国心理学家英格里斯认为"心理健康是一种持续的心理情况，当事者在那种情况下，能做良好的适应，具有生命的活力，而且能充分发挥身心的潜能，这对健康有积极意义"。波孟认为"心理健康是合乎某一水准的社会行为，一方面它能为社会所接受，另一方面能为本身带来快乐"。麦灵格尔认为"心理健康是指人们对环境及相互间具有最高效率及快乐的适应情况"。而日本的松田岩男则认为"心理健康是可以预防疾病和各种心理不健康以及以维护和增进心理健康为目的的实际和理论"。

由此可见，心理健康包含着人的正常认识活动、情感活动、意志活动、适当行为、和谐的人际关系和良好个性。这表明，一个健康者在各种环境中始终保持一种良好的心理状态，对内部环境具有安全感和自信心，对外部环境能以社会公认的形式作出反应，无论遇到什么困难和挫折，都能努力克服而不会心理失衡。

长期以来，由于社会习俗的影响，人的心理健康意识淡薄，对心理健康始终没有像对身体健康那样给予高度重视。对心理问题讳莫如深，心理问题不能得到及时解决，日积月累，不仅严重影响人的心理健康，还会引发许多身体疾病。科学研究证明，许多身体疾病都是由心理疾病引起的，如高血压、冠心病、支气管哮喘、偏头痛、腰背痛、神经性厌食、呕吐、胃痛、十二指肠溃疡和内分泌系统功能紊乱等皆属此类。由此可见，心理和生理紧密相关、相互影响、相互制约、互为因果。作为一名高校学生只有生理健康是不够的，还必须有心理健康。生理健康是大学生学习、生活、工作的基础，而心理健康状况则直接影响其生理健康水平，从而影响生活、学习和工作效率。对高校学生来说，心理健康在某种意义上比生理健康更为重要。近年来，在高校中因心理健康问题退学的学生有逐渐增加的趋势，因心理问题导致学习困难的学生也时有所闻。

二、心理健康标准

1. 心理健康的标准至今说法不一，著名心理学家马斯洛提出的心理健康标准是：

（1）充分的安全感；

（2）能充分了解自己，并能恰当地估计自己的能力；

（3）生活理想切合实际；

（4）能适应周围的环境；

（5）保持人格的完整与和谐；

（6）善于从经验中学习；

（7）能保持良好的人际关系；

（8）能适度地宣泄情绪和控制情绪；

（9）在符合团体要求的前提下，能有限度地发挥个性；

（10）在不违背社会规范的前提下，适当地满足个人的基本要求。

2. 我国心理学家刘协和提出的心理健康标准是：

（1）没有心理异常；

（2）正常发育的智力；

（3）健全的人格；

（4）充沛的精力；

（5）丰富的情感生活。

3. 综合国内外各种观点，我们认为心理健康应符合以下条件：

（1）智力正常。智力是个体从事一切社会活动的前提和基础，是其了解认识外部世界的十分必要的条件。只有智力正常的人才能正确地评价自己，并具有情绪体验能力，从而使自我效能感增强，而智力落后者经常遭遇失败，伴随烦恼、痛苦的体验，产生自卑感。

（2）适当的调节能力。由于社会环境的影响，个体在生活中总会遇到挫折和困难，如果不能承受和正确处理它们，个体就会被消极情绪所困扰，而这些消极情绪如果得不到有效宣泄的话，就可能使自己产生心理疾病，并可能对生理健康造成损害，患上身心疾病。同时，不良情绪的发泄方式应考虑道德及社会评价。

（3）自我评价恰当。心理健康者能充分了解自己的不足，以便扬长避短，在学习、工作上获得成功，在生活中同他人和谐相处。心理不健康者，往往将失败归结于机遇和任务的难度，整日怨天尤人，或将自己看得一无是处。

（4）具有良好的人际关系。心理健康者一般都乐于与他人交往，建立了比较和谐的、积极的人际关系，反之，就会离群索居，对他人不信任，给自己带来巨大的烦恼和痛苦。

项目二　影响学生心理健康的因素

人既是自然实体，也是社会一员；既要完成新陈代谢，也必须适应各种环境。人类正是通过自主并不断地对周围环境的广泛刺激进行适应，才能保持健康、维持生命。通常，外界刺激诱发人产生心理和生理变化，但产生什么样的变化，则取决于个体对刺激的感知、评价、情绪体验以及对它的应答能力。因此，探讨影响高校学生心理健康的因素，就应从客观的生理因素、社会环境因素、家庭环境因素和学校环境因素等几方面来进行。

一、生理因素

生理因素包括遗传素质、生理病变、神经与内分泌等。国内外大量资料表明，高校学生的许多心理健康问题，多与遗传有关。以轻微脑功能失调（MBD）为例，国内资料报道，MBD儿童家庭成员当中有MBD病史的占13.6%，其中父辈或同辈有关类似的病史者各占5%；在国外，坎特维尔（1972）应用MBD诊断标准衡量了50例MBD儿童患者家属，发现其亲属在幼年时期具有多动症表现的比例较高，其中父亲占16%，母亲占4%，兄弟占20%，姐妹占8%，叔伯舅父占10%，堂表兄弟占12%。总体来讲，男性亲属占12%，女性为6.3%。上述研究充分说明了心理健康问题的家族性倾向，从而说明了遗传因素对高校学生心理健康的影响。除此之外，母亲妊娠时的营养不良、生病、服药或产伤等因素而导致的神经系统脆弱性都会使人易于产生紧张反应，对于精神创伤及疾病的感染免疫力也是很低的。另外，神经内分泌功能的平衡与否也会间接对人的心理产生影响，如甲状腺功能不足会引发智力迟钝、记忆力衰退、语言迟缓、情绪低落等功能障碍。

二、社会环境因素

大学生对社会政治、经济发展形势十分关心，对社会问题反应敏感。尽管身处高等学府，但高墙大院不能将他们与社会隔绝。而在当今社会现代化的进程中，各种改革不断推动着社会结构、生活方式、思维方式、价值观念、行为模式的改革，推动着政治、经济、科技、教育的繁荣发展，社会变迁对每个人来说都有一个适应与不适应的问题，不可避免地会给个体带来心理上的矛盾冲突和压力。我国著名社会学家费孝通教授 1986 年 10 月在全国第二次精神卫生大会开幕式上讲："我国当前正处在一个大变革时期，这个变革包括几千年沿袭下来的文化观念的改革，因此人群中不可避免地会出现因适应不良而产生的各种心理障碍。"在现代社会中，极易引发大学生心理冲突和心理压力的因素很多。如价值观冲突的压力；激烈的竞争压力；传统的、稳定的生活方式被抛弃，原有的安全感逐渐丧失而引起的心理忧虑；某些改革政策和举措带来的压力。社会在科技、政治、环境和人口上发生的显著变化，正向人的思维施加前所未有的压力。压力并不一定是坏事，对某些适应良好、自身条件较好的人来说，可能会带来机遇。但对那些还为生存而奋斗或心理素质不甚稳定、自身条件不太优越的人来说，这种新的、快速的、深远的变化，会使他们感到难以适应，甚至产生胆怯、失望、迷惘、恐慌、失落、嫉妒、思维紊乱、自我防卫等异常心理。

三、家庭环境因素

家庭是每个人接受教育的第一所学校，父母不仅是第一位老师，而且是孩子一生成长过程中不可缺少的教员和朋友。学校教育固然重要，但是老师不可能深入到学生的心灵深处，进行细致入微的思想教育、心理素质教育。进行有针对性心理健康教育的最好老师是父母。大学生世界观、人生观的形成是以其少儿时期的思想、观念为基础的。父母的综合素质、教育方式、价值趋向等都会对孩子产生深远的影响。

1. 父母综合素质的影响。有些家长知道家庭教育的重要性，也想将自己的孩子培养成身心健康的人，但由于自己的文化水平、知识结构的欠缺，不懂得青少年的心理发展特征，不知道如何教育孩子。这类家长与孩子的沟通与交流容易出现障碍，孩子经常认为与父母没有共同语言，家长的说教没有权威性，甚至产生逆反心理，达不到预期的教育效果。事实证明，父母感情和谐、相亲相爱、尊敬老人的家庭氛围，能使孩子形成谦虚、礼貌、随和、诚恳、乐观、大方等良好的人格特征。如果家庭成员之间经常吵闹、打骂、不懂礼让，则易使孩子形成粗暴、蛮横、孤僻、冷漠等不良的人格特征。

中央电视台的"文化访谈"节目，曾谈论"谦让并不过时"的话题，给我们很大的启示：对青少年的心理素质教育不能光靠说教，更重要的是一点一滴的小事的教化作用以及家长以身作则的榜样作用。无数个小事的正面影响，都会在孩子的性格、胸怀、为人处事等方面烙下深深的印记。

2. 家庭教育方式的影响。现代的城市大学生大多是独生子女，从小被父母捧在手上百般溺爱，不让他们受半点委屈，尽量满足其物质需要，过着衣食无忧的生活，而贫困地区家庭的大学生，从小生活节俭，一些来自特困户的学生，甚至一家人将赌注都压在他身上。不管是哪类家庭，都对他们的考试成绩、升学、成才寄予厚望，只重视学习成绩，不太重视孩子其他方面的教育，尤其是心理素质教育方面明显薄弱。这种家庭教育方式使他们形成了任性、依赖、骄横、脆弱的特征；另一方面，父母过高的期望，容易让他们产生恐惧、焦虑、内疚的心理，唯恐考试成绩不好，不能成才而无颜面对父母，根本无暇顾及做人方面的修炼。

四、学校环境因素

在学校某些消极因素对大学生心理疾病的产生有着重要影响。如教育思想片面化，重智力培养，轻视非智力训练；学习生活紧张化，业余生活单调化，生活习惯发生改变；人际关系复杂化以及某些改变来得太快、力度较大等，都会给学生心理健康发展带来不利的影响。比较突出的有：

1. 学习负担过重，竞争压力加大。如天津某高校曾有一名学生，得知有两门功课须补考，根据当时规定，补考须缴补考费，因为家庭困难，精神压力很大，为此得了精神分裂症，不得不休学治病。现在，各高校普遍实行学分制，同时现代学科的交叉融合也给大学生带来了更大的学习压力。根据有关人士调查，学生负担重，基本上没有文体活动，睡眠时间不足等现象在高校内很普遍。学生由于学习负担过重，用脑过度，而又得不到充分的休息，必然造成大脑的严重疲劳及脑皮层机能降低。在这种情形下，一方面，学生极有可能在某些客观因素的影响下突然导致某种精神障碍；另一方面，因为大脑智力活动能力受到限制，学习效率剧降，学生对学习失去信心，压力加大，焦虑不安，就很容易引起某种心理障碍。

2. 对专业失望，难以适应大学生活，失去学习兴趣。有一些学生由于难以适应大学学习、生活，失去学习动力。还有一些能力欠佳的学生，由于不能独立科学地安排学习进度与学习方法，许多困难不能独立克服，因而挫败感增强，也对学习失去信心与动力，导致心理障碍。

3. 人际交往的失败。人际交往对人的心理影响是显而易见的。随着现代社会交往内容日益增多，人际关系也相对复杂多样。大学生处于一个集体生活圈中，人际关系若处理不当，相互之间的猜测、冷漠、甚至敌意便会滋生和加强，容易产生个体的压抑、困惑、失落以及紧张等不良情绪。长此以往，这无疑会使学生走入心理误区。

项目三　高职院校学生常见的心理疾病

心理疾病一般由健康心理进一步恶化导致。目前在高校学生中常见的与心理因素有密切关系的心理主要有以下几种。

一、神经官能症

（一）神经衰弱症

神经衰弱症表现为脑兴奋和抑制功能失调，精神活动能力下降，常伴随睡眠障碍、心悸乏力、多梦、注意力分散、记忆力减退、精神易疲劳及身体各器官不适等症状。高校学生中发病率较高。轻者还能坚持学业，但学习效率受到不同程度影响；重者不能坚持学习而休学，甚至退学。目前，大学生中患神经衰弱症的人数理科多于文科、女生多于男生、高年级多于低年级。

神经衰弱致病的原因有：学习负担过重，对考试焦虑，人际关系紧张，严重的身体疾病和失恋引起的苦闷等。总而言之，长期紧张、缺乏休息、睡眠不足是引发神经衰弱的重要原因，而注意用脑卫生，保证足够的休息和睡眠，可以在一定程度上缓解病情。

（二）强迫性神经症

这是一种以强迫观念和强迫行为作为特征的神经官能症。患者主观上表现常感到有某种不可抗拒的、不能自行克制的观念意向和行为存在。例如，强迫性洗手行为，洗手可达半小时以上。患者深受其苦，但又不能自制，是一种典型的心理疾病。有人认为其发病原因来自以往因遭受挫折而产生的潜在压力，是在潜意识支配下企图摆脱内在焦虑的一种行为表现。强迫症的起因还与患者人格特点有一定的关系，如具有主观性、急躁好强、自制能力差、拘谨胆怯、遇事谨小慎微、优柔寡断等性格特征的人，往往易患此病。

（三）癔病

癔病又称歇斯底里，它是由明显的心理因素（如生活事件、内心冲突或情绪激动、暗示或自我暗示等）引起的青春期心理健康问题。其临床表现有分离性和转换性两类，前者症状具有突发性，患者情绪暴躁、大吵大闹、大声喊叫、捶胸顿足、出汗等；后者表现为某些器官功能障碍，如瘫痪、失明、耳聋、四肢感觉麻木和运动障碍等症状。此症无器质性病变，治疗可痊愈，多发生在那些有不良性格（虚荣、争强好胜、夸耀自己、显示自己、愿意自己成为人们注意的中心，易感情用事、易受他人行为影响）的人身上。

二、情绪障碍

（一）焦虑

焦虑是个人对环境无把握，并且对不可知的未来感到不安时，由忧虑交织成的迷惘感受。在高校学生中，常发生在新生入学、临近考试、毕业择业、实习等阶段。患者无端地感到恍惚不定，心烦意乱，有一种无名的烦恼和莫名的恐惧。过度焦虑还会引起失眠、多梦和食欲不振，同时常伴有心悸、头昏、便秘、多汗等症状。由于注意力不易集中，患者正常的学习活动会受到干扰。

（二）抑郁反应

抑郁反应是由严重的精神因素引起的，如亲人突然死亡、失意、被诬陷及其他天灾人祸等。当引起抑郁的处境改善后，患者仍不能够振作起来，悲观沮丧、情绪低沉、闷闷不乐、多愁善感、对事物缺乏兴趣，有时还会感到身体不适，如头痛、食欲减退、失眠等，严重时甚至会有轻生的念头。

三、性格障碍

（一）狭隘与嫉妒

狭隘与嫉妒是影响大学生心理健康的主要性格障碍。具有狭隘性格的学生表现为：心胸狭窄、感情脆弱、意志薄弱、做事呆板、谨小慎微、过分关心自己，对任何事看得都很重，斤斤计较，在学习和生活中不能受一点委屈，吃一点亏，否则便耿耿于怀，不能自拔。狭隘与嫉妒是一对孪生姐妹，往往具有狭隘性格的人，也最易于嫉妒别人。看见别人在某些方面强于自己，就感到难受，不舒服，严重时不仅对嫉妒者本人的身心健康产生不良的影响，如诱发肠胃病，而且会造成与同学之间关系的紧张。

（二）猜疑与忧郁

猜疑与忧郁也属不健康的性格，轻则可以认为是不良的性格特征，重则就是一种性格障碍。猜疑表现为极度的神经过敏，对任何事都疑神疑鬼，如怀疑别人设圈套陷害自己，怀疑别人不信任自己，怀疑别人议论自己，甚至怀疑自己生了某种疾病等。忧郁则表现为，少言寡语、孤独寂寞、心情沉重、无精打采、郁郁寡欢、心灰意冷，对一切事物都缺乏兴趣，不愿意参加集体活动，自我封闭，不与他人交往。猜疑与忧郁情况严重时，往往互为作用，惶惶不可终日，甚至对生活缺乏勇气，走上绝路。

项目四　理想的心理健康状态

假如心理健康病态和心理健康之间可以划出一条明确的界线的话，无论是心理病态还是心理健康从程度上来看都有一个比较大的范围，可依程度划分为多个等级，例如，在心理病态的范围内，起码可以分为轻度、中度、重度三个等级；在心理健康范围内，起码可以分为基本健康、相当健康、非常健康三个等级。我们进行心理保健的任务可以分为三个方面或层次：初等目标是使已经属于心理病态的人得以摆脱；中等目标是使尚属心理健康的人免于陷入心理病态；高等目标是使已属心理健康范围的人达到更佳的健康状态。从心理保健的角度来看，这三个方面是缺一不可的，但就重要性而言，它们是有差别的，是依次变大的，这就决定了心理健康的侧重点应该放在高等目标上。在人群中，按目前的标准看，属于心理健康范围的人占绝大多数，但在这些人中绝大多数都未能达到理想的心理健康状态，因此，研究这个绝大多数人都会有的问题是很重要的，这对个人和社会都具有不可估量的意义。如果这一目标实现了，那就等于中等目标也同时实现了。以往提出的众多心理健康标准都有一个共同的特点，就是既包括心理健康所应达到的最起码要求，也包括心理健康有可能达到的最佳状态。例如，智力支持，智商在 80 分以上；心理行为符合年龄特征等就应算是最起码的要求。我们要重点实现心理保健的最高目标就要先研究心理健康所能达到的最理想心理状态。最理想心理健康状态应该是什么样的呢？主要有如下几个特点：

一、热爱生活、善于享受生命

每个人的一生都不会是一直顺利的，在顺境中能热爱生活是不难的，但在逆境中也能热爱生活则是很难的，这只有达到较高的认识水平和修养境界的人才能做到。真正热爱生活的人，他深知他所生活的环境存在着许多缺陷和不如人意的地方，但他不会为此怨天尤人，他拥有一双发现美的眼睛，他更乐于通过自己的努力去改变那些他能够改变的地方，同时，也更容易适应那些他无能为力的地方。他不仅热爱轰轰烈烈的生活，同时也热爱平凡普通的生活。他会为某些崇高的理想或信念自愿贡献和牺牲自己的生命，但决不会因个人的失败和挫折而糟蹋生命或抛弃生命。

二、胸怀宽阔、不为小事而烦恼

因为他站得较高，看得比较远，更容易从宏观上、本质上认识生活、把握生活，所以自然容易具有宽广的胸怀。他对人对事都善于宽容，这种宽容是一种自然流露出来的态度，而不是勉强或违心的表现。他不苛求于事，也不苛求于人（包括他人和自己），只争取尽可能的好，而绝不会去追求十全十美。所谓小事本是一个相对的说法，在这里指的就是个人的一切事，在他看来，个人的事再大也都是小事。升学考试失败也好；失恋也好；顶头上司不欣赏自己也好；有人在背后造谣或拆台也好；生意赔本也好……都不会陷入烦恼不能自拔。

三、欲望适度，不为名利所累

他也有欲望，别人所有的各种欲望他也都有，最大的差别主要在于他的欲望是适度的。他不会让任何一种欲望无限地膨胀，像一匹脱缰的野马。他不排斥物质生活，但更注重精神生活。他不排斥应得的名利，但他从不把名利看得很重，始终是名利的主人，而不是名利的奴隶。他也需要赚钱来解决自己生活需要，对合理的劳动所得通常他也不会嫌多，但当基本的物质生活需要得到基本的满足之后，他就不会把积累个人财富作为生活中的头等大事而绞尽脑汁了，他更关心的则是怎样才能使生命更有价值、怎样才能使人生更有意义。他乐于关心社会的利益、民族的前途和人类的命运，他渴望通过充分利用自己的才能为社会作出贡献来建功立业。

四、充满自信、善于发挥主观能动性

他既清楚自己的长处，也清楚自己的短处；他深知自己不是无所不能，也不是一无所事的。在自知之明的基础上，心理充满自信。他相信自己有巨大的潜能，同时也知道怎样发掘和利用自己的潜能来创造尽可能大的人生价值。他会遇到挫折和失败，甚至有可能屡遭严重的挫折和失败，但他不会因感到一败涂地而从此一蹶不振，他可能会调整前进的方向，但只要他还活着，就永远也不会从根本上认输。

五、情绪波幅不大、心境良好

他和所有的人一样，喜、怒、哀、乐、忧、恐、惊各种情绪样样俱全。他的特点是一般不会因个人的得失和荣辱以及环境的不如意而引起过大幅度的情绪波动；他的情绪波动持续的时间短；他生活在现在，他的情绪反应绝大多数不是因为过去或未来的事情；他的心境的基调是轻松愉快，即使是在较严重的问题或较大的困难面前也常常如此，正所谓"泰山崩于前，面不改色心不跳"。

六、善与人处

他很清楚周围的每一个人（包括最亲密的人）都有着明显的缺点，他们或者自私，或者小气，或者爱嫉妒，但他更看重的是他们的优点。他对人怀有广泛的爱心，善于容忍和忘记别人的过失，对社会有强烈的责任感和参与感，当团体利益和个人利益发生冲突的时候，他会由衷地乐于牺牲个人的利益。在集体中，他始终保持独立性和自主性，乐于享受独处的超然，他不会为讨好别人而违心地做一些事情，不会为赢得别人的认同和接纳而不顾原则地盲目附和。他不拒绝他人的帮助，但他不依赖他人，因为他更相信自己的力量；他经常愿意帮助他人，他觉得这是他应该做的，因而他并不希求得到等量的回报。他可以和各种人建立有效的沟通，同时也善于享受独处的超然。凭着自然、真诚、热情和理性，他往往会获得人们的普遍尊敬和好感，但他并不期盼人人都能理解他、人人都说他好。

七、拥有健康的认知模式

他判断和评价事情不会绝对化、极端化，不会以偏概全。他会顺应事物的发展规律，而不会去抗拒。他能坦然地面对各种变化，因为他知道世界上没有永恒的事物，事物的生、变、灭都是事物内外各种相关条件之中，事物本身的变化就是必然的。因此他会主动、积极地创造条件和利用条件以便能把握变化的方向。对那些自己难以有

所作为的变化，他会去接受它、适应它。他永远立足于现实，以现实为中心，他对现实的存在和演变具有更深刻的理解力、洞察力和预见力。他通常会有比较远大的理想，但他的理想始终植根于现实的土地，他是依据现实来确定目标和方向的。

总而言之，心理健康者的最突出的特点就是"接受"。接受自我、接受他人、接受自然、接受生活现实。这种态度使他们在生活的许多方面减少或削弱了冲突、斗争以及选择时的犹豫和矛盾。许多问题被淡化了，与其说解决了这些问题，不如说看清了这些问题。许多问题并非是固有的问题，而是被"病人制造的"。在心理健康者看来，许多表面上不可调和的斗争不再是斗争，而是快乐的协作。

项目五　如何保持心理健康

前面已谈及影响人们心理健康的因素十分复杂、多样，而生活在复杂的社会集体中的个人，难免会出现心理失衡，产生心理障碍。严重时还会损害人的整体身心健康。因此，维护和保持心理健康，以及出现心理失调之时怎样恢复心理平衡，这对每一个人特别是高校学生来说，都是一件十分重要的事情。

一、适应社会，尊重现实，树立正确的人生观

当代大学生处于经济腾飞、科技发展的改革和创新时代，只有顺应潮流，才能将自己所学的知识用于社会。每个人都无法回避现实，作为大学生只有在现实生活中确立正确的人生观，保持乐观进取的人生态度，面对社会问题，冷静思考自身所处的环境及周围所发生的事情，并理智处理，把眼光从"自我"移向社会，增强竞争意识，进行自我塑造，才能适应社会，保持正常心态，避免心理失衡。

二、正确审视自己，合理确定奋斗目标

一个人的能力是由先天遗传素质和后天发展共同决定的。虽然大多数人的能力基本类同，但是客观地说，每个人的能力都有一定限度，都具有优势和劣势两个侧面。一个心理健康的人应当能够对自己的能力作出客观的评价，并以此付诸社会实践。做到这一点，对于保护个体，使其少受挫折及充分发挥才能是非常重要的，也就是说，当你充分了解了自己的能力及特点时，才能确定适合自己的恰当的追求目标，并能通过艰苦努力最终实现这一预定目标。在这个获得成功的过程中，个人的需求得以满足，个人的价值得以体现，对自己的信心得以巩固和增强，并使自己的心理机能处于良好的竞技状态。同时，在这一过程中，个人的能力也得到了锻炼和培养，为追求下一个奋斗目标打下了坚实的基础。

与此相反，假如一个人不能客观地估量自己的能力范围，仅凭良好的愿望和一时

热情盲目地制定宏伟目标，结果往往是目标落空，个人心理蒙受打击，产生挫折体验。这样一来，不仅白白耗费了精力和时光，也给自己心理带来了一定的压力，而且还会影响到今后的发展。所以，每个高校学生都应该认真对待这一问题，使自己能够踏实地顺利发展，这对维护心理健康是有利的。

三、对他人期望不要过高

在现实生活中，每个人都不是完美无缺的，在个性、行为习惯、价值观念和情绪状态等各方面都需要相互关心和帮助，但一个人也不可能凡事都依赖他人，尤其不能有不切实际的过高期望。在做各类事情时，首先应当立足自身，主要依靠自己的力量努力把事情办好，其次才去考虑他人帮助的可能性。即使如此，也应考虑到他人还会有他们自己的各种干扰因素。否则，对他人过高期望，而又遇事解决不好，就会抱怨他人，倍感失望，其结果会使自己的心理平衡受到干扰，给自己造成更大的不良影响。所以，在学习生活中，每个高校学生都应正确处理对他人的期望问题，以避免失望感的产生。

四、调控自我，以积极的心态对待一切事物

这是人们保持健康心理状态的首要条件。所谓积极的心态，就是以积极乐观及辩证的观点和态度看待事物，善于从眼前不利的事态中看到未来光明的前景，从失败中看到成功，从黑暗中看到光明。所谓"塞翁失马，焉知非福""失败乃成功之母"，这些处世格言正体现了这种积极心态。

如某门课程考试不及格，这当然是学习过程中的一大挫折。如果因此灰心丧气，对自己失去了信心，这种心态可能会使你对这门课程的学习更加困难，这是更加可悲的事情。如果你用积极的心态去对待这一挫折，认真地从中总结经验教训，不但使你发现了自己的问题和缺点，而且可能发现自己在另一方面的长处，从此调整学习的目标和策略，使自己在学习上取得更大收获。

又如同某个同学的关系不好，他对你采取不理不睬的态度，如果你也以同样的态度予以回报，那么双方的关系就会越来越僵。而如果你以积极的心态去对待，以诚相见，主动接近，热情关心，真诚帮助，那么原来的僵局就可能逐渐缓解。通过真诚的交往来消除误会，他可以转变成你知心朋友。

世界上一切事物都是在发展和变化。不论是对待学习、人际关系、恋爱，还是对待一切困难，只要人们保持积极的心态，努力促进事物的发展，任何事物都可以向积极的、有利于自身的方面转化。这种积极的心态不但是我们积极改造世界应有的态度，也是我们保持健康心态的重要条件。

以积极的心态对待现实，就要现实采取"一分为二"的态度。现实生活总是善与恶同在，光明与黑暗并存，顺境与逆境交错。如果人们只能接受美好的、顺心的、看

得惯的事物，而对那些丑恶的、不顺心的、不喜欢的人和事一概采取拒绝和排斥的态度，那么个人将很难同环境保持良好的适应关系，也很难使自己的心态保持平衡。有些学生上学前把大学想象成实现个人美好理想的乐园，入学后面对现实，感到处处不如意，幻想破灭，希望落空，接受不了眼前的现实，感到无比痛苦，有的人甚至因此产生悲剧。所以，要适应现实，就要对现实进行分析和区别对待。要像荷花那样，既从环境中吸取养分，又出淤泥而不染，保持高洁和芬芳，这才是对现实积极的适应。

五、调整自我观念，接纳自我完善和完善自我

要使个人与现实保持协调的关系，必须调整好自我观念，能接纳自我和不断完善自我。首先，能接纳自我，必须对自我有一个全面正确的认识。有些学生认为自己的主观条件都不好，如出身农村家庭经济困难，没有有权势的父母与亲戚，自己身材、长相差，又不善于言辞，同别人相比，总觉得矮人一等，因而对自己不满意，不能悦纳自我。其结果往往是不仅在学习上信心不足，缺乏进取精神，在社会交往上也消极退缩，不能与现实保持良好的适应关系。

要完善自我，需要对自己有一个全面的认识。认清自己是一个什么样的人，有什么优点和缺点、长处和短处，在社会交往中是否受人欢迎和喜爱，是否具有适应环境并改变环境的能力。有些高校的学生自认为年轻、聪明、有才干，家庭具有某些优势，本身的身材、长相又好，而且具有社会交往能力等，因而骄傲自负，看不起别人，更不曾考虑过要对自己的心理品质进行自我完善。他们往往在遭遇生活中的某些挫折后才会总结经验教训，才会重新认识自我，看到自己的缺点和弱点，才会产生重新自我完善的要求。

个人心智品质的修养不是通过一两次自我完善就能实现的。人的一生是不断适应环境、攀登新目标的过程，因此每个人毕生都要不断地进行自我完善。

六、调控自己的情绪

心理健康与个人的情绪状态不可分。维护个人的心理健康，必须学会调控和驾驭自己的情绪。

要调控自己的情绪，必须首先要了解自己的情绪特点：一是了解自己经常产生什么样的情绪，喜怒哀乐何者最为经常、最为主要；二是了解自己情绪发生的原因，是在何种情况的影响下产生该种情绪；三是要分析自己情绪反应是否合理与适度，是否与现实合拍。如果大学生能通过日记对自己情绪的表现逐日加以记载，定时加以分析，就不难了解自己情绪特点，从而有针对性地加以防范和调控。

人的情绪是可以调控的。首先要树立情绪可以控制的观念和信心，要有意识地控制情绪，而不要让情绪自由放任。其次要养成控制情绪的技能和习惯，学会在发现自己的情绪不对头时就适时地采取措施；或者是远离引起不良情绪的环境，更换引起情

绪的活动；或者是采取有意识防卫的策略，以缓解不良的情绪。

七、有意识地调整人际关系

健康心理状态同良好心理状态关系密不可分。人们在日常生活中，如果能不断感受到人情的温暖和爱的温馨，就会心情愉快；如果经常感到的是人际关系的矛盾和斗争，就会心情沮丧和痛苦。

建立良好的人际关系，首先要以诚待人，与人为善，对别人尊重和信任。对人缺乏诚意，采取怀疑和戒备的态度，处处设防，言行不一，就不可能建立真诚互信的关系。其次，对人要宽容，不能苛求。"金无足赤，人无完人"，对别人要求过高，求全责备，容不得别人的缺点和错误，必然交不到朋友。只有多看别人的优点，少记别人的缺点，在相互交往中扬长避短，保护别人的隐私，才能彼此互补，建立友好关系。

八、既有远大理想，又有近期目标

人生的历程是为实现生活的理想而奋斗的过程。而理想的目标必须由不同时期可以逐步实现的具体目标组成，如果人只有远大理想，而无不同时期可以实现的具体目标，就会陷入不能获得成果的失望和痛苦之中。所以，生活中既要有远大理想作为毕生奋斗的驱动力，又要有不同时期可以实现的生活目标作为行动的追求，这样才能使人不断感受到成功的满足和快乐的体验，以保持心理健康。

同时要认识到，人人都追求圆满的生活理想，但由于主观条件的限制，人们永远不可能达到完美无缺的生活境界。人人都追求长寿，而寿命是有极限的；人人都追求自我实现，而自我实现是无止境的。世界是发展的，每个人在有限的生命过程中，只能实现有限的目标，认识这一点，就可以知足常乐，永远保持乐观的心境。

项目六　体育运动是提高大学生
心理健康水平的重要途径

体育教学和体育活动可以促进学生的身体健康和提高学生的身体素质，同时体育对于维护大学生的心理健康和提高大学生的心理素质也具有重要的作用。

一、体育运动可以培养大学生乐观、积极、开朗的心境

现代奥运会的创始人顾拜旦在他的名著《体育颂》中写道"啊！体育，你就是乐趣，想起你，内心充满欢喜，血液循环加剧，思路更加开阔，思想更加清晰。你可以使忧伤的人散心解闷，使快乐的人生活更加甜蜜！"

丰富多彩、健康文明的体育运动，不仅使学生们在繁忙紧张的学习之后，能够获

得积极的休息，而且可以使人在运动中享受欢乐和愉快，陶冶高尚情操。

大学生通过参加体育活动，特别是参加那些自己喜爱和擅长的体育运动项目，会在身体完成各种练习的过程中、在与同伴默契配合的过程中、在与对手斗智斗勇的过程中，或在征服大自然（如爬山运动等）后，得到一种非常美妙的快感和心理上的满足，同时自尊心、自信心和自豪感在不同程度上也得到了加强。

二、体育运动可以协调人际关系，提高大学生的社会适应能力

体育活动使人与人之间产生亲近感，特别是在竞争活动中，使个人之间、集体之间的相互交流和协调更加频繁，是对个人心理品质更为严峻的考验。如长跑到了"极点"时，是坚持下去还是半途而废；对方犯规时，是"以牙还牙"还是予以谅解；裁判误判时，是大度宽容还是斤斤计较；集体配合不佳而导致比赛失利时，是互相鼓励还是互相抱怨。所有这些都是对个人心理品质的考验，也是对个人品质的磨炼。通过体育运动，可使大学生妥善处理人际关系，继而提高适应社会的能力。

体育运动具有凝聚力，可以加强集体之间的团结。在体育运动中，不论相识与否，都可以找到相互交流的手段，一个手势，一套动作，都可以交流信息，即使是那些性格内向、不善于交际的人，也可以在参与中很快互相理解。

三、体育运动有利于培养坚强的意志品质

在体育活动中，大学生的情感体验表现得鲜明强烈、丰富多彩、紧张多变，而且情绪的产生和变化直接影响到身体各部分能力的发挥，从而影响运动成绩。运动中体验到的轻松感、获得胜利的喜悦感不仅可以激发运动的强烈动机，而且有利于激发勇敢拼搏的意志，使运动技术得到充分的发挥，从而取得良好的成绩。而心怀恐惧、情绪低落、缺乏信心，则往往妨碍技术的发挥而导致失败。因此，在体育运动中，有意识地控制自己的情绪冲动，克服主客观方面的困难，不仅可以集中注意力以取得好的运动成绩，而且可以锻炼个人坚持实现目标、克服困难的意志品质。

—— 单元四 ——

体育运动卫生与保健

项目一　体育运动卫生常识

体育运动能否促进人体的健康，关键在于运动是否科学。因此，提高体育运动的科学性意义重大。在体育运动中大学生要掌握一些体育卫生常识，了解一些科学锻炼时的生理特点和人体自然发展规律，学会自我医务监督，掌握基本的卫生保健知识。

一、体育一般卫生

掌握卫生知识，并采取各种有效的卫生措施，养成良好的卫生习惯，不仅能增进健康、预防疾病，而且还能保障体育锻炼的顺利进行。

（一）生活卫生

生活卫生的内容是多方面的，其中主要包括生活有序、睡眠充足、合理饮食、运动服装符合要求、戒除不良嗜好等。

1. 生活有序：要建立合理的生活制度，并保持相对稳定。

2. 睡眠充足：要有充分的睡眠时间和良好的睡眠效果，才能使身体得到充分休息和恢复。

3. 合理饮食：要做到饮食有节，五味调和，营养适当。

4. 运动服装符合要求：运动服装要符合运动和项目的要求，有利于健康和身体自由活动，并要符合季节要求，经常保持清洁卫生。

5. 戒除不良嗜好：戒除不良嗜好，是保持健康的重要因素。特别是吸烟和大量饮酒，更有害于健康。

（二）环境卫生

环境卫生与人体的健康有着十分密切的关系，它直接影响着人的健康、生存和发展。因此，不仅要注重大环境的卫生，还要注重小环境和个人卫生。同时，环境卫生不仅仅反映了一个社会的物质文明水准，也反映了一个社会的精神文明水准。

在注意环境卫生的同时，还要重视运动环境的卫生。运动场地、器材等要符合项目和规则的要求，包括器材要坚固，通风、采光要合理，温度、湿度要符合运动的要求，保证运动安全措施和设施齐全等。

（三）运动卫生

体育锻炼必须遵循人体生理变化的规律，并加强自我监督，才能达到增强体质、增进健康的目的。运动卫生主要包括以下几个方面：

1. 准备活动：准备活动是体育锻炼需进行的一系列身体练习，它能提高神经和肌肉的兴奋性，预防运动损伤，调节运动情绪，使人们从相对安静状态过渡到运动状态，准备活动的内容可分为一般性练习和专门性练习，强度应控制在轻微出汗，心率应控制在130～160次之间，肢体活动幅度和力量接近最大限度。

2. 整理活动：锻炼结束时，做一些轻松、活泼、柔和性练习，可使人体从紧张的运动状态逐步过渡到相对安静状态，积极的整理活动，可改善血液循环，减轻肌肉酸痛，加速消除疲劳，特别是在大强度剧烈运动后，一定要进行慢跑整理活动而不能立即停止或坐、躺、卧下，以免引起"重力"休克。整理活动主要有放松性慢跑、步行、简易跳跃、抖动以及深呼吸等。

3. 运动后不宜立即进餐。运动后应有适当的休息时间才能进食。这是因为运动时大量血液流入运动器官，胃肠血液流量相对减少，胃液分泌变少，消化系统功能处于相对抑制的状态。运动后立即进餐，必会影响食物的消化和吸收，对身体不利，甚至会酿成消化不良或慢性胃炎等消化疾病。合理的进食一般在锻炼后半小时进行，运动过后则应休息45分钟以上。

4. 饭后不宜立即进行剧烈运动。进餐后应间隔1.5～2.5小时后才可进行剧烈运动。因为进餐后短时间内，胃中食物充盈，横膈膜上顶，影响呼吸，不利于运动。而且，此时运动可使消化器官的血液供应减少，机能减弱，不仅影响食物的消化，还容易引起腹痛、恶心等症状，甚至会出现胃下垂等严重后果。因此，饭后不宜立即从事剧烈运动。

5. 早晨空腹不宜进行长时间剧烈运动。长时间剧烈运动要消耗大量能量，而能量主要来源于体内血糖的氧化，早晨空腹进行长时间剧烈运动，无充足的血糖补充，易发生低血糖症状。另外进行长时间剧烈运动，可导致胃发生痉挛性收缩，长此以往会产生胃炎等疾病。正确的方法是晨起空腹运动，一般不超1小时，强度不宜过大。

6. 刚睡醒后不宜做大强度的锻炼。人在刚睡醒时，高级神经中枢的抑制过程才过去，内脏活动趋于缓和，各个器官呈惰性，全身肌肉还处于软弱无力的松弛状态，如果在这种情况下进行大强度的锻炼，不仅很难得到应有的效果，反而还可能由于用力过猛，超过身体所承受的负荷，给身体带来不利影响，甚至发生损伤。正确的方法是，充分的准备活动后，感到身体发热、血液旺盛、精神振奋、活动自如时再逐步投入到大强度的锻炼中去。

7. 剧烈运动后不宜马上去游泳或进行冷水浴。剧烈运动后，身体的新陈代谢增强，大量产热，血流量加大，这时如果马上去游泳或进行冷水浴，就会引起体温突然下降，呼吸道内血管突然收缩，身体的抵抗力会减弱，甚至引起感冒或关节炎等疾病。身体突然受到冷的刺激，会增加心脏的负担，造成神经系统调节过程失调，引起抽筋，或者破坏呼吸系统的协调性。正确的方法是把汗擦干净，适当休息，再洗冷水澡或游泳。

8. 大运动量后不宜立即用热水洗澡。人体在大强度运动时，心跳加快，体温增高，肌肉血流量增加。当训练停止后，这种现象仍要持续一段时间，如果此时马上去洗热水澡，由于热的刺激会使皮肤血管进一步扩张充血，体内血液将会进一步地进入皮肤皮下组织和肌肉，相应地会使心脏和大脑供血严重不足，而导致头昏眼花，胸闷不适，甚至晕厥。正确的方法是休息 15~30 分钟，待体温、心率恢复正常后再去洗热水澡，水温以 37~40℃ 为宜。

二、女子体育卫生

因为女子的身体结构和生理机能与男子有所不同，所以女子在体育锻炼时必须充分考虑其生理上的特点，并采用正确的方法，这样才能达到预期的效果。

（一）一般卫生要求

1. 女子的循环系统和呼吸系统机能较男子差，因此运动量应相对少一些。

2. 女子身体重心较低，肩部较窄，肩力较弱。做臂支撑、悬垂和摆动时比较困难，因此要特别注意循环渐进和加强保护与帮助，从高处跳下时垫子不可太硬，并注意落地姿势，以免身体过于受震而影响骨盆的正常发育。

3. 可根据女子心理特点和平稳能力较强、柔韧性较好的生理特点，选择一些节奏性较强、轻松活泼的项目，如艺术体操、舞蹈、健美操等。

（二）月经期体育卫生

月经是女子正常生理现象，在月经期间，人体一般不会出现明显的生理异常变化，身体健康、月经正常的女子，月经期参加适当的体育活动是有益的，因为体育活动可以调节大脑皮质的兴奋和抑制过程，改善盆腔的血液循环，减轻月经的不适感。同时，由于腹肌和盆底肌肉的收缩与放松，对子宫起着柔软的按摩作用而有利于经血的排出。虽然月经属正常现象，但由于月经期子宫膜脱落出血，生殖器官抵抗力较弱而易于感染等特点，故女子运动时应特别注意下列卫生要求：

1. 适当减少运动量，运动时间不宜过长，特别是月经初潮不久的女性，由于月经周期尚不稳定，更应注意运动量不宜过大，要循序渐进，逐步养成经期锻炼的习惯。

2. 月经期不应进行剧烈运动，尤其是震动强烈、增加腹压的动作，如疾跑、跳跃及力量性练习的等，以免子宫异位和经血过多。

3. 月经期要避免冷和热的刺激，如冷水浴、阳光下暴晒等，特别腹部不要着凉，以免引起卵巢功能紊乱而导致月经失调。

4. 月经期不宜游泳，以免病菌浸入生殖器引起炎症。

5. 有痛经或月经紊乱、量过多或过少、经期严重不准、炎症等情况，应暂停体育锻炼。

项目二　运动按摩

运动按摩是在体育实践中运用专门手法作用于人体，以提高人体机能、消除疲劳和预防运动损伤的一种方法。其特点简便、有效，不需要什么设备，掌握按摩技术，对于参加体育锻炼、教学和训练都有实用价值。

按摩的作用主要是疏通经络，行气活血，活络关节，改善人体的功能。此外，按摩也对神经系统、运动系统、消化系统和皮肤都有良好作用。

一、按摩时应注意的事项

1. 按摩的手应保持清洁、温暖，指甲修短修齐，接触皮肤时，使其有舒服的感觉。

2. 按摩一般应顺着淋巴流动的方向进行。

3. 发烧、患皮肤病的部位、开放性损伤伤口出血处、急性损伤血肿处、骨折未愈合处等暂不宜做按摩。

二、运动按摩的一般手法

按摩手法是以手或肢体的其他部位进行各种不同操作的方法。手法的熟练程度及如何适当地运用手法，对按摩效果有直接的影响。按摩手法要求：手法要持久、有力、均匀、柔和，从而达到渗透的作用。

（一）推摩

1. 轻推摩。

手法：四指并拢，拇指分开，全手接触皮肤，沿着淋巴流动方向轻轻向前推动。

作用：对神经系统起镇定作用。

应用：多用在按摩开始和结束时。按摩中由一种手法换另一种手法时也插入几次轻推摩。

2. 重推摩。

手法：与轻推摩基本相同，但用力较重。要求掌根用力，虎口稍抬起，否则会引起疼痛。

作用：加速静脉血及淋巴液的回流量。

应用：常用在按摩中间，多与揉捏、按压等手法交替使用。

（二）擦摩

手法：用拇指或四指指腹、大鱼际、小鱼际、手掌、掌根紧贴在皮肤上，做来回直线形或螺旋形的摩动。着力要轻缓、柔和、均匀，不可速度过快和用力过猛，可适当涂些润滑油。每分钟保持在 100～200 次。手法有拇指指腹和大鱼际擦摩法、指腹擦摩法、手掌或掌根擦摩法几种。

作用：消肿止痛，提高局部温度，加速血液和淋巴液循环作用，增强关节韧带的柔韧性。

应用：可用于四肢、腰背、关节、韧带和肌腱部位，根据不同的部位采用不同的手法。

（三）揉捏

手法：四指并拢，拇指分开，手成钳形，掌心及指根贴在皮肤上，拇指与四指相对用力将肌肉略往上提，沿向心方向做螺旋式转动。在移动过程中掌指不应该离开被按的皮肤，手指不应弯曲，用力要均匀，避免仅用指尖用力。根据肢体的粗细、肌肉的肥厚程度，选用单手或双手揉捏，如大腿揉捏时，两手并排或用一只手搭在另一只手背上，向同一方向进行。在操作上有揉捏的动作时拇指和其他四指的动作稍有差别，拇指着重做揉的动作，其他四指着重做捏的动作。揉捏是有序的连续动作，作用点在肌肉组织上。

作用：促进肌肉的血液循环和新陈代谢，增加肌力和防止肌肉萎缩；消除肌肉疲劳性酸痛，解除肌肉痉挛，并有活血化瘀的作用。

应用：揉捏是按摩肌肉的主要手法，多用于大腿、小腿、臀部等肌肉丰厚的部位，也可用于前臂和上臂。

（四）按压

手法：一手或双手的手掌与掌根并列，重叠或相对地按压在被按摩的部位，停留约 30 秒钟。用力先由轻到重，然后由重到轻，作用点在肌肉或关节上。

作用：使肌肉放松，消除疲劳，复位轻微错位关节。

应用：常用于腰背部、肩部、腕关节以及四肢肌肉僵硬和乏力处。

（五）搓法

手法：两掌相对，并置于被搓肢体两侧，相对用力，方向相反，来回搓动。双手用力要均匀、连贯，动作要轻快。搓动频率先由快到慢，然后由慢到快，反复交替地做几遍。

作用：使肌肉放松，血气畅通，有利于排出肌肉中的代谢产物，清除肌肉酸胀感，提高工作能力。

应用：适用于四肢肌肉，尤其是大腿和上臂部位。常在揉捏等其他手法之后使用。

（六）叩打

手法：叩打分为叩击、轻拍、切击三种。

1. 叩击时，两手半握拳，用手的尺侧面交替叩打，手指与手腕尽量放松。

2. 轻拍时，两手半握拳或两手手指伸直分开，掌心向下，进行拍打，手指与手腕放松。

3. 切击时，两手手指伸直分开，手心相对，用手的尺侧进行切击。

作用：能提高肌张力，调节神经对肌肉的兴奋性；改善肌肉及深层组织的血液循环，促进物质代谢过程，消除疲劳，缓解肌肉的酸痛反应。

应用：作用于深层组织或肥厚的肌肉部位，如腰、背、臀肌等。常用于腰背肌、三角肌、臀肌、大腿肌和小腿后部肌肉。

（七）抖动

手法：抖动手法可分为肌肉抖动和肢体抖动两种。

1. 肌肉抖动时，被按摩者取放松肌肉的位置。按摩者用掌、指轻轻抓住肌肉，进行短时快速的抖动。

2. 肢体抖动时，被按摩者身体放松。按摩者双手抓住被按摩者肢体的末端，如手腕、足踝，进行前后、上下快速的抖动。抖动时，应对肘、膝关节稍加牵引，否则会有不舒服的感觉。抖动速度由快而慢，又由慢而快，用力均匀适当，反复抖动 5～10 次。

作用：调和气血，顺理筋脉，舒筋通络，滑利关节，放松肌肉，消除疲劳。

应用：多用于肌肉丰厚的部位和四肢关节。

（八）运拉

手法：被按摩者采取适当的体位，按摩者一手握住关节近端，另一手握住关节远端肢体。根据关节活动范围，使关节做屈伸、收展、内外旋以及绕环活动。

作用：能增加关节的活动幅度，维持肌肉和韧带的柔韧性。

应用：常用于四肢肌肉、关节按摩之后，也根据具体情况，令被按摩者主动牵拉关节及周围软组织，以活动关节。

三、身体各部位的按摩

1. 上肢按摩法。

（1）手指、手掌：一般采用推摩、擦摩、揉捏、运拉。

（2）腕关节：一般采用推摩、揉捏、按压、运拉、抖动。

(3) 前臂：一般采用推摩、揉捏、按压、抖动。

(4) 肘关节：一般采用推摩、擦摩、运拉。

(5) 上臂及肩部：一般采用推摩、擦摩、揉捏、叩打、按压、搓、抖动、运拉。

2. 下肢按摩法。

(1) 足部及踝关节：一般采用推摩、擦摩、运拉。

(2) 小腿：一般采用推摩、揉捏、叩打、抖动。

(3) 膝关节：一般采用推摩、擦摩、运拉。

(4) 大腿及髋关节：一般采用推摩、揉捏、搓法、叩打及运拉。

(5) 臀部：一般采用推摩、揉捏、按压、叩打。

3. 腰部按摩法。一般采用推摩、擦摩、按压、叩打。

4. 颈部按摩法。一般采用推摩、擦摩、揉捏、运拉。

5. 头部按摩法。一般采用推摩、擦摩。

四、按摩在运动实践中的运用

运动按摩可以在运动前、运动中或运动后进行。

(1) 运动前按摩：有兴奋性（重推摩、擦摩、揉捏、叩打）、抑制性（轻推摩、轻揉捏）和提高局部温度（快速的推摩、擦摩）的手法。

(2) 运动中按摩：有揉捏、叩打、抖动、擦摩等手法。

(3) 运动后按摩：有推摩、擦摩、按压、叩打、揉捏、抖动等手法。

项目三　常见运动损伤的预防及处理

避免运动损伤重在预防。由于造成损伤的机制和原因十分复杂，虽然运动者注重预防，但在日常锻炼或竞赛中，锻炼者仍难免会受到不同程度的损伤。为了尽量减少和减轻运动损伤，并在受伤后能尽早康复，了解和掌握运动损伤的产生原因、预防措施和常见运动损伤的处理方法，有利于进行科学的锻炼，使体育锻炼更好地起到增强体质、促进身心健康的积极作用。

一、运动损伤的概述与分类

(一) 概念

体育运动过程中所发生的损伤，被称为运动损伤。它与一般的生产或活动中的损伤有所不同，它的发生与运动训练安排、运动项目、技术动作、运动训练水平、运动环境及条件等因素有关。为了有效地预防和及时地处理好运动损伤，掌握运动损伤的分类、损伤产生的主要原因和如何预防运动损伤是非常必要的。

（二）运动损伤分类

1. 按损伤组织可分为肌肉韧带拉伤、挫伤、关节脱位、扭伤、四肢骨折、内脏损伤、脑震荡等。严重损伤较少见，多数是肌肉、韧带、关节等的轻微损伤。

2. 按损伤组织是否有创口与外界相通可分为：开放性损伤——损伤后皮肤的完整性遭到破坏，伤口与外界相通，如擦伤、刺伤与开放性骨折等；闭合性损伤——伤后皮肤仍保持完整，伤处无裂口与外界相通，如挫伤、关节扭伤、肌肉拉伤与闭合性骨折等。

3. 按伤情轻重可分为轻伤、中伤和重伤。

4. 按损伤病程可分为急性损伤和慢性损伤。

二、常见运动损伤的原因

造成运动损伤的原因是多方面的，既与锻炼者的体育基础、体质水平有关，又与运动项目的特点、技术难度以及运动环境等因素有关。其主要原因有以下几方面。

1. 思想麻痹大意是所有运动损伤的最主要原因。其中包括运动前不检查器械，预防措施不得力，好胜好奇，常在盲目和冒失的运动中受伤。

2. 运动情绪低落，或畏难、恐惧、害羞、犹豫以及过分紧张时容易发生伤害事故。有时因缺乏运动经验，缺乏自我保护意识和能力，也极容易发生运动性损伤。如摔倒时用肘或直臂撑地，就会造成肘关节或尺、桡骨损伤。

3. 运动前准备活动不充分，特别是缺乏有针对性的准备活动，这使运动器官、内脏器官功能没有达到运动状态从而造成损伤。

4. 体育锻炼内容组合不科学，训练方法不合理，技术动作错误以及纪律松散等，都可能造成运动损伤。如做前滚翻时，因头部不正引起颈部扭伤；篮球、排球传接球时，因手型不正和注意力不集中而引起手指挫伤。

5. 运动场地狭窄，地面不平坦，器械安置不当或不牢固，锻炼者拥挤或多种项目混在一起进行等原因，都容易引发损伤事故。

6. 空气污染、有噪音、光线暗淡、气温过高或过低，以及运动着装不符合要求等原因，都直接或间接造成运动损伤。

三、运动损伤的预防

（一）调节身体处于良好状态

1. 准备活动和放松活动。锻炼或比赛前准备活动十分重要，它不但能使基础体温提高，血液循环加快，肌肉的应激性上升，关节的柔软性增大，还能调整心理状态，减轻紧张感和压力感。

放松活动是指在剧烈运动后通过放松活动使体温、心率、呼吸、肌肉的应激反应恢复到安静水平。它不但可以防止在运动后出现肌肉酸痛及损伤，而且对于精神压力的解除也有很大作用。

2. 肌力训练。肌肉力量不够、协同或拮抗肌力的不平衡，常常会造成损伤。例如，在锻炼这中常见的背腰痛、腰肌劳损，多由背伸肌与腹肌的肌力比失衡造成。加强肌力训练，使肌群力量保持动态平衡，对预防运动损伤有重大作用。

3. 自我保护。锻炼还应了解和懂得初步处理运动后肌肉酸痛、关节不适的方法。早期可做温水浴，采用物理疗法、自身按摩等。

（二）注意环境卫生

在锻炼和竞赛前应对体育器材、设备、场地等周围环境进行严格的安全检查。在运动时应摘下钥匙、小刀、项链、耳环等锐利物品。防护器材的使用可使运动损伤的发生率大大降低，但如果防护器材质量低劣、不合格或残破，其防护功能必然会受到影响。

（三）科学锻炼三要素

体育锻炼的科学体系内容繁杂，但其中的全面性、渐进性、个别性三要素对预防运动损伤很重要。

全面性是指加强体能的全面锻炼。渐进性是指逐步加大锻炼负荷量。个别性是指锻炼项目、方法等因人而异。

（四）保持正常的心理状态

锻炼者参加运动竞赛时应当保持正常的心理状态，胜不骄、败不馁，不做粗鲁的和危险的动作，避免猛烈冲撞，由此即可既保护好自己，又不致他人受伤。

三、常见运动损伤的处理

（一）软组织损伤

软组织损伤可分为开发性损伤和闭合性损伤两类，前者有擦伤、撕裂伤、刺伤等，后者有挫伤、肌肉拉伤等。

1. 擦伤。皮肤表面被粗糙物摩擦所引起的表面损伤叫擦伤。如跑步、球类运动中摔倒时，身体表面与地面摩擦容易引起皮肤擦伤，伤处皮肤擦破或剥脱，有小出血点和组织液渗出。

对于小面积擦伤，可先用生理盐水或 2% 硼酸液冲洗局部，再用 1% ~2% 红汞或 1% ~2% 龙胆紫液涂抹；面部擦伤宜涂抹 0.11% 新洁尔灭溶液。对大面积擦伤、伤口深的伤者，应先用生理盐水冲洗伤口，再用 2.5% 碘酒和 75% 酒精在伤口周围消毒，伤口局部用 1% 雷弗奴尔湿纱布覆盖，并用绷带包扎，感染的伤口每日或隔日换药。

2. 裂伤、刺伤、切伤。

（1）裂伤：指受钝物打击引起的皮肤和皮下组织撕裂，伤口边缘不整齐。

（2）刺伤：指尖细锐物刺穿皮肤及皮下组织器官的损伤，伤口小而深。

（3）切伤：是锐器切入皮肤所致，伤口边缘整齐，多成直线形，出血较多。

裂伤、刺伤和切伤，轻者可先用碘酒、酒精将伤口周围皮肤消毒，再用消毒纱布覆盖，加压包扎。伤口较大、较深、污染较重者，应及时送医院，由医务人员做清创术，清除污物、异物、坏死组织，彻底止血，缝合伤口；口服或注射抗菌药物以防感染。伤口小而深和污染较重者，应注射破伤风抗毒血清 1500～3000 国际单位，以预防破伤风。

3. 挫伤。挫伤又叫撞伤，是人体某部位遭受钝性暴力作用而引起的闭合性损伤，这类损伤多发生在篮球、足球、体操、武术、拳击、散打等项目中。

单纯肌肉挫伤，轻者局部仅有疼痛、压痛、肿胀、功能障碍等表现；重者可因皮下出血形成血肿或瘀斑，疼痛和功能障碍都较明显。

复杂性挫伤是一种较为严重的挫伤，如头部挫伤，轻者可发生脑震荡，严重者可因发生颅骨骨折或合并脑挫伤而危及运动员生命；睾丸挫伤可因剧烈疼痛而引起休克；股四头肌、腓肠肌的严重挫伤，可引起肌肉或肌腱断裂。

单纯性挫伤在 24 小时内采取局部冷敷，加压包扎，抬高患肢，局部休息并外敷新伤药予以止痛和消肿，24～48 小时后，方可按摩和理疗。头部和睾丸挫伤有休克症状出现者应首先进行抗休克处理，保温、止痛、止血矫正休克后，立即送医院治疗。肌肉、肌腱断裂者，应将肢体包扎固定后，送医院治疗。

4. 肌肉拉伤。由肌肉主动强烈的收缩或被动过度的拉长造成的肌肉细微损伤或部分撕裂或完全断裂，被称为肌肉拉伤。

在体育运动中，大腿后群肌肉的拉伤最为常见，此外，大腿内收肌、腰背肌、腹直肌、小腿三头肌、上臂肌都是肌肉拉伤的易发部位。肌肉完全断裂者受伤时，可听到撕裂声，且肿胀明显，皮下瘀血严重，局部可能触及凹陷或一端异常隆起。

肌纤维部分断裂者，早期用冷敷、加压包扎，外敷新伤药，把损伤肌肉置于放松位置以减轻疼痛。24 小时或 48 小时后开始在伤部做轻松推摩，伤部周围做揉、揉捏、搓等按摩手法。开始时手法宜轻，以后用力逐渐加重，并可在伤部进行按摩，同时点压周围的穴位。可能有肌腱、肌肉完全断裂者，可局部加压包扎，固定患肢后，立即送医院手术缝合。

（二）关节、韧带扭伤

关节韧带损伤主要是由间接外力作用引起的一种闭合性损伤。在外力作用下，关节发生超常范围的运动，关节内、外韧带受到过度的或猛烈的牵拉而造成损伤。扭伤多发生于四肢关节处。不同的体育项目，发生扭伤的部位也是不同的，球类运动的扭伤多在腕、肩、踝、膝和腰部关节；体操的扭伤多在腕、肩和肘关节；田径运动最容易使髋关节扭伤。

轻度扭伤只是关节周围的韧带或肌腱撕裂一小部分，伤处有轻微疼痛感觉。这种扭伤，在伤部的外表看不出什么，关节活动也没有障碍。轻度扭伤一般不需要急救处理，但应暂时停止锻炼。一般情况下，过一两周后伤处疼痛就会逐渐消失而痊愈。

重度扭伤表现为关节周围的韧带、肌腱和血管断裂等。伤者受伤后会感到剧烈疼痛，关节不能活动。在受伤几小时后，受伤部位逐渐肿大并变为青黑色。这是由于血管破裂而使血液流进组织间隙的缘故。

急救重度扭伤须先止痛、止血。在扭伤的当时可做冷敷。做冷敷时先把伤部微微抬高，用毛巾沾冷水，拧干后盖敷伤处，也可用冷水淋洗伤部。冷敷可使断裂的血管收缩，减轻出血程度，并有麻痹神经末梢、减轻疼痛的作用。冷敷后伤部垫上棉花，用绷带包扎，包扎时轻加压力，但不能包得太紧，以免影响血液循环。

（三）骨折

在外力的作用下，骨的连续性或完整性遭到破坏叫骨折。根据骨折与外界相通的情况和损伤的情况其可分为三类：第一类是闭合性骨折，这种骨折的断端没有穿破皮肤，与外界不相通；第二类是开放性骨折，这种骨折断端穿破皮肤，使骨髓与外界相通，这类骨折容易发生感染，引发骨髓炎，甚至败血症；第三类是复杂性骨折，这种骨折的断端刺伤了血管、神经、肺脏等重要组织与器官，造成危及生命的一些症状。骨折的症状主要有疼痛、肢体畸形、骨摩擦音以及肿胀、压痛等。

对骨折伤员的急救原则是防治休克，保护伤口，固定断骨。即在发生骨折时，要密切观察，如有休克，则首先是抗休克，如给予伤者较强的止痛药物或针刺人中等；如果有伤口出血，应先止血，用消毒巾或纱布包扎好伤口，最后再固定断骨，外露的骨端或骨片不要放回伤口内，以免造成深部组织（包括骨髓）感染。

对各种骨折进行初步急救时，正确使用夹板甚为重要。要根据骨折的种类、部位选择夹板和捆扎方法。用夹板固定和捆扎好后，应检查是否牢固，如伤部周围色泽青紫，说明捆扎过紧，必须适当放松；如骨折处仍可活动，说明捆扎过松，搬运时容易加重伤情。

对骨折伤员应尽快送医院做准确的诊断，在搬运过程中要将伤员放到硬板或担架上，尽量做平稳移动，以免造成新伤或加重伤情。

（四）脑震荡

脑震荡是指头部受到外力打击或撞击后，致使大脑中管理平衡的膜半规管、椭圆囊、球囊等感受器功能失调，从而引起大脑暂时的意识和功能障碍。比如在运动中两人头部相撞、撞击硬物或从高处跌下时头部着地等，都可以造成脑震荡。致伤后，患者会出现神志昏迷、脉搏徐缓、肌肉松弛、瞳孔稍大、神经发射减弱或消失等症状；

清醒后，患者常有头痛、头晕、恶心、呕吐感，表现为情绪烦躁、注意力不易集中、耳鸣、失眠、记忆力减退等。

患者受伤后应立即让其平卧，头部冷敷；若有昏迷，则立即指压人中、内关、合谷穴；若呼吸发生障碍，则立即进行人工呼吸。上述处理后，如出现反复昏迷或耳鼻口出血，两瞳孔放大，且不对称时，表明病情严重，应立即护送医院治疗。在运送途中，要让患者平卧，头部固定，谨防颠簸。脑震荡一般都可自愈，无需住院，但要注意休息和必要的药物治疗，保持情绪稳定，减少脑力劳动。

在恢复过程中，可定期或不定期地做脑震荡痊愈实验，以检查伤者康复状况。其方法是：闭目，单腿站立，两臂平举，如果能保持平衡，表明脑震荡已基本痊愈。这时，可适当参加体育锻炼，但要避免滚翻和旋转性动作，以防复发。

（五）关节脱位

关节脱位是指关节面失去了正常的连接关系，也被称为脱臼。运动中发生的关节脱臼，一般是由间接外力撞击所致。如摔倒时用手撑地可引起肘关节或肩关节脱位。严重的关节脱位，伴有关节囊撕裂，甚至损坏神经。关节脱位后，常出现畸形。由于关节周围软组织损伤，出血、压迫或牵扯神经，引起局部疼痛、压痛和关节肿胀，丧失正常的活动功能，甚至发生肌肉痉挛等现象。如肩关节脱位时会出现"方肩"，肘关节脱位时鹰嘴会向后突出。

关节发生脱位后应立即在脱位所形成的姿势下固定伤肢。如果没有夹板，可用纸板、绷带或布巾，将伤肢固定在本人的躯干或健肢上，防止震动，随后及时送医院治疗。必需指出，如果没有把握做好整复处理时，切不可随便做整复手术，以免加重损伤，增加伤者的痛苦。

（六）重力性休克

重力性休克（或称一过性脑缺血），是一种参加体育锻炼者心血管系统暂时性机能失调的现象，这种现象较多发生在赛跑时。

重力性休克的症状，是当跑完全程达到重点时，突然停止跑动，出现眼前发黑、头晕、全身发软、两腿无力、面色发白、心跳气喘。轻度的重力性休克，上述症状会很快消失，重度的重力性休克，上述症状延续时间则较长，如果不立即搀扶病者，就有突然倒在地上的危险。

重力性休克的急救方法很简单。轻者可以搀扶着走一段路，症状很快就可以消失了。重者必须躺下，把下肢抬高一点，身上用毯子或衣物盖住，数分钟后，面色发白、心跳气喘、头晕眼花的现象就可以消失。如果病人想喝水，可喝些热茶或糖水。

要预防重力性休克，一方面，运动者必须在跑到终点后，减低速度再向前慢跑一段距离，然后慢慢地停下来，最重要的是在赛跑时，要加强保护工作；另一方面，运动者应了解预防重力性休克的常识，以免事故的发生。

（七）运动中暑

夏季在炎热的环境中做剧烈运动，由于散热困难，体温急剧增高；或由于出汗过多，体内缺盐缺水，发生肌肉痉挛；烈日直接照射头部，使脑膜和脑骨髓发生充血和受刺激都会出现中暑。

轻度中暑有头晕、头痛、眼花、恶心、口渴等症状。轻度的中暑时会出现体温升高，面色潮红、胸闷、皮肤灼热等。严重的中暑会出现休克现象。急救时，应将患者移到阴凉通风的地方，仰卧，垫高头部或半坐姿势，解开衣扣，扇风，额头部冷敷，用酒精或白酒擦身。神志清醒时，可以喝清凉饮料。

单 元 五

田径运动

项目一　田径运动概述

　　田径运动（track and field）是一种结合了速度与能力，力量与技巧的综合性体育运动。"更高、更快、更强"的奥林匹克运动精神在很多方面都能够通过田径运动得到集中体现。

　　田径是世界上最为普及的体育运动之一，也是历史最悠久的运动项目。田径与游泳、射击被视为奥运金牌三大项目，46 枚金牌也是奥运金牌最多的项目，"得田径者得天下"也由此而来。

　　田径运动是人类长期社会实践发展起来的，包括男女竞走、跑跃、投掷四十多个单项，以及由跑跳、跳跃、投掷部分项目组成的全能运动。以时间计算成绩的竞走和跑的项目，叫"径赛"。以高度和远度计算成绩的跳跃、投掷项目叫"田赛"，田径运动是径赛、田赛和全能比赛的全称。

　　远在上古时代，人们为了获得生活资料，在和大自然及禽兽的斗争中，不得不走或跑相当的距离，跳过各种障碍，投掷石块和使用各种捕猎工具。在劳动中不断的重复这些动作，便形成了走、跑、跳跃和投掷的各种技能。随着社会的发展，人们有意识地把走、跑、跳跃、投掷作为练习和比赛形式。

　　公元前 776 年，在古希腊奥林匹克村举行了第一届古奥运会，从那时起，田径运动成为正式比赛项目之一。1894 年，在法国巴黎成立了现代奥运会组织。1896 年在希腊举行了第一届现代奥运会，在这届奥运会上田径的走、跑、跳跃、投掷等项目，被列为大会的主要项目。至今已举行的各届奥运会上，田径运动都是主要比赛项目之一。

　　田径运动包括跳、投类以有效成绩距离大者名次列前的田赛和跑、走、跨（含3000 米障碍）类完成全程时间短者名次列前的径赛以及由上述田、径两类各部分项目组成的全能项目和短跑团体接力项目，是比速度、比高度、比远度和比耐力的体能项目，或要求在很短的时间内表现出最大的速度和力量，或要求在很长的时间内表现出最大的耐力，最能体现奥林匹克"更快、更高、更强"的精神。

国际田联规定运动员参加奥运会必须在规定时间里达到规定的报名标准，个人项目每个单项达到 A 级标准的最多 3 名运动员参赛，如无达到 A 级标准的运动员，允许 1 名达到 B 级标准的运动员参赛，如无达到 B 级标准的运动员，则允许各报 1 名男女运动员参加除田赛项目、10000 米跑、七项全能、十项全能以外的其他项目比赛。接力项目每个协会每个项目最多 1 个队，接力运动员可报 6 名，其中可报两名未达标的运动员。

项目二 田径运动分类

以下为田径各分项目介绍：

一、短距离跑

简称短跑。跑是人类与生俱来的基本能力，自古以来就是一种比赛形式，几乎每个国家的文献中都有描述。据史料记载，短跑是公元前 776 年古希腊奥运会唯一的竞技项目，距离为 192.27 米。现代短跑起源于欧洲，最早被列入正式比赛是在 1850 年的牛津大学运动会上，当时设有 100 码、330 码、440 码跑项目。19 世纪末，为规范项目设置，将赛跑距离由码制改为米制。初为职业选手的表演项目，后逐渐扩展到业余运动员。运动员比赛时必须使用起跑器，听信号统一起跑，必须自始至终在自己的跑道内跑动。奥运会比赛项目男、女均为 100 米跑、200 米跑和 400 米跑，其中男子项目 1896 年列入，女子 100 米跑和 200 米跑 1928 年列入，400 米跑 1964 年列入。

二、中距离跑

简称中跑。最初项目是 880 码跑和 1 英里跑，从 19 世纪中叶开始，880 码跑和 1 英里跑项目逐渐被 800 米跑和 1500 米跑项目所替代。有的学者认为，中跑项目最早的正式比赛是 1847 年 11 月 1 日在英国伦敦举行的比赛，英国的利兰（John Leyland）以 2 分 01 秒的成绩获得 880 码跑冠军。原为职业选手的表演项目，后逐渐扩展到业余运动员。运动员比赛时不使用起跑器，听信号统一起跑。奥运会比赛项目男、女均为 800 米跑和 1500 米跑，其中男子项目 1896 年列入；女子 800 米跑 1938 年列入，1500 米跑 1972 年列入。

三、长距离跑

简称长跑。最初项目为 3 英里、6 英里跑，从 19 世纪中叶开始，逐渐被 5000 米跑和 10000 米跑替代。据记载，现代最早的正式长跑比赛是 1847 年 4 月 5 日在英国伦敦举行的职业比赛，英国的杰克逊以 32 分 35 秒 0 的成绩夺得 6 英里跑冠军。奥运会比赛项目男、女均为5000米跑和10000米跑。男子项目1912年列入；女子5000米跑1996年列入，10000米跑1988年列入。

四、跨栏跑

起源于英国。由牧羊人跨越羊圈栅栏的游戏演变而来。跨栏跑最早使用的栏架是掩埋在地面上的木支架或栅栏，1900年出现可移动的倒T字形栏架。1935年有人将T形栏架改成L形栏架，L形栏架支脚的另一端朝向运动员的跑进方向，稍加阻力即可向前翻倒，减轻了运动员过栏时的恐惧心理。奥运会比赛项目分男子110米跨栏跑、400米跨栏跑（1896年列入）；女子100米跨栏跑（1932年列入，当时为80米跨栏跑，1972年改为100米跨栏跑）、400米跨栏跑（1984年列入）。男子110米跨栏跑的栏高为106厘米，400米跨栏跑的栏高为91.4厘米；女子100米跨栏跑的栏高为84厘米，400米跨栏跑的栏高为76.2厘米。比赛时，运动员必须跨越10个栏架，除故意用手推或用脚踢倒栏架外，身体其他部位碰倒栏架不算犯规。

五、接力跑

田径运动中唯一的集体项目。以队为单位，每队4人，每人跑相同距离。其起源有多种说法，有的认为起源于古代奥运会祭祀仪式中的火炬传递，有的认为与非洲盛行的"搬运木料"或"搬运水坛"游戏有关，也有的认为是从传递信件文书的邮驿演变而来。

奥运会比赛项目分男、女4×100米接力跑和4×400米接力跑。1908年第4届奥运会首次设立接力项目，但4名运动员所跑距离不等。1912年第5届奥运会改设4×100米接力跑和4×400米接力跑。女子4×100米接力跑和4×400米接力跑分别于1928年、1972年被列入奥运会比赛项目。接力跑运动员必须持棒跑完各自规定的距离，并且必须在20米的接力区内完成传接棒。

六、跳高

起源于古代人类在生活和劳动中越过垂直障碍的活动。现代跳高始于欧洲。18世纪末苏格兰已有跳高比赛，19世纪60年代开始流行于欧美国家。1827年9月26日在英国圣罗兰·博德尔俱乐部举行的首届职业田径比赛中，威尔逊（Adam Wilson）屈膝团身跳越1.575米，这是第一个有记载的世界跳高成绩。跳高有跨越式、剪式、俯卧式、背越式等过杆技术，现绝大多数运动员都采用背越式。跳高横杆可用玻璃纤维、金属或其他适宜材料制成，长3.98～4.02米，最大重量2公斤。比赛时，运动员必须用单脚起跳，可以在规定的任一起跳高度上试跳，但第一高度只有3次试跳机会。男、女跳高分别于1896年、1928年被列为奥运会比赛项目。

七、跳远

源于人类猎取或逃避野兽时跨越河沟等活动，后成为军事训练的手段。为公元前708年古代奥运会五项全能项目之一。现代跳远运动始于英国，1827年9月26日在英国圣罗兰·博德尔俱乐部举行的第一次职业田径比赛中，威尔逊越过5.41米的远度，这是第一个有记载的世界跳远成绩。跳远的腾空动作有蹲距式、挺身式和走步式。20世纪70年代出现前空翻跳远，因危险性大，被国际田联禁用。最初运动员是在地面起跳，1886年开始采用起跳板。起跳板白色，埋入地下，与地面齐平，长1.22米，宽20厘米，距沙坑近端不少于1米。起跳板前有起跳线，起跳线前有用于判断运动员起跳是否犯规的橡皮泥显示板或沙台。运动员必须在起跳线后起跳。比赛时，如运动员不足8人，每人可试跳6次；超过8人，则先试跳3次，8名成绩最好的运动员再试跳3次。以运动员6次试跳的最好成绩排列名次。男、女跳远分别于1896年和1948年被列为奥运会比赛项目。

八、三级跳远

起源于18世纪中叶的苏格兰和爱尔兰，两者跳法不同。苏格兰采用单足跳、跨步跳、跳跃，而爱尔兰用的是单足跳、单足跳、跳跃。现规定必须使用苏格兰跳法。最早的正式比赛可以追溯到1826年3月17日首次举行的苏格兰地区运动会，比蒂（Andre Beattie）创造了12.95米的第一个纪录。比赛时，运动员助跑后应连续做3次不同形式的跳跃，第一跳为单足跳，用起跳腿落地；第二跳为跨步跳，用摆动腿落地；第三跳为跳跃，必须用双脚落入沙坑。男子三级跳远于1896年被列为首届奥运会比赛项目，女子三级跳远于20世纪80年代初逐渐广泛开展，1992年被列为奥运会比赛项目。

九、铅球

起源于古代人类用石块猎取禽兽或防御攻击的活动。现代推铅球始于14世纪四十年代欧洲炮兵闲暇期间推掷炮弹的游戏和比赛，后逐渐形成体育运动项目。铅球的制作经历了用铁、铅以及外铁内铅的过程。正式比赛男子铅球的重量为7.26公斤，直径11~13厘米；女子铅球的重量为4公斤，直径为9.5~11厘米。早期推铅球没有固定的方式，可以原地推，也可以助跑推；可以单手推，也可以双手推；还出现过按体重分级别的比赛。最初采用原地推铅球技术，后逐渐发展到侧向推、上步侧向推。20世纪50年代，美国运动员奥布赖恩发明背向滑步推铅球技术，该技术被称为"铅球史上的一场革命"。70年代，苏联运动员巴雷什尼科夫发明旋转推铅球技术，由于旋转后难以控制身体平衡，至今只有极少数运动员使用。比赛时，运动员应在直径2.135米的圈内，用单手将球从肩上推出，铅球必须落在落地区角度线以内方为有效。男、女铅球分别于1896年和1948年被列为奥运会比赛项目。

十、铁饼

起源于公元前 12 世纪～前 8 世纪希腊人投掷石片的活动。公元前 708 年第 18 届古代奥运会列为五项全能项目之一。铁饼最初为盘形石块，后逐渐采用铜、铁等金属制作。现代奥运会史上，曾有过双手掷铁饼的比赛项目（左手＋右手）。掷铁饼技术经历过原地投、侧向原地投、侧向旋转投、背向旋转投几个发展过程。铁饼可用木料或其他适宜材料制作，男子铁饼重 2 公斤，直径 22 厘米；女子铁饼重 1 公斤，直径 18.1 厘米。比赛时，运动员应该在直径 2.50 米的圈内将饼掷出，铁饼必须落在 40 度的角度线内方为有效。男、女饼分别于 1896 年和 1928 年被列为奥运会比赛项目。

十一、标枪

起源于古代人类用长矛猎取野兽的活动，后长矛又发展成为作战的兵器。公元前 708 年被列为第 18 届古代奥运会五项全能之一。现代标枪运动始于 19 世纪的瑞典、希腊、匈牙利和芬兰等欧洲国家。1792 年瑞典的法隆开始举行标枪比赛。最初运动员使用的木制标枪前后一样粗，20 世纪 50 年代初，美国标枪运动员赫尔德（Franklin Held）研究出两端细、中间粗的木制标枪，延长了标枪在空中飞行的时间，因而被称为"滑翔标枪"。60 年代瑞典制造出金属标枪，使标枪的滑翔性能更强，大幅度提高了运动成绩。1984 年民主德国运动员霍恩（Uwe Hohn）以 104.80 米的成绩打破世界纪录。国际田联为保证看台观众的安全，1986 年将男子标枪重心向枪尖方向前移 4 厘米，以降低飞行性能，1999 年又将女子标枪重心向枪尖方向前移 3 厘米。标枪可用金属或其他适宜的类似材料制作。男子标枪重 800 克，长 260 厘米～270 厘米；女子标枪重 600 克，长 220 厘米～230 厘米。比赛时，运动员必须单手将标枪从肩上方掷出，枪尖必须落在投掷区角度线内方为有效。男、女标枪分别于 1908 年和 1932 年被列为奥运会比赛项目。

项目三　短跑

一、技术要领

起跑后迅速摆臂，用力蹬伸三关节（髋、膝、踝），保持身体前倾度（与水平线约成 15°～20°）；疾跑时步长逐渐增加，两脚逐渐吻合于一线，上体逐渐抬起；途中跑要顺势自然跑进，上体稍有前倾；终点跑时上体略大前倾，用胸或肩部撞压终点线；弯道跑时身体内倾，左脚用脚前掌外侧着地，右脚用脚前掌内侧着地，左臂前后摆动，右臂略加大左右摆动幅度。

二、短跑技术教学法

（一）学习直道途中跑技术

1. 学习摆臂技术。原地成弓箭步前后摆臂练习。练习时讲清摆臂的方向、幅度和肘关节角度变化，要以肩为轴摆动，同时肩部放松。

2. 学习用前脚掌着地的富有弹性的慢跑。要求用前脚掌着地，做脚跟离地较高、富有弹性的慢跑后逐渐加大大腿摆动幅度并要求大小腿折叠前摆。

3. 学习中等速度的反复跑 60～100 米。要求跑的动作放松、协调、步幅开阔，同时强调后蹬和高抬摆动腿的正确技术。

4. 学习加速跑 60～100 米。

5. 加速跑 60～80 米。快跑时应强调放松。

6. 分段加速跑 80～100 米。练习时，跑的速度从中速跑 20 米—加速跑 20 米—中速跑 20 米—加速跑 40 米。

7. 学习行进间跑 30～60 米。应特别强调技术动作的正确和放松。

（二）学习掌握蹲踞式起跑和起跑后加速跑技术

1. 学习掌握蹲踞式起跑技术。

图 5-3-1 蹲踞式起跑

（1）游戏，提高快速反应的能力。

①黑与白。把练习者分成两排对面站立，也可采用背向站立或迎面行进等形式，命名一队为"白队"，一队为"黑队"。当游戏开始时，教师喊"黑"或者"白"的口令，两队听到口令后互相追拍。②喊号接球游戏。练习者站成一个圆圈，顺时针报数。教师持一球站于圆心，游戏开始时，教师将球抛起后喊号，被叫的学生迅速起动，跑到圆心接球。

（2）采用各种姿势听不同信号起跑。

（3）学习安装起跑器，要求在教师的指导下，学生按小组自行安装。

（4）全组学习"各就位""预备"口令时的动作。要求练习者练习时，本小组其他同学指导练习者完成动作。依次轮换，并且同学之间互相纠正错误动作。

（5）用胶皮带做阻力起跑练习或双人抗肩的阻力起跑练习。要求躯干保持前倾姿势，阻力适当，以不影响练习者动作的连贯性为准。

（6）在斜杆下做起跑和起跑后加速跑练习。要求斜杆前端不要压得太低，以免产生低头躲杆跑的错误。

（7）蹲踞式起跑练习（无口令）。要求学生经过反复练习，选择出适合自己的起跑器安装方法和最佳起跑姿势。

（8）听口令后蹲踞式起跑30米。要求练习时对起跑信号做出快速反应，并注意体会正确技术。

（9）"预备"口令与"鸣枪"之间，以不同的时间间隔做起跑练习，要求对起跑信号做出快速反应。

（10）蹲踞式起跑60米。可以采用让距离的追逐跑或计时跑等形式。要求练习者认真体会加速跑和途中跑的衔接技术。

（11）改进起跑和起跑后加速跑步幅的练习。在起跑器前按照正常的落地位置，画出标志，要求练习者起跑后脚落在标志上。

2. 学习掌握起跑后加速跑技术。

（1）正面斜撑肋木，做推手摆臂练习。两人一组，互相观察练习者面、颈、肩各部位的放松情况和摆臂的幅度和方向，及时指出错误动作，并帮助纠正。

（2）正面斜撑肋木，做高抬腿跑练习。要求练习者认真体会大腿快速有力的前摆动作。注意前摆时脚离地面不太高，后蹬时，充分伸展髋、膝、踝三关节。

（3）直体前倒接加速跑20～30米后做不减速惯性跑练习。要求两脚开立同肩宽，提起足跟，直体前倒。当身体失去平衡瞬间，迅速跑出。要求认真体会加速跑的动作要领。

（4）由体前屈开始，加速跑20～30米后接不减速的惯性跑。要求两脚开立同肩宽，一臂在前自然放松，一臂屈臂在后。然后前移，至身体失去平衡时迅速跑出。

（三）学习掌握弯道跑技术

1. 叫号追拍游戏。学生站成5～6米半径的圆圈。逆时针1～3报数。游戏开始时，教师喊号，相同号数的练习者逆时针追拍他前面的同学。要求游戏结束后每位同学都谈一谈圆周跑和直道跑的不同之处。

2. 原地摆臂练习。

3. 在一个半径10～15米的圆圈上，用慢速、中速和快速等不同的速度跑，反复体会弯道跑技术以及与跑速的关系。

4. 在弯道上，中速跑、快速跑60～80米，体会和掌握弯道跑技术。

5. 学习进弯道跑技术。直道上 15～20 米加速跑，在进入弯道前 2～3 步时，有意识地内倾身体，用左脚掌外侧着地，右脚掌内侧着地，进入弯道后快跑 40～50 米。

6. 学习出弯道跑技术。要求以很快的速度跑出弯道。进入直道时，顺惯性做 2～3 步自然跑进，使向内倾斜的身体逐渐恢复正常姿势，然后加速跑 20～30 米。

7. 直道→弯道→直道跑 150～200 米。

8. 学习弯道起跑器的安装方法。

9. 弯道起跑 40～60 米。要求起跑时身体正对弯道的切点方向。

（四）学习掌握终点跑技术

1. 在走和慢跑中做撞线动作。当离终点线一步时做上体前倾双臂后摆的撞线动作。做这个练习时可将学生分成小组，每一组一根终点带，让学生分组练习。

2. 中速跑 30 米后的撞线动作。

3. 加速跑 40～60 米。跑过终点后逐渐减速。要求以最快的速度跑过终点，不改变跑的动作。

4. 加速跑 40～60 米做撞线动作。要求在最后 10 米开始加大摆臂的幅度和力量，在最后一步做撞线动作。

5. 预防过早前倾上体撞线的练习。把终点带延后 50 厘米，做各种距离跑的终点撞线练习。

6. 100 米全程跑终点撞线练习。

7. 150 米全速跑终点撞线练习。

三、短跑专项素质训练方法

（一）共同素质

1. 柔韧性。主要是髋、膝、踝三关节在横轴上的范围和腿部肌肉的柔韧性。此外，肩关节的柔韧性对短跑运动员也很重要。

2. 一般性耐久力。一般性耐久力是中等以下强度（有氧）持续完成运动的能力，反应心血管系统和呼吸系统的能力。这种能力是所有短跑运动员都需要的良好的一般耐久力，使运动员能承受较大的训练负荷，是专项耐久力的基础。

（二）各项专门素质

1. 100 米运动员需要的专门素质。100 米跑运动员需要的主要能力是：加速能力、最高速度的能力和维持最高速度的能力。维持最高速度的能力包括能维持最高速度和次最高速度的能力，后者也可叫减速能力，通常把这种能力叫做专项耐久力。由于绝对力量对快速力量有一定的影响，因此，绝对力量也是 100 米运动员不可缺少的素质。

2. 200 米运动员需要的素质。200 米跑需要的素质与 100 米的基本相同，但 200 米跑比 100 米跑长一倍的距离。大部分距离是用稍低于最高速度跑，因此，专项耐久力对 200 米跑有重要作用。但最高速度水平对次高速度水平有重要的影响。因此，最高速度能力也是 200 米运动员重要的素质之一。也可以说最高速度和专项耐久力是 200 米运动员的两大支柱。

3. 400 米运动员需要的素质。在 400 米跑中，专项耐久力在所有素质中占有最突出的地位，其次是速度，它包括加速能力和最高速度的能力。

（三）现代短跑的训练方法和内容

1. 柔韧性训练。

（1）手扶肋木做前后、左右的摆腿。

（2）行进中做正踢腿、侧踢腿、内外绕腿、正压腿。

（3）前后劈腿、左右劈腿。

（4）背桥。

（5）体前屈、体后屈、体侧屈。

（6）双膝跪地，上体后倒至躺在小腿上。

（7）跨栏坐，前倾后倒。

（8）走步中高抬腿，可单腿连续做，也可双腿交替做。

2. 一般耐久力训练。

（1）匀速越野跑 30 分钟~1 小时。

（2）在运动场匀速跑 30 分钟~1 小时。

（3）较大量的变速跑。

（4）长时间的足球、篮球运动。

（5）在田径场进行 400~800 米的中速跑。

3. 速度耐力训练。

（1）间歇时间长，强度为个人最好成绩 90% 的反复跑。①100 米、200 米的运动员跑：100 米、150 米、200 米、250 米、300 米。②400 米运动员跑：300 米、400 米、500 米、600 米。

（2）间歇时间短，强度为 80%~85% 的反复跑。①100 米、200 米跑：（6~8 次）×100 米，（6~8 次）×150 米，（6~8 次）×200 米。②400 米跑：（8~10 次）×200 米，（5~6 次）×300 米。

（3）间歇时间短，强度为 80%~85% 不等距离的组合跑。①100 米、200 米运动员跑：50+100+150+200+150+100+50（米）（间歇 3 分钟）。②400 米运动员跑：100+200+300+400+500+400+300+200+100（米）（间歇 3~4 分钟）。

（4）变速跑：150 米快+150 米慢+200 米快+200 米慢+300 米快+300 米慢。

（5）递减间歇跑：200 米×10 次，间歇 5 分钟、4 分钟、3 分钟、2 分钟、1 分钟。

（6）较长距离跨跳（负重或不负重）：100~300 米×（5~6 次）。

（7）连续接力跑：5 人×100 米×（8～10 次）×（1～2 组）。

（8）在竞赛期的模拟跑。①100 米、200 米运动员采用：（150＋50）米、（100＋100）米、（120＋80）米。②400 米运动员采用：（200＋200）米、（250＋150）米、（300＋100）米×（2～3 组）。要求：组内间歇 1～2 分钟，组间间歇至心率恢复到 120 次/分钟，进行下一组，每一组练习强度近似于比赛。

4. 速度训练。

（1）提高最大速度跑能力的练习。

①行进间跑：30～60 米×（3～4 次）×（3～4 组）。②短距离接力跑：（2 人×50 米或 4 人×50 米）×（3～4 次）×（2～3 组）。③让距离追逐跑：（60～100 米）×（3～4 次）×（2～3 组）。④短距离组合跑：（20 米＋40 米＋60 米＋80 米＋100 米）×（2～3 组）；或（30 米＋60 米＋100 米＋60 米＋30 米）×3 组。⑤短距离变速跑：100～150 米（30 米快＋20 米慢＋30 米快＋20 米慢）×3 次×（2～3 组）。⑥顺风跑或下坡跑：（30～60 米）×（3～4 次）×3 组。⑦反复跑：（30～60 米）×（4～5 次）×（2～3 组）。

（2）提高反应速度和加速能力的练习。

①半蹲踞姿势。听到枪声迅速向上跳起并能触及高物。②俯卧或仰卧听到枪声启动并迅速跑出。③直立姿势开始，逐渐向前倾斜接着快速跑出。④在斜坡跑道上，快速完成上坡或下坡加速跑练习，距离为 40～50 米。⑤双手推、滚球（篮球或足球），接着起跑追赶滚动球的练习。⑥由实力相当的运动员一起听枪声跑 30 米、60 米、80 米加速跑练习。

5. 力量训练。

（1）负重和抗阻力训练的主要练习。①负杠铃练习（全蹲、半蹲、1/3 蹲）。最大负荷量 70%～80% 开始，逐渐增大到 100%，完成 5～7 组，每组 4～5 次。②负重弓箭步走。最大负荷量 40%，弓步走距离 40～60 米。完成 5～7 组。③负重半蹲。最大负荷量的 70%～80%，完成 5～7 组，每组 5～7 次。④负重弓箭步交换腿跳。最大负荷量的 50%，完成 5～7 组，每组 20～30 次。⑤负重高抬腿跑。最大负荷量的 20%～30% 完成 5～7 组，每组 40～60 次。⑥负重直腿跳，最大负荷的 20%～30%，完成 5～7 组，每组 40～50 米。⑦拖轮胎或杠铃片跑或跳。重量为 5～10 公斤，完成 5～6 组，距离为 30 米、50 米、80 米、100 米。⑧杠铃抓举、挺举、卧推举、实心球的抛掷练习。⑨持哑铃摆臂，完成 5～7 组，每组 80～100 次。

（2）跳跃力量训练的主要练习。跳跃力量的练习主要分为"短跳"和"长跳"两类。①短跳的练习方法：立定跳远、立定三级跳远、十级跳远、4～6 步助跑的三级跳远、连续单足跳、60 米以内的跨跳（计时或计步数）、跳台阶或从 80 厘米的高处跳下接爆发性用力跳起的跳深练习。②长跳的练习方法：100～200 米的跨跳（徒手或负重）、80～100 米的单足跳、连续单足跳接跨跳、300～500 米的弹性跳。

◆短跑专项素质主要包括速度、力量、耐力。

◆代表人物——苏炳添

苏炳添（1989 年 8 月 29 日～），生于广东省中山市，中国男子田径队短跑运动员，就读于暨南大学经济学院国际经济与贸易专业。

2004 年 11 月，第一次参加了正规的比赛。2006 年 12 月，第一次参加了成人组的比赛并在全国城市运动会上获得了 100 米第五名的好成绩。2011 年 9 月 8 日，苏炳添夺得全国田径锦标赛男子 100 米冠军并以 10 秒 16 打破了 13 年前周伟创造的全国纪录。2012 年 8 月 4 日，在伦敦奥运会上，苏炳添成为中国第一位晋级奥运会男子百米半决赛的短跑选手，创造了历史。2013 年 5 月 21 日，在世界田径挑战赛北京站百米比赛中以 10 秒 06 的成绩获得铜牌，并刷新个人最好成绩。2014 年 3 月 8 日，在波兰索波特室内世锦赛上，苏炳添成为第一个闯入世界级大赛（世锦赛、奥运会）短跑决赛圈的中国选手，并打破自己保持的全国纪录，创中国在世界级大赛短跑项目上历史最好成绩。

2014 年 9 月 28 日，以 10 秒 10 的赛季个人最佳成绩获得仁川亚运会 100 米亚军。

2015 年 5 月 31 日，在国际田联钻石联赛美国尤金站决赛中以 9 秒 99 的成绩获得季军并打破由张培萌保持的 10 秒整的全国纪录。

2015 年 8 月 23 日，北京田径世锦赛男子 100 米半决赛，苏炳添以 9 秒 99 平全国纪录，职业生涯第二次叩开 10 秒大关，获得小组第四。

项目四　接力跑

一、技术要领

接力跑技术包括短跑技术和传、接棒技术。

1. 持棒起跑：第一棒传棒人以右手持棒，采用蹲踞式起跑，按规则接力棒不得触及起跑线和起跑线前的地面。持棒起跑技术和短跑的起跑相同，持棒方法主要有三种。①右手的食指握住棒的后部，拇指与其他三指分开撑地。②右手的中指、无名指握住棒的后部，拇指、食指和小指成三角撑地。③右手的中指、无名指和小指握住棒的后部，拇指和食指分开撑地。

2. 接棒人起跑：接棒人站在接力区后端线（或者预跑线）内，选定起跑位置，两脚前后开立，两膝弯曲，上体前倾。接棒人应站在跑道外侧，左腿在前，右手撑地保持平衡，身体重心稍偏右边，头部左转，目视传棒人的跑进和自己起动的标志线。当传棒人员跑到标志线时，接棒人员便迅速起跑。

二、接力跑教学法

（一）学习传、接棒技术（重点介绍下压式）

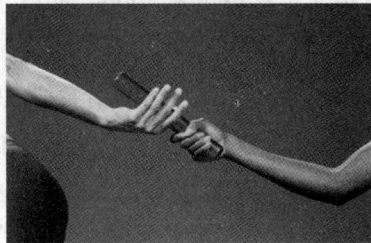

图 5 - 4 - 1　下压式

1. 两人配合，集体按口令做上挑式和下压式的传、接棒练习。传棒人与接棒人前后相距 1.5 米左右，传棒人的右侧对着接棒人的左侧。

2. 两人在慢跑和中等速度中做上述练习。

教学提示：

（1）原地做传、接棒练习时，可以站成两列横队，两人一组进行。

（2）在进行上挑式、接棒练习时，传棒人应在持棒臂前摆时发出"接"的信号。接棒人听到信号后迅速向后伸手接棒。

（3）在进行下压式传、棒练习时，传棒人应在持棒臂后摆时发出"接"的信号。

（二）学习接力区内的传、接棒技术

1. 两人一组在接力区完成传、接棒技术的练习。当传棒人用较快速度跑到标志线时，接棒人迅速起跑，在高速跑进中完成传、接棒技术动作。

2. 两人一组，进行 2×50 米的接力跑练习。要求在接力区末端约 3 米处完成传、接棒技术动作。

教法提示：

（1）要求练习者先用中等速度进行，然后过渡到最高速度，体会在保持最高速度情况下完成传、棒技术动作的要领。

（2）安排若干个小组同时进行练习，使学生产生一种临赛状态，养成在激烈竞争的情况下，准确判断同伴到达标志线的时机和选择与同伴高度配合完成传、接棒动作的时机。

（3）两人成组进行接力跑练习，要求接棒人的起跑时机和标志线基本准确。

◆专项素质训练方法与短路专项素质基本一样。

项目五　跨栏跑

一、技术要领

起跨攻栏时，起跨腿要快速落地，并迅速蹬直髋、膝、踝三关节。摆动腿折叠后小腿前摆，上体前倾，异侧臂前伸；摆动腿过栏后大腿积极下压，同时起跨腿屈膝外展，经体侧迅速向前提拉，上体保持前倾，摆动腿的异侧臂向后划摆；下栏不制动，重心前移要快，栏间步节奏明显，步长稳定，重心高，速度快。

二、跨栏跑技术教学法

图 5－5－1

（一）练习方法

1. 原地做摆动腿模仿练习：起跨腿支撑，摆动腿屈膝大腿高抬，小腿顺势折叠，然后小腿前伸，大腿随之下压，做"鞭打"动作，用前脚掌在身体重心投影点稍前方后扒着地。

2. 走步中做摆动腿"鞭打"练习：走三步做一次。强调膝高于踝，不出现踢小腿动作。

3. 摆动腿攻摆练习：原地面对墙壁、肋木或树木距约 1.10 米左右站立，做上述 1 的练习。

4. 走步中做上述 3 的练习。注意缩短最后一步，体会"短步"后的攻摆动作。

5. 走步中做摆动腿经栏上的栏侧过栏练习：站在起跨腿一侧，从栏前 1 米处起跨，摆动腿屈膝前摆，伸出小腿以栏经板上向栏后积极直腿下落。

6. 在小步跑、高抬腿跑过程中做攻摆练习。

7. 在小步跑、高抬腿和跑动中做栏侧攻摆练习。

8. 原地提拉起跨腿过栏练习。

9. 原地在肋木、墙壁或树木前做过栏练习。

10. 栏侧起跨腿提拉练习。①走1步或2~5步做栏侧提拉起跨腿动作。②小步跑在栏侧做提拉起跨腿动作。③高抬腿跑在栏侧做提拉起跨腿动作。

11. 跑动中在栏侧做提拉起跨腿动作。

12. 在垫子或地上直角坐。

13. 原地过栏练习。摆动腿大腿放在栏板上，小腿放松下垂。当小腿抬起并伸直时，摆动腿迅速下压着地，同时起跨腿迅速提拉过栏。

14. 行进间过栏练习。①走步中做攻栏提拉动作。②小步跑，高抬腿跑中做攻栏提拉动作。③放松跑中做过栏练习。④慢跑中跨1~3个栏练习（栏间用5或3步，栏高70厘米）。

15. 站立式起跑，按规定距离用8步或9步踏上起跨点（在距第一栏1.80米左右处划一标志线），不放栏架，以确定适宜的步数和准确的起跨点。

16. 站立式起跑8步或9步跨越皮筋练习。在第一栏处放一低于标准高度的皮筋，学生跑8步后跨越皮筋。

17. 站立式起跑8步或9步跨越栏架，在相距栏架8米处再跨越皮筋。

18. 站立式起跑，跨越1~5条皮筋。

19. 站立式起跑，跨越第一、二个栏架，再跨过2~3条皮筋。

20. 半蹲式起跑跨第一个栏。

21. 半蹲式起跑跨越1~3个栏。

22. 蹲踞式起跑跨1~3个栏。

23. 站立式起跑或半蹲式起跑跨过5~8个栏，下栏后做冲刺撞线练习。

24. 站立式起跑或半蹲式起跑，进行全程跨栏跑。

25. 蹲踞式起跑，进行全程跨栏跑。

（二）教法提示

1. 跨栏跑一般应安排在短跑技术教学之后进行。

2. 教学的初级阶段，不宜分析过细，示范动作应准确。

3. 跨栏步教学是跨栏跑技术教学的重点，应通过分解和专门性练习，帮助学生掌握动作。但分解练习不宜过多，应与完整技术练习紧密结合起来。

4. 为使跨栏步教学任务顺利完成：①降低条件（如利用活动栏板、跨栏带或皮筋）进行练习；②强调下肢动作与上体、两臂动作的配合，尤其应抓好起跨腿前引时机和侧展向前提拉动作的路线、幅度和速度；③多安排发展柔韧性和髋关节灵活性的练习。

5. 栏间跑教学，要在起跑过第一栏技术教学后进行。并在改进跨栏步技术的基础上，将栏间跑与起跑到第一栏技术有机地结合起来。

6. 多栏技术练习（指前三栏后途中跑阶段）中，可结合延长栏间距离，要求用5步跑完栏间进行教学。

7. 当学生掌握了跨栏跑技术之后，要进行全程跑练习。特别要强调起跑后顺利通过第一栏。因为这是能否顺利完成全程跨栏跑的关键环节。

（三）跨栏专项素质训练方法

1. 发展肩部力量练习。双手持哑铃做侧平举、扩胸举、上体前屈扩胸举、前后摆臂。发展肩部力量是跨栏专项所必须的。因为强壮的胸肌、背部和手臂肌肉质量增大上体转动惯量，在跨栏时可以防止上体过分转动，起到维持身体平衡作用。跨栏运动员需要快速和强有力的摆臂来协调腿部动作。

2. 发展腰背肌力量练习。

（1）采用脚和肩部作为支点，躯干呈腾空姿势，仰卧腹部负重静力练习和俯卧腰背部负重静力练习。主要发展脊柱各关节周围的韧带、肌肉和腰背部肌群的静力支撑能力，因为跨栏跑时，需要有较强的支撑力量，腰背肌主要是其保持身体姿势的作用。

（2）背负杠铃片仰卧起坐＋徒手快速对抗仰卧起坐；背负杠铃片俯卧抬上体＋徒手快速对抗俯卧抬上体等。主要是发展腰腹背肌的最大力量和快速力量，攻栏时，上体要保持直体姿势的快速下压，这需要具备强大的腰腹肌的力量；在由栏上动作向下栏动作转化时，需要较强的腰背力量使躯干固定，使摆动腿能够在快速下压时，收缩肌肉有一稳固的支撑点，从而减少跨栏步腾空时间。较强腰腹背肌力量也可以保持身体重心位置和攻栏时上体充分前压的控制能力。

3. 发展髋部肌群力量练习。根据跨栏项目的核心特点，我们设计了一系列髋关节周围肌群快速屈伸的练习，发展和强化对专项极为重要的该部位的快速收缩能力。跨栏的动力主要来源于大腿以髋关节为轴的摆动。110米跨栏跑的技术对运动员髋部力量的要求非常高。另外，在110米跨栏比赛中，运动员必须跨过10个高栏，在过栏时摆动腿的摆动和起跨腿的摆动过栏都要有较大的幅度和速度，需要有较强大的髋部力量来保证。快速的过栏动作是刘翔制胜的关键因素，而这种优势正是由于他所具有的符合专项要求的、强大的髋部力量所决定的。

（1）仰卧和俯卧快速加压直腿上抬练习。这项练习主要是通过人力的辅助来完成的，主要是发展运动员髋部和大腿肌群的超等长力量，超等长力量练习之所以能够爆发出强大的力量主要取决于两个原因：一是肌肉弹性能量的产生、储存及再利用，二是运动神经中枢对肌肉的反射调节。这种"拉长—收缩"周期练习的特点与跨栏技术特征非常吻合，即摆动腿前摆过栏后的快速下压；起跨腿蹬伸后快速提拉过栏，主动肌都是这种"拉长—缩短"周期的收缩特点，而这些髋部力量专项训练手段对发展和强化专项极为重要的该部位的快速收缩能力，有极大的作用。

（2）快速前后摆腿练习。运动员双手扶把，在前后距离 50 厘米左右间隔用胶带或弹簧作为助力，用髋发力直腿前后摆，通过胶带或弹簧片作助力，使运动员获得高速率的前后摆动练习，主要发展髋部和大腿前后肌群的快速力量，刺激神经控制肌肉快速收缩的能力，提高大腿的快速摆动率。

（3）胶皮带对抗直腿慢前摆和后伸练习。胶皮带对抗起跨腿慢动作模仿过栏练习。主要发展髋部周围的小肌群力量和加强关节周围的韧带，提高神经肌肉的控制能力使动作准确到位，并防止受伤。

4. 发展爆发力量的练习。杠铃高翻，杠铃半蹲起。主要通过采用杠铃的重量负荷达到对神经系统的刺激，要求运动员的神经系统能够调动尽量多的肌肉运动单位参加工作，神经对肌肉的控制能力主要采用高强度和小运动量的力量训练来进行。在每次力量练习中，都要求运动员达到自己的最高强度，通过最大强度的力量刺激，使运动员的神经系统达到最高的兴奋状态，又通过运动员在神经系统最高兴奋状态下工作，从而提高神经系统对肌肉的控制能力以及它们之间的协调能力。

5. 发展腿部支撑能力的练习。采用肩负杠铃做高踢腿跑 30 米。这练习主要发展运动员腿部关节的支撑力量，特别是脚踝关节的支撑力量，这对摆动腿过栏后着地支撑能力起着非常重要的作用。这些专项力量练习通过器械或人力辅助练习相结合的方法，非常有效地发展和提高了运动员的专项力量，每次练习都达到了极限强度，同时对运动员的意志品质也起到了很好的锻炼效果。

◆跨栏专项素质训练以速度和力量为主。

◆代表人物——刘翔

刘翔，1983 年 7 月 13 日出生于上海市普陀区，中国男子田径队 110 米栏运动员。是中国体育田径史上，也是亚洲田径史上第一个集奥运会冠军，室内、室外世锦赛冠军，国际田联大奖赛总决赛冠军，世界纪录保持者多项荣誉于一身的运动员。

2004 年，刘翔在雅典奥运会上以 12.91 秒的成绩追平了由英国选手科林·杰克逊创造的世界纪录，夺得冠军。2006 年，在瑞士洛桑田径超级大奖赛中，以 12 秒 88 打破了保持 13 年的世界纪录夺冠。2012 年 6 月，世界 110 米栏排名第一，刘翔时隔五年后重登榜首。2012 年 8 月 7 日，伦敦奥运会男子 110 米栏预赛中，刘翔因伤结束奥运比赛。

2015 年 2 月 3 日，刘翔担任北京国际田联世界田径锦标赛的推广大使。

2015 年 4 月 7 日下午，刘翔在微博正式宣布退役。

项目六　中长跑

一、中跑技术

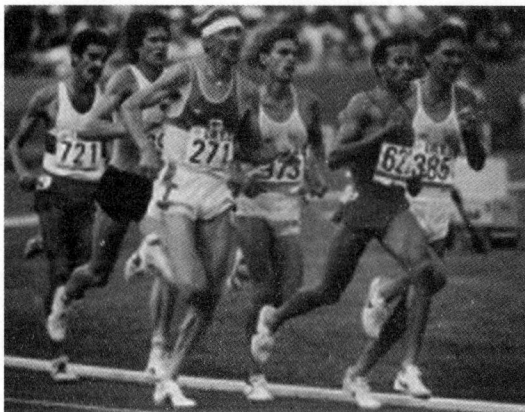

图 5 - 6 - 1

中跑的技术包括：起跑和起跑后的加速跑、途中跑和终点跑。

1. 起跑和起跑后的加速跑：是比赛开始时，使身体迅速摆脱静止状态，快速跑出，并尽快发挥出正常的跑速和占据有利的跑进位置的过程。比赛时，运动员一般采用站立式起跑，有些参加 800 米比赛的运动员采用半蹲踞式起跑。采用半蹲踞式起跑时，用一手支撑于地面，近似蹲踞式起跑。

2. 途中跑：是中跑的主要阶段，掌握正确的途中跑技术具有重要的意义。而掌握途中跑技术最重要的是掌握着地缓冲。着地缓冲的主要任务是减小地面对人体的冲击，减少水平速度的损失，为尽快转入后蹬创造有利条件。衡量一个运动员着地缓冲技术的主要标准，就是看他们在这个阶段人体前进的水平速度损失情况。水平速度损失少的运动员，着地缓冲技术好。运动员脚着地的瞬间速度小，就能有效的减少速度的消耗。脚着地前，摆动大腿积极下压，小腿顺势前摆做"扒地"动作，着地腿的膝关节是弯曲的，着地腿的膝关节和足跟几乎在一条垂直线上，对完成缓冲动作有积极作用。脚着地时应用脚前掌或脚前掌外侧先着地。脚落点距身体重心投影线近也是现代中跑技术的特点之一。脚着地时，脚尖应正对跑进方向，轮流着地的两脚内沿应切一条直线。这样才能保持跑的直线性。脚着地后，小腿后侧肌群和大腿前侧肌群应积极而协调地退让，以减缓着地的制动力。

3. 终点跑：终点跑是全程跑的最后一段。任务是尽力保持途中跑的高速度跑过终点。终点跑的技术，要求在离终点线 15～20 米处，尽量保持上体前倾角度，加快两臂摆动的速度和力量。在跑到距离终点线一步时，上体急速前倾用胸部或肩部撞终点线，并跑过终点，然后逐渐减慢跑速。

二、长跑技术

长跑的技术要求基本上和中跑是相同的。但在用力程度、动作的速度和幅度等方面则低于中跑，而在经济地使用能量和在跑的全程始终保持正确的技术等方面的要求高于中跑。

途中跑时，脚在着地前，大腿积极下压，膝关节是弯曲的，弯曲的程度比中跑稍大。以脚前掌和脚掌外侧有弹性地着地。着地点距身体重心投影线一般为 20～30 厘米。脚着地时，脚尖应正对跑进的方向，不应内偏或外偏。

有效的蹬摆技术特点是后蹬腿三个关节充分伸展，摆动腿向前摆出，并带动髋部前送，后蹬角 55°左右。

运动员的上体保持稍前倾或正直的姿势。这种姿势可以更好地发挥蹬摆的效果，为肌肉和内脏的工作创造良好的条件。两臂做前后钟摆式的摆动，手在前摆时不超过身体的中线，向上约达锁骨的高度，后摆时手摆到躯干的后缘线。跑速加快时，摆臂的幅度也随之加大。

长跑运动员的步长为 1.6～2 米，步频为 3.5～4.3 步/秒。每个运动员都应有较稳定的步长和步频，形成适宜的跑的节奏。采用加大步长的方法来提高速度会受到一定的限制，因为过大的步长要消耗更大的体力。

呼吸的节奏取决于个人的特点和跑的速度。在正常跑速时，三步一呼，三步一吸。随着跑速的增加，可改为两步一呼，两步一吸。在终点冲刺时有的运动员采用一步一呼，一步一吸。呼吸应与跑的节奏相配合。

长跑运动员跑的动作必须自然、协调、放松，必须具有较稳定的跑的节奏，必须具备在全程始终保持正确技术的能力。即使在最后冲刺十分疲劳的情况下，也要保持动作不变形。有的运动员在冲刺时上体后仰，摆腿外翻，这就削弱了蹬摆效果，破坏了跑的正确技术。

三、中长跑专项素质训练

1. 耐力训练。发展一般耐力是增强运动员呼吸系统和心血管系统的功能、提高有氧代谢的主要途径，也是提高身体负担能力、发展速度耐力和进行大强度训练的基础，因此中长跑运动训练应重视发展一般耐力训练。一般耐力训练在全年训练的准备期安排比重较大，由于长时间的持续跑比较单调乏味，因此，运动员训练时应多采用越野跑的方式，并选择复杂的地形进行越野跑。这不仅可以发展一般耐力，还有助于提高支撑器官的力量。发展一般耐力的方法主要是采用强度不大和跑速稳定的长时间持续跑，心率控制在 150 次左右，各项目跑的距离大致如下：800 米跑 5～8 公里；1500 米、

3000 米跑 8～15 公里；5000 米、10000 米跑 10～25 公里。

2. 速度训练。中长跑运动员的速度能力对提高专项成绩至关重要，尤其是高速跑能力与冲刺跑能力。在比赛中它决定了运动员的成绩。因此，运动员要加强速度能力方面的训练。

（1）重复跑练习。运动员在比赛途中加速冲跑时，其体内会产生大量乳酸堆积，进而破坏机体内的碱贮备，使 pH 值降低，这将大大影响各种酶的活性，从而引起组织细胞的新陈代谢、兴奋性及各种生理机能紊乱，造成酸中毒。对平时无针对性的专门训练，耐酸能力低下的运动员，其破坏作用尤为明显，人体出现呼吸急促、两腿酸沉的不良反应。因此，欲取得好成绩，一是需进行耐酸训练，即在乳酸大量堆积的情况下，仍要保持相当距离的高速跑；二是要进行变速跑、加速跑训练，在匀速跑途中，突然加速冲跑，然后再保持高速跑，而不能减速。提高这方面的能力，我们可以采用重复跑练习，选择的段落以短于专项距离为主。例如，800 米运动员，以 100～600 米为主；1500 米的运动员，以 700～1200 米为主；3000 米运动员，以 1000～2000 米为主；5000 米运动员，以 1000～4000 米为主；10000 米运动员，以 1000～6000 米为主。每组 4～5 次，速度等于或高于比赛速度，间歇时间要短。当选择用长于专项距离段落时，其超过的距离也不应过长，一般是稍长几百米即可。例如，800 米运动员，用 1000～1200 米；1500 米运动员，用 1600～2000 米；3000 米运动员，用 3200～3600 米。在长跑训练中，基本上不采用长于专项距离的反复跑。

进行以上耐酸训练的总距离，应根据专项以及其他情况而定。若采用重复跑时，总距离可达本专项比赛或超过数倍。例如，800 米运动员，3～4 倍，即 2400～3200 米；1500 米运动员，2～3 倍，即 3000～4500 米；3000 米运动员，1.5～2.5 倍，即 4500～7500 米；5000 米运动员，1.5～2 倍，即 7000～10000 米；10000 米运动员，1～1.5 倍，即 10000～15000 米。

（2）变速跑练习。采用变速跑练习时，快跑段落一般为 400～1000 米。变速的次数，则根据具体情况而定（如任务，快跑、慢跑的段落，队员的身体情况），一般在 5 次以上。快跑段落的总距离也可适当加长些，但也不应超过太多。例如，800 米运动员，4.5～5 倍，即 3400～4000 米；1500 米运动员，3～4 倍，即 4500～6000 米；3000 米运动员，2～3 倍，即 6000～9000 米。

（3）短跑能力训练。在高速跑能力训练的同时，加速跑能力的提高亦不容忽视，可以进行以下短跑能力训练。3×60 米大幅度地快跑，休息时慢跑返回；3×60 米慢跑开始逐渐加速，最后 10 米时达到最高速度，休息时慢跑返回；3×60 米高抬腿跑，也可将训练距离由 30 米逐渐增加到 60 米，休息时慢跑返回；3×60 米跳跃快速跑，休息时慢跑返回；3×60 米变速跑，20 米跳跃、20 米慢跑、再 20 米跳跃，休息时慢跑返回；3×60 米起跑快速跑练习，休息时慢跑返回。

3. 力量训练。在中长跑比赛中，运动员都想胜人一筹，并保持一种任何对手都难以跟随的跑速。为了获得这种非凡的有氧运动能力，运动员要进行各种方法的速度力量训练，常用的是循环速度力量训练法和超等长速度力量训练法。这两类训练方法的优点是具有多变性，因为训练中的多变性，可以减轻运动员重复进行相同练习时出现的体力、精神消耗。

（1）循环速度力量训练法。该训练法是用于补充中长跑运动员训练准备较为传统的方法，它可使运动员接受新的不同的训练刺激的结合。这些刺激的结合不仅能促进整个身体的力量全面发展，而且又是通常在中长跑运动训练中所遇到的。循环速度力量训练的好处是运动员的身体各部分一个接一个受刺激，直到整个身体都受到刺激，而同时在整个训练时间内保持较高心率。因为运动员身体某个特定部位的疲劳是由其内部的乳酸积蓄所导致的，所以交替使用不同的身体部位（上肢、下肢、动作肌群、对抗肌群）可延缓整个身体力竭状况的出现。这样，训练可以持续较长的时间，在进行力量训练的同时，获得最大程度的有氧训练效益。循环速度力量训练的主要方法：俯卧撑→仰卧起坐→纵向劈腿→双杠双臂屈伸→屈膝举腿→引体向上→直坐高抬腿→腿外展→腿内收→爬绳→直角坐撑→挂臂悬垂等。

（2）超等长速度力量训练法。该训练法可用于所有中长跑运动员在准备期的一般体能训练。超等长速度力量训练对中长跑运动员特别有用。为了取得适宜的肌肉力量发展，所做的各种练习必须以严格的形式进行。超等长速度力量训练方法：高抬腿跑→踢臀跑→跨步跑→单足跳→单或双足足尖上跳→膝触胸双足跳→跳起转体180°→蛙跳→双足跳绳等。

（3）侧重发展力量耐力训练。发展速度和速度耐力的同时必须提高肌肉的力量耐力。发展力量耐力，常采用中等负荷重量，如最大重量的60%，要求重复次数多或持续时间长。中等负荷可使运动神经细胞不易疲劳，工作的持续时间延长。具体手段可以选用克服以本身体重为阻力而发展专门力量的几种练习。如多级跳、单脚跳、跨步跳等跳跃练习，也可以利用杠铃做全蹲、半蹲、弓箭步跳等负重练习。开始训练时，为避免疲劳与损伤，可先用小强度，再逐渐增到最大负荷的80%或更高些，以达到增加力量的目的。

4. 柔韧训练。柔韧性对中长跑运动员发挥速度，速度耐力和速度力量水平至关重要。柔韧性差不但会限制动作的幅度，从而导致移动速度下降，而且还会使神经肌肉协调减退。不少运动员担心柔韧性练习会使他们的速度力量受损，正确的柔韧性训练不但不会损失速度力量，实际上还能改善运动员的速度力量。速度力量的增强能在一定程度上提高肌肉力量和速度耐力。特定部位的柔韧性或肌肉力量的发展不平衡，运动员便有可能在比赛中惨败。一些研究表明，增强关节部位的柔韧性，可改善其周围骨肉弹性和力量能力。较高的肌肉弹力可导致力量的增加，从而提高力量储备，肌肉伸展与收缩能力的提高能使肌肉速度力量增大。西澳大利亚大学曾对5000米跑运动员进行了一项实验，目的是研究在肌肉弹力能量得到提高后能否有效提高运动成绩。实验组进行了为期 8 周的静力性伸展练习,而对照组未进行任何柔韧性练习。实验组在完成正常训练课后用 10~15 分钟进行柔韧性练习,他们的柔韧性提高 31.1%,快速杠铃半蹲提高 5.4%,专项运动成绩平均提高 54 秒 43。而对照组运动员柔韧性、快速杠铃半蹲和专项运动能力没有显著提高。从研究结果可以得出结论:柔韧性练习不但可以提高关节周围的灵活性,而且能增加肌肉力量,肌肉的弹性和张力的改善使肌肉能更好地利用速度力量的能量。

◆中长跑专项素质训练以耐力为主。

◆代表人物——王军霞

王军霞,1973 年 1 月 19 日出生于吉林省蛟河市,原中国女子田径队队员,奥运冠军。1993 年在世界田径锦标赛上获得 10000 米金牌,同年在全运会上打破了女子 3000 米和 10000 米的世界纪录。1996 年亚特兰大奥运会上获得女子 5000 米金牌,成为中国首位获奥运会长跑金牌的运动员,被誉为"东方神鹿"。

在 2012 年 11 月 24 日晚国际田联名人堂百年庆典仪式上,王军霞入选国际田联名人堂,成为中国乃至亚洲首位入选的田径运动员。

项目七　跳远

一、技术要领

图 5 - 7 - 1

助跑要提高重心、高抬腿、富有弹性、节奏明显。最后几步要有积极向踏板踏进攻的意识。快速、准确是助跑技术的要点,节奏是完成这一要点的关键。

二、跳远技术教法

1. 原地摆臂动作的模仿练习。两腿前后站立，起跳脚在前。起跳腿同侧臂以大臂带动小臂由后下方向前上方摆动。摆动腿同侧臂由前下方向后上方摆动。摆动时要做到耸肩带上体，头部正直，眼看上方。

2. 原地摆动腿在前。摆动腿前摆时，大小腿要充分折叠，大腿带髋向上高摆。踝关节自然放松，脚尖不得超过膝关节。两臂配合摆动。

3. 原地放脚练习。两脚前后站立，上体正直，摆动腿在前。放脚时，起跳腿自然折叠前摆，大腿带髋适当高抬。膝盖前引，大腿下压，膝放松，全脚掌落地。

4. 原地蹬摆结合练习。摆动腿在前，起跳腿前摆做着地动作。重心前移缓冲，当放脚缓冲后，重心和脚跟的连线垂直地面时，开始做蹬摆动作。摆动腿在蹬的基础上向前上方摆，起跳腿在摆的同时快速蹬伸髋、膝、踝关节。摆动腿可落在适当的台阶上。

5. 两步助跑起跳练习。两腿前后站立。起跳腿在前，摆动腿向前跑出第一步落地后，积极后蹬推动髋部迅速前移，起跳腿积极放脚起跳。同时，摆动腿积极前上摆，落地时摆动腿先着地。

6. 连续三步助跑成腾空步练习。起跳后成腾空步在空中飞行，然后摆动腿落地，起跳腿迅速屈膝交换到前面继续向前跑去。一次练习距离为 40~50 米。

7. 短、中距离的助跑成腾空步练习。丈量步点，采用走步丈量法。先确定助跑步数，然后根据助跑步数确定走的步数。走的步数一般为跑的步数乘 2 减 2。例如，8 步助跑走的步数确定：$8 \times 2 - 2 = 14$（走步）。助跑要做到"三高"——高重心，高频率，高速度。起跳要强调一个"快"字。

8. 利用俯角跳板或斜坡跑道的短、中程助跑起跳腾空步练习。

9. 原地徒手做腾空与落地的摆臂练习。

10. 挺身式摆臂练习。双臂摆起后，两臂同时上举，胸向前上挺送，然后双臂经体前向后下方摆动。

11. 走步式摆臂练习。起跳双臂摆起后，起跳腿同侧臂，向前伸直小臂，再由大臂带小臂向下经体侧再向后上摆去，同时摆动腿同侧臂向后上方绕环摆动，小臂放松，再由后上方大臂带小臂经肩上向前向上摆去。以上是第二步的摆臂时摆动腿同侧臂由后上方经肩上向前上方摆去，同时摆臂靠拢后双臂同时向后下方摆去。

12. 中程助跑起跳和腾空落地的结合练习。

13. 高重心，高摆腿的节奏跑 40~60 米。要求提高身体重心，高摆大腿，落地时大腿积极下压，着地点靠近身体重心投影点。

14. 全程助跑反复跑练习。确定跑的距离（初学者一般为 12~16 步），固定起动方法。建立正确的助跑节奏。在跑道上反复练习。

15. 中程助跑完整技术练习。主要练习助跑、起跳、空中动作、落地各个环节的连贯、协调。

16. 全程助跑完整技术练习。在高速助跑的情况下掌握好快速起跳。助跑步点要准确，空中动作要协调用力，落地要充分。每次练习时发现有错误动作应及时纠正。

三、跳远专项素质训练方法

（一）速度训练

1. 跑的专门性练习：小步、高抬、后蹬、车轮。

2. 各种加速度和变速跑。

3. 条件跑：上坡跑和下坡跑、标志跑等。

4. 300 米以内段落跑。

5. 各种距离的引进间跑。

（二）力量训练

1. 负中等重量的提踵练习。

2. 负轻杠铃原地轻跳。

3. 负重弓步走练习和跳练习。

4. 各种方法的举、挺杠铃。

5. 负重的全蹲和半蹲。

6. 双人对抗及各种力量组合练习。

（三）跳跃训练

1. 连续单足跳：25 ~ 50 米。

2. 连续蛙跳过栏：跳栏架练习。

3. 跳台阶：单、双脚跳；跳上和跳下。

4. 跳深：（退让转换成克制性）①双脚跳下，双脚跳上第二箱；②有力的脚单脚跳下，单脚跳第二箱；③用力量较差的腿重复上一练习；④各种距离的高、低箱组合练习。

5. 各种跳跃练习：①立定跳远；②立定两级跳；③立定多级跳（五、十级）；④单＋跨＋跳跃组合练习（任意组合）；⑤立定四个单脚跳＋跳跃；⑥助跑四个单脚跳落入沙坑；⑦25 米单脚跳计时跳和计步跳等；⑧短助跑跳跃练习。

◆跳远专项素质训练以速度和力量为主。

◆代表人物——卡尔·刘易斯

卡尔·刘易斯（Carl Lewis），1961 年 7 月 1 日出生于美国亚拉巴马州伯明翰，被誉为"欧文斯第二"。1980 年刘易斯开始职业生涯。1984 年洛杉矶奥运会上，刘易斯获得 100 米、200 米、跳远和 4×100 米接力四块金牌。1988 年汉城奥运会上，刘易斯获得 100 米与跳远金牌。1991 年第三届世界田径锦标赛上，刘易斯获得 100 米和 4 × 100 米接力冠军，并以 9.86 秒刷新了 100 米世界纪录。1994 年，刘易斯再次刷新了自己的世界纪录，将成绩提升至 9.85 秒。1996 年亚特兰大奥运会上，刘易斯再获跳远金牌，成为连续四次获得奥运会跳远金牌的运动员。

1997 年，刘易斯宣布退役。在其整个职业生涯中，刘易斯在奥运会和世界锦标赛上共获得 17 枚金牌、2 枚银牌和 1 枚铜牌，共 13 次打破 100 米、200 米及跳远的世界纪录。

项目八　三级跳远

一、技术要领

第一跳要尽可能做到平稳和放松，保持良好的向前冲力，控制好身体平衡，落地放脚有积极的扒地动作。起跳腿蹬离地面时，做好双臂的制动动作。第二跳起跳离地后，完成"跨步"飞行自然腾空，一直延续到腾空的 2/3 处，后 1/3 为下次起跳做准备。第三跳用蹲踞式或挺身式跳远腾空和落地技术。

图 5 - 8 - 1

二、三级跳远技术教学

（一）练习方法

1. 连续跨步跳练习。在整个跨步跳过程中，应做到动作幅度大而自然，持续时间较长。在腾空中段的 1/3 处可稍团身，以便在最后 1/3 处接着前摆和强有力地"扒地"和起跳。

2. 短距离助跑单足跳练习。4 ~ 6 步助跑起跳后，腾空中两腿换步，以起跳腿落入沙坑后继续跑进。重点体会空中换步时机和幅度。

3. 连续单足3~5级跳练习。控制好蹬地方向、跳跃的节奏和"扒地"落地。同时两臂要协调配合。

4. 连续做三步助跑起跳—单脚跳—腾空步动作。在做单脚跳换步至起跳腿前摆至最高位时，膝放松，大腿积极下压做快速"扒地"动作。落地后，做跨步跳的腾空步，摆动腿着地，接着向前跑三步重复单脚跳—腾空步动作。腾空步要保持身体平衡，尽量保持人体在空中的停留时间。

5. 2~4步助跑起跳腿蹬地做跨步跳，用摆动腿起跳的跳远练习。跨步跳尽量加大摆腿和摆臂的幅度。跨步跳的摆动腿摆至最高点时，积极做下压动作，为跳跃做好起跳准备。跳跃蹬伸要快而有力。同时加快摆动腿的前摆，保持一定时间的腾空步。然后做蹲踞式跳远的空中动作和落地。

6. 六步助跑三级跳远练习。助跑六步，在起跳板上起跳做单脚跳—跨步跳—跳跃动作。第一跳"平"，第二跳"远"，第三跳"高"。初学者应掌握好三跳的比例：一般为第一跳35%，第二跳30%，第三跳35%。

7. 利用跳箱盖或高台做完整的三级跳远练习。

8. 全程助跑完整三级跳练习。助跑采用16~18步助跑距离。助跑要快速、有节奏、准确。各跳起跳快速有力，摆动协调、快速、有力。三跳的起跳要牢固树立摆腿起跳的观念，手臂和摆腿动作要积极有力。

（二）教法提示

紧密结合跳远，为三级跳远打好基础。三级跳远某些方面与跳远有相似之处。随着起跳能力的增加和身体素质的提高，进一步为三级跳远教学打下基础。

（三）易犯错误及纠正方法

1. 跨步跳时后坐。

纠正方法：加强力量练习。用跨步姿势越过某种高物或跨上高物做起跳练习。

2. 单脚跳时上体前倾过大，抬腿过高。

纠正方法：多做小幅度的单脚跳，强调掌握交换腿的时机和路线，控制抬腿高度。

3. 第一跳腾空时过早地交换腿。

纠正方法：起跳保持适宜的腾空步后做交换动作。

4. 第二跳距离过短。

纠正方法：加强腿部力量练习，控制第一跳的距离，衔接好第二跳。

5. 三跳节奏不合理，空中平衡差，落地动作不积极。

纠正方法：①加强完整的基本技术练习。②按照个人的三跳比例进行三级跳远。③沿直线进行三级跳远。④加强三级跳远的专门练习和力量练习。

◆代表人物——爱德华兹

爱德华兹是三级跳远的世界纪录保持者，他在将人们的注意力吸引到这个原先本不太受欢迎的项目上来厥功至伟。1998 年爱德华兹夺得了欧洲冠军，他跳出了在当时是该项目有史以来第四好和第六好成绩，荣膺当年欧洲最佳田径选手的殊荣。而到了1999 年，他已经将田径史上最好的 7 个三级跳远成绩的中的 6 个记于自己的帐下。然而，爱德华兹的最佳表现是在 1995 年瑞典哥德堡世界田径锦标赛上，他在赛场上连续刷新三级跳的世界纪录，其最后一次跳出了 18.29 米，至今仍无人超越。

项目九　跳高（背越式）

一、技术要领

背越式跳高技术是由助跑、起跳、过杆和落地四个阶段组成的。各阶段彼此紧密相连、相互作用。

图 5-9-1

（一）助跑

1. 助跑的任务。从背越式跳高的助跑路线可以看到，在助跑开始的前段直线跑，应尽可能大的获得水平速度。在助跑后段的弧线跑应为跑跳创造尽可能大的离心加速度，有助于向横杆方向运动。

2. 助跑的技术要点。开始采用直线助跑，双肩要下垂，用脚前掌着地，跑时具有弹性；提高重心，步幅均匀，不断加速；进入弧线跑时，外侧摆动腿富有弹性地蹬地。为了克服离心加速度的作用，上体应稍向弧线内侧倾斜。前脚掌沿弧线落地，身体重心轨迹向内越出足迹线。助跑的节奏要快，特别是助跑最后两步髋关节前送幅度要大，迈步时上体保持较垂直的姿势，摆动腿积极充分后蹬，起跳腿快速前伸，同时髋部自然前送。助跑过程中两臂应积极有力地前后摆动，弧线跑时外侧手臂摆动幅度应大于内侧手臂的摆动幅度。

（二）起跳

起跳的目的在于使助跑获得的水平速度，迅速转变为垂直向上运动，以使身体充分向上腾起，并为过杆做好准备。起跳动作可分为起跳腿的着地、缓冲和蹬伸三个阶段及摆动腿与双臂的配合。

1. 起跳腿的着地、缓冲和蹬伸技术。为加快起跳的速度，起跳腿应大幅度、平稳地以脚掌外侧着地，并迅速从脚跟向前脚掌滚动。这时由于迈步放脚时髋关节的积极快速前送和迅速的弧线助跑而形成了身体向后、向内的倾斜姿势。在起跳的缓冲阶段，为了提高起跳的速度，还应减小屈膝的幅度，以利于保持水平速度。在这阶段当身体由倾斜转为垂直至身体重心移至起跳腿的上方时，迅速有力地充分蹬直起跳腿的三个关节，躯干在离地前瞬间几乎垂直地立于起跳脚之上。这时起跳腿的蹬伸方向应在身体重心的外侧，从而产生了过杆所必需的旋转冲力。

2. 起跳时摆动腿与双臂的协调配合技术。起跳时离横杆较远的一臂使劲地向上摆动，另一臂不要充分摆出，并且较早地制动，这样有利于肩轴倾向横杆。摆动腿的摆动应从屈膝的起跳腿旁开始，以膝盖领先，先屈膝折叠，后在跳高架的远端支柱上方用力摆出。当摆动腿摆到起跳腿前方之后应向里转，而小腿和脚要稍许外展。这样的积极动作，有助于使骨盆保持在起跳力量的作用线上，围绕纵轴产生转身动作。此时，头应补偿性地转向横杆。

（三）过杆和落地

过杆就是充分利用起跳获得的腾空时间改变身体姿势，缩短身体重心与横杆之间的距离，并利用身体的屈伸、旋转越过横杆。过杆时，立即屈髋收腹，下颚迅速引向前胸，同时双腿补偿地高举小腿积极向上甩起。应注意，落地前的收腹举腿，以背先着地，或团身以肩先着地，然后再做一个后滚翻。为了控制腾越方向，头部不能后仰，要注意在落垫过程的"视力监督"，眼睛始终要注视着横杆方向。

二、背越式跳高技术教学法

（一）学习和掌握起跳技术

1. 地蹬摆练习。站立，一手抓支撑物，起跳腿在前，摆动腿在后，摆动腿向异侧肩的前上方摆动，起跳腿配合充分蹬伸。要求摆腿屈膝折叠并膝内扣，加速摆至最高点，异侧臂配合上摆，同时拨腰、顶肩，髋部前送并扭转。

2. 步走动起跳练习。站立，起跳腿在后，摆动腿在前，起跳腿向前迈步放脚，摆动腿积极向前摆动。要求沿直径为15~20米的圆圈走动，起跳腿积极主动向前迈步放脚，并在摆动腿与手臂的有力配合下迅速完成跳腿。

3. 弧线助跑起跳练习。在"步走起动跳练习"的基础上分别用1步、2步、3步助跑转体四分之一垂直纵跳，两脚落地。要求蹬摆配合协调一致，动作快速有力，助跑节奏清楚，最后两步和起跳连贯，体会弧线助跑转入起跳时上体由内倾到竖直的垂直用力感觉。双脚落地，是为了使摆动腿努力下沉，有利于按"桥"型完成过杆动作。此练习可在两个跳高架之间吊拉橡皮筋球，高度宜控制在练习者起后头顶刚好能够触及。

（二）学习和掌握过杆落地技术

1. 地倒肩挺髋练习。背对海绵包站立，倒肩挺髋成"桥"。肩背着垫。要求挺髋挺腹，两臂屈肘外展。

2. 定背越式跳高练习。背对海绵包站立，两腿屈膝半蹲，然后提踵发力向上跳起，形成典型的"桥"腾空姿势。接着屈髋，向上积极甩小腿，用整个背垫落地。要求在用力向上起跳之后，两臂配合上摆、挺髋、挺胸、肩后倒下沉，两小腿放松下垂。体会空中背弓的肌肉感觉。落地前两小腿积极上甩，动作自然放松。

此练习开始可以不用横杆，动作熟练后再用橡皮筋、横杆。另外，为了增加腾空高度，可站在低跳箱或起跳板上进行。

3. 弧线助跑做背越式跳高练习。在练习2的基础上，可采用先是1步助跑，然后3步，5步助跑做背越式跳高练习。弧线助跑最后两步起跳要与过杆技术有机衔接。开始练习时，应将重点集中在起跳和腾空动作的正确结合上。初学者可在起跳点放置起跳板，增加腾空高度。另外，也可以增加垫子的高度。在技术上要求做到助跑点准确；起跳充分向上"旋转"；过杆时身体舒展成"桥"与横杆大致成十字交叉；头、肩、背和小腿依次越过横杆后，肩背领先落垫。

（三）学习和掌握全程助跑背越式跳高练习

1. 全程助跑和丈量方法（以左脚起跳为例）。

（1）走步丈量法：先确定起跳点。起跳点的位置一般在离近侧跳高架的立柱1米左右（或横杆长的1/4），离横杆投影点50~90厘米处。由起跳点沿横杆的平行方向向前自然走5步，再向右转成直角向前自然走6步做一标记，由此点向起点跳约5米的半径画弧，即成最后4步的助跑弧线；从标记点再向前走7步自然步画起跑点，定为前段直线跑5步距离。全程共跑8步。

（2）等半径丈量法：助跑距离为9~13步。起跑点离横杆约15~20米，与内侧跳高架向外延伸线之间的距离约为3~5米。助跑弧线的半径取决于助跑的速度，速度越快，半径越长。初学者变化幅度大致为6~8米。起跳点和横杆之间的距离视横杆的增高高度而向外移。

2. 全程助跑的练习方法。

（1）弯道弧线跑练习：此练习可先采用沿田径场弯道做加速跑。然后再缩小半径，沿直径10~15米的圆圈快跑。要求跑到身体向内倾斜，平稳向前移动，注意摆臂的幅度内小外大。

直段跑切入弧线跑线习：可没直线加速5~7步后转入弧线跑，过渡要自然连贯，节奏要逐步加快。

（2）全程助跑起跳练习：采用7～9步助跑距离，即直线跑3～5步，弧线跑4～5步的方法进行助跑起跳练习。要求助跑速度快，节奏性强，步点固定。注意体会助跑与起跳的结合，尽量保持"旋起"动作至高垫顶上。

（3）完整技术练习：在熟练掌握全程助跑与起跳节奏的基础上，先做较低高度过杆练习，熟练后逐渐提高横杆的高度。在完整技术练习中，要做到最后4～5步助跑的足迹落在弧线上，起跳脚的着地点要正，起跳力方向要正。起跳结束时，身体由倾斜转入直立姿势向上腾起。过杆时，后引双肩、挺髋、小腿放松下垂，完成好"桥"的动作。助跑身体重心移动要稳，过杆后肩背落垫要平稳。

三、跳高专项素质训练方法

（一）速度训练

1. 各种跑的专门性练习。用以改进背越式跳高运动员跑的技术，如小步跑、高抬腿跑、后蹬跑、车轮跑等。

2. 不同距离的行进间加速跑。采用30米、50米、100米等不同距离的行进间加速跑，要求动作放松自然、富有弹性。

3. 重心较高、频率较快的行进间计时跑。大多采用20米或30米的距离跑。

4. 不同栏间距离的跨栏跑。栏间分别跑3步或5步等不同栏间跑步数，来培养跳高运动员的节奏感和协调能力。

5. 变节奏跑。如15米快—15米慢—15米快—15米慢的变换速度跑，不断变换节奏，来提高运动员控制和调节速度变化的能力。

6. 弯道跑和跑圆。在弯道上反复做加速跑。随着训练水平的提高，在半径5～8米的圆周上做加速跑，以提高运动员弧线助跑的加速能力。

7. 田径场上直、曲段加速跑练习。一般直段跑30米，进入曲段跑30米，运动员随着跑进路线曲率不断变化，调整身体的内倾程度，培养和提高运动员从直段跑进曲段的身体控制能力。

（二）力量训练

1. 连续快速蛙跳练习。要求运动员着地后应立即爆发式用力。

2. 连续跳栏架练习。一般跳6～10个栏架，不宜过多，栏高和栏距随着训练水平的提高，适当升高和加大。

3. 不同类型的跨步跳练习。

4. 单足跳练习。同样采用速度性单足跳、大幅度单足跳和力量性的单足跳练习。两腿交换进行练习。

5. 跳跃练习的组合练习。在平坦的场地上进行单足跳（左）—跨步跳（右）—单足跳（左）—跨步跳（左）的反复练习。

6. 负沙袋做连续上步的背越式跳高起跳动作练习。

7. 负沙袋做全程助跑起跳后，做用头触及高物的练习，高物的高度要视运动员的身高和训练水平而定。

8. 负沙袋做助跑起跳后，做上跳箱的练习。

在速度训练和力量训练时，都应考虑到背越式跳高助跑、起跳的技术特点。练习速度时，不仅要提高运动员的加速跑能力，同时又要培养运动员放松、有弹性的节奏跑的能力。练习力量时，要与起跳时肌肉工作特点和动作形式紧密结合起来，要求运动员要"爆发式"完成练习，动作要以快速为主，同时也要注意运动负荷的合理安排。

◆跳高专项素质训练以速度和力量为主。

◆代表人物——朱建华

朱建华（1963 年 4 月 1 日~），上海人，著名跳高运动员，前世界纪录保持者，身高 1.93 米，体重 70 公斤。1973 年开始接受跳高训练，1983 年 6 月到 1984 年 6 月间，连续三次打破男子跳高世界纪录，将其从 2.36 米提高到 2.39 米。1983 年 6 月 11 日，他在全运会预赛中跳出 2.37 米的成绩一举打破世界纪录；同年 9 月 22 日，他在五运会上以 2.38 米的成绩打破自己保持的世界纪录；1984 年 6 月 10 日，在联邦德国举行的一场跳高比赛中，朱建华将世界纪录再次提高到了 2.39 米，这一成绩也是他职业生涯的最好成绩。

项目十　推铅球（滑步）

一、技术要领

图 5 - 10 - 1

滑步时身体要平稳，腿部动作以摆带蹬，以压促收，低滑快落，与最后用力紧密衔接。

二、推铅球技术教学法

1. 向下方推球。两脚左、右开立稍宽于肩，上体微前倾，左手托球，右手抵球，持球于胸前，而后挺胸、伸臂推球，上体随之下压，掌心向外。

2. 向前下方推球。两脚前后自然开立，上体直立，右手握持好球（也可用左手扶住球）。然后上体右转，挺胸、转肩、伸臂拨球，将球向前下方推出。

3. 徒手模仿出手动作。两腿前后开立，右臂模仿持球动作，两膝微屈，重心移至后腿，在后腿用力蹬伸并将重心移向前腿的同时，做转髋、转体、送肩、伸臂、拨腕的最后用力动作。完成动作后应稍停顿，以体会出手瞬间的肌肉感觉。

4. 原地下面推轻铅球。两脚前后开立，面对投掷方向握持好球。左脚在前，脚尖内扣约 30 度，右脚在后，膝微屈。左臂前伸内旋，肩稍右转，含胸，做向前上方挺胸、送肩、伸臂、拨球动作，以体会下肢蹬伸用力和左侧支撑与右侧转体顶肩动作的用力配合。

5. 模仿最后用力练习。从预备姿势到出手动作，再从出手动作返回预备姿势，由慢到快，反复进行。

6. 原地侧向推球。侧向推铅球预备姿势站立，身体预摆 1~2 次后，做蹬伸起体—转体送肩—伸臂拨球动作，将球推出。

7. 原地背向推球。背向推铅球预备姿势站立，完成推球动作。技术要点同练习 6。

8. 蹬摆配合练习。身体左侧靠近肋木，脚分前后站立，左手扶肋木，上体放松稍前倾，重心在右腿。练习时，左腿先外展后摆，带动右腿蹬伸。当左腿回摆并靠近右腿时，右腿屈还原。

9. 预摆团身练习。练习时，左脚放松，以大腿带动小腿向后上方摆动 1~2 次后，左腿回摆并靠近右腿，此时，右腿屈膝下蹲成弓背团身姿势。

10. 背对投掷方向站立滑步练习。由背向滑步推铅球预备姿势开始，待完成滑步动作后，再成预备姿势。此练习应以摆带蹬，蹬摆配合，以压促收，低滑快落。

11. 沿直线滑步练习。预摆团身后，重心后移，左腿摆，右腿蹬，左压右收滑步。滑步结束，成最后用力前的预备姿势。

12. 滑步对墙推实心球。滑步与最后用力动作要连贯，左侧支撑要积极、稳固。

13. 背向滑步推轻铅球。

14. 圈内背向滑步推铅球。动作幅度要大、协调、连贯、快速、用力充分。

三、推铅球专项素质训练方法

（一）动力性练习组合

斜身仰卧起坐：20×3组；卧推：10×3组；双腿负重屈伸：20×3组；悬垂转体：10×3组；双臂负重上举：20×3组；50米加速跑3组。这一组动力性练习负荷小、中强度、非常适应中小学运动员发展力量的训练，要求连续完成三组。这组练习不仅不易疲劳，而且还能重复多次。

（二）发展爆发力训练与铅球技术训练结合

1. 手指俯卧、连续抓不同重量的铅球。

2. 用不同重量的杠铃快速前推、斜推、原地推不同重量的铅球。

3. 连续蛙跳、阻力负重连续滑步。

4. 负重进行体侧屈—体侧转的练习，用橡皮条牵拉完成技术动作，身体超越器械的练习。

5. 负重半蹲起结合提踵的练习，持不同重量的铅球完成推铅球技术动作。

6. 各种跳跃练习，快速跑练习。

（三）注意事项

运用以上两种方法时，应注意以下几点：

1. 采取隔天交替的训练方式；

2. 在发展运动员爆发力训练时，结合发展基本力量练习，使专项训练负荷保持合理的节奏；

3. 在负重练习后合理安排放松练习，保持肌肉随意放松能力；

4. 在发展专项力量训练时，把铅球技术结构结合起来，安排大量的负重滑步练习和用接近推铅球技术推各种不同重量的器械，这样就将各关节肢体的爆发力和速度、灵敏等素质协调地结合起来。

◆**铅球专项素质训练以力量为主。**

◆**代表人物——巴恩斯**

男子铅球世界纪录保持者是美国运动员巴恩斯，成绩为23.13米（75英尺10.2英寸）。这项纪录是他在1990年5月20日在美国创造的。这项纪录距今已有20多年，仍然无人能够打破。

项目十一　掷标枪

一、技术要领

图 5 – 11 – 1

助跑逐渐加速。投掷步第一、二步完成引枪；第三步下肢积极向前，形成大幅度地超越器械动作；第四步积极落地支撑，控制好标枪的角度与指向，沿标枪纵轴快速有力地"鞭打式"投枪；第五步缓冲维持身体平衡，避免犯规。

二、掷标枪技术教学法

1. 原地正面掷枪。两脚前后开立，举枪于肩后，枪尖略低于枪尾，重心在右腿。做蹬伸右腿、挺胸挥臂"鞭打"出枪动作。要求枪出手后，落在正前方地面上。

2. 原地侧向掷枪。侧对投掷方向成原地引枪姿势。然后做提踵、顶膝送髋、抬臂翻肘成"满弓"挺胸、挥臂"鞭打"投枪动作。主要体会用力顺序和强调主动地左侧蹬撑用力与挺胸转肩沿标枪纵轴用力。

3. 徒手或持枪连续交叉步练习。侧向站立，徒手模仿或持枪成原地引枪姿势，然后做左蹬右摆连续向前交叉步动作。要求下肢快于上肢，髋部积极前送。

4. 预备姿势同练习3。然后做交叉步成最后用力前的预备姿势。注意第三、四步的节奏性。交叉步要转肩不转髋，身体和持枪臂平稳并控制好枪的位置与指向，下肢积极向前完成超越器械动作。

5. 拉橡皮带做交叉步结合蹬伸送髋、抬臂翻肘成满弓动作练习。强调交叉步与最后用力开始动作相衔接。

6. 交叉步掷枪。侧对投掷方向成原地引枪姿势，向前做交叉步结合最后用力掷枪练习。强调左脚主动快落和右脚落地后积极地屈膝送髋，使交叉步与最后用力动作紧密衔接。

7. 引枪结合交叉步练习。走或慢跑中完成两步引枪动作。左脚踏上标志线后，第一步，持枪臂直接后引；第二步，肩轴右转90°臂引直。在左脚落地积极蹬伸的同时，右腿屈膝前摆，腾空后左腿赶超右腿，两脚积极落地成最后用力前的姿势。

8. 慢跑投掷步掷枪。持枪助跑4～6步后接做投掷步轻投枪动作。强调投掷步节奏清楚，身体平稳加速，动作协调连贯，左侧支撑积极有力，沿标枪纵轴用力。

9. 投掷标枪完整技术练习。注意完整技术动作的紧密衔接。强调最后用力幅度大、速度快，沿标枪纵轴用力。

三、投标枪专项素质训练方法

（一）上肢专项力量训练方法

击掌俯卧撑：俯卧于地面，两手合两脚支撑于地面，两手分开与肩同宽，两脚并拢，开始做时两手逐渐弯曲成上臂与前臂夹角为90°，然后迅速撑起，两手推离地面瞬间击掌，击完掌后两手迅速着地接着做下一个。击掌要快，两个动作之间要迅速连贯，身体要保持一条直线，两脚尖要始终接触地面。每次练习的组数与次数要根据运动员的水平来确定，要不断上升组数与次数，做到不断超越每一个阶段的训练负荷。与之相适应的练习方法有引体向上与立卧撑。

（二）躯干专项力量训练方法

仰卧负重收腹练习：身体横卧于跳箱或者海绵垫上，手持重物或腿绑橡胶带，两腿固定或两手固定做收腹弯曲上身或收腹举腿动作。要求收腹或屈上身收腹快，快回时缓慢放下，上身或下身不能触及跳箱或海绵垫，身体始终保持紧张的状态。绑胶带或手持重物要由轻到重，始终遵循循序渐进的原则。与之相适应的练习方法有肋木上悬挂收腹举腿练习、仰卧两头起、负重转体、站立手持重物绕环。

（三）下肢专项力量训练方法

深蹲练习：并排放置间隔距离相同、高度不同的跳箱，运动员从第一个跳箱下方跳上跳箱，然后从跳箱上跳下并迅速跳上下一个跳箱，再迅速从跳箱上跳下迅速再跳上下一个跳箱。要求采用循环练习法，不间断。跳箱的个数和训练的组数要根据运动员的训练阶段来确定，要充分利用肌肉的离心收缩原理，组间间歇要充分。与之相适应的练习方法有单足跳、双足跳、蛙跳、跨步跳、后蹬跑等与跑和负重跳跃相关的练习。

（四）全面专项力量训练方法

助跑投掷手榴弹（或接力棒）：与投掷标枪相类似的助跑、引手榴弹（或接力棒）、交叉步、最后用力。要求助跑速度快，引手榴弹（或接力棒）迅速，最后用力出手速度快，投掷动作做完后要迅速做好缓冲，防止超越投掷弧出现犯规情况。

不同质量的标枪投掷练习：这种练习要完整动作练习。质量的选择要因人而异。重器械一般在非竞技状态时期使用，竞赛期则以此标准或略轻的器械为主。

原地拉胶带：身体左侧对用力方向，投掷臂手持胶带一端，胶带另一端固定。开始姿势体重压在右腿上，右腿发力内转并送髋，带动躯干和投掷臂。要注意及时翻肩和向左腿移动中心，沿一直线前拉胶带。

标枪是一个非周期性运动，它要求在助跑速度快、保持技术动作不变形的情况下作用力臂尽量加长。在选择专项力量练习时要针对专项训练的特点，选择不同的力量练习手段，避免采用杠铃为工具的大的训练强度的练习手段。

◆标枪专项素质训练以力量为主。

◆代表人物——泽莱兹尼

泽莱兹尼，捷克标枪运动员，出生于1966年6月16日，曾获得奥运会，世锦赛等比赛冠军。标枪项目史上最佳，在标枪改革后唯一一位投出94米以上成绩的运动员，一共5次。

项目十二　掷铁饼

一、技术要领

图 5－12－1

开始旋转要低重心，大幅度。旋转过程中重心要平稳，不断加速，边旋转边向前。当右脚摆向圆心着地、右腿单腿支撑时，要不停顿地继续旋转。左膝外展靠近右膝沿小弧度迅速摆向中心线左侧落地支撑，形成大幅度地超越器械动作。在旋转至侧对投掷方向时，右脚应转变为以蹬伸为主，并边蹬伸边转向前。当重心移向左腿的同时，要抬头挺胸，左侧用力蹬撑，肩轴迅速超越髋轴，快速挥臂"鞭打"出饼。

二、掷铁饼技术教学法

1. 直臂前后自然摆饼；左上右后摆饼；8字摆饼；身前身后摆饼。

2. 竖直向上抛饼；竖直地滚饼。

3. 正面转肩挥臂练习。面对投掷方向，两脚左右开立稍宽于肩站立，两臂抬起，肩稍右转，两膝微屈。然后，两腿蹬伸，向前转肩挥臂。

4. 侧向站立，徒手或手持树枝预摆。当身体扭紧后再做转髋、转肩、挥臂鞭打动作练习。

5. 右手拉住约与肩同高的肋木或木桩等物，做两腿转蹬用力练习。

6. 右手拉住约与肩同高的固定橡皮带，做最后用力动作模仿练习，体会用力顺序和肌肉用力感觉。

7. 手持木棒或小沙袋预摆，做蹬转用力投掷练习。

8. 正面原地掷饼。面对投掷方向，两脚左右开立约同肩宽，右手持饼做左上右后预摆动作。当铁饼摆至右后方时，上体右转扭紧，两膝微屈，然后两腿蹬转、转髋、转肩、挥臂鞭打。

9. 原地侧向（背向）投掷铁饼。侧向站立，预摆至预备姿势。在左侧制动支撑配合下，右腿积极蹬转送髋，使重心移向左腿，同时挺胸，转肩，挥臂，将饼掷出。

10. 原地背向向左撤步掷饼。背向站立预摆至体后最大限度，左腿膝稍向外展，撤步落在投掷区中心线左侧，同时右腿转蹬成侧对投掷方向，做蹬转挥臂掷饼动作。

11. 由双腿支撑进入左腿单腿支撑旋转。预摆后重心左移，左肩、左膝、左脚尖同步向左转动90°~100°，右脚蹬离地面，在左侧带动下弧形摆动，左侧转向投掷方向，右脚摆向圆心落地。

12. 迈步转体。正面站立，右手持木棒或树枝，右腿直线前迈，以脚前掌落地屈膝向内扣旋转，右腿屈膝靠近右腿以最短途径摆向直线左侧着地。头要正，身体垂直或稍前倾。右手远远留在右后方。

13. 跨步转体。正面站立，左脚在前。先左蹬右摆前跨，使右脚落地时屈膝内转，然后左脚沿最短途径前摆落成原地投掷预备姿势。连续做。

14. 身体右侧距墙或肋木30~40厘米站立，完成练习2、3的动作并继续旋转，转体至360°。要求抬头挺胸，右臂留在身后扶墙或肋木。

15. 正面旋转投掷。正对投掷方向，两脚前后开立（左脚在前），右手持饼或辅助器材，臂稍抬起约与肩高，先前移重心，然后左蹬右摆做跨步转体接原地侧向投掷动作。要求跨步转体与最后用力紧密衔接。

16. 侧向旋转投掷。侧对投掷方向，两脚左右开立稍宽于肩，预摆后身体重心由右腿移向弯曲的左腿，此时左膝、左脚外旋，以左侧为轴旋转90°，两腿蹬摆前跨转体接原地侧向投掷最后用力动作。

17. 背向旋转投掷模仿练习。背对投掷方向，两脚左右开立稍宽于肩，徒手或持辅助器械。预摆后，重心左移进入左腿单腿支撑旋转，右小腿外展弧形摆动。当左脚尖、左膝、左侧髋、左肩同步旋转到面向投掷方向时，两腿蹬摆，向前跨步转体接原地侧向投掷最后用力动作。

18. 投掷圈内背向旋转投掷铁饼完整技术练习。要求整个投掷过程重心平稳，节奏清楚，动作连贯，不断加速，动作幅度大，速度快。

三、掷铁饼专项素质训练方法

（一）一般力量训练与专项力量训练的组合

1. 卧推练习与扩胸（单扩与双扩）练习的搭配组合练习；

2. 大半蹲练习与负重平转体的组合搭配练习；

3. 抓举练习与铅球后抛的组合练习等手段相结合进行组合练习。

要求：每项组合训练手段之间交替进行，大重量之后的练习应调整为小重量练习。

（二）专项力量练习与专项能力练习的组合

1. 负重半转体的练习与负重旋转的组合练习；

2. 扩胸（单扩与双扩）的练习与原地投重物的练习（爆发力练习）；

3. 侧向旋转双手抛片与 2 公斤铁饼旋转投的练习（对网投练习控制能力）。

方法：先做重量重一点的练习，后做与专项相关的练习；体会用力顺序，体会用力结构。

（三）专项技术练习与专项速度力量练习组合

1. 0.75 公斤 + 1 公斤铁饼完整技术全力投掷练习（速度好的运动员差距是 8～10 米）；

2. 1 公斤 + 1.25 公斤铁饼完整技术全力投掷练习（力量好的运动员差距是 6～8 米）；

3. 1.25 公斤 + 1.5 公斤铁饼完整技术全力投掷练习（专项投掷能力练习）。

方法：这些练习手段安排在一节训练课中交替进行，这样充分体现速度力量与专项技术的有效组合。

◆铁饼专项素质训练以力量为主。

◆代表人物——许尔特

男子铁饼世界纪录保持者是原来的民主德国运动员许尔特（Jurgen Schult），于 1986 年 6 月 6 日在德国新勃兰登堡创造的男子铁饼的世界纪录 74.08 米，至今仍然无人打破这项纪录。

项目十三　田径运动竞赛规则简介

一、径赛项目有关规则

在田径运动会中，所有赛跑项目（包括跨栏及接力跑），都属于径赛项目。参赛者的名次取决于其身体躯干（有别于头、颈、臂、腿、手或足）抵达终点内侧之垂直线为止时的顺序。径赛成绩相同而影响进入下一赛次时，若情况许可，均予以取录，否则应予以重赛。在决赛中成绩同是第一，总裁判有权决定是否重赛，若认为毋须重赛，则维持赛果；至于其他名次，就算成绩相同，亦毋须重赛。

（一）短跑及中、长跑

在国际赛事中，所有400米及以下的径赛项目，必须采用蹲踞式起跑及使用起跑器。在"各就位"及"预备"口令之后，参赛者应马上完成有关动作，任何参赛者不能在合理时间内完成有关动作，则属起跑犯规。除此以外，在"各就位"后，以声音或动作扰乱他人者，可对其判以起跑犯规。在枪声响起前有任何起跑动作，亦属起跑犯规。对起跑犯规的参赛者，发令员应予以警告，再犯则取消其参赛资格（此例不适用于男子十项全能及女子七项全能比赛）。400米以上的竞赛项目，口令只有"各就位"，当所有参赛者均准备妥当及静止后，便可发枪开始比赛。

在划分线道进行的径赛项目或其部分中，参赛者不得越出其指定之赛道，否则会被取消资格。在任何径赛项目中，若冲撞、突然切入或阻碍其他参赛者，亦会被取消资格。反过来说，若任何参赛者被迫推离指定之赛道，只要未获得实际利益，不必取消其参赛资格。同样情况，任何参赛者在直道中越出其跑道或在弯道中越出其跑道之外侧，只要没有得益及未有阻碍他人，亦不算犯规。

（二）跨栏

各参赛者必须在自己的线道内完成比赛，而且当参赛者跨越栏架时，若其腿或足从低于栏架项的水平线跨越，或跨越并非自己赛道上的栏架，均应被取消资格。若裁判员认为参赛者故意以手或足撞倒任何栏架，亦应取消其参赛资格。

（三）接力跑

4×100米接力跑是分道进行，接棒者可以在接棒区前10米内起跑。在4×400米接力跑中，第一棒全程及第二棒的第一弯道是分道跑，第二棒运动员要跑至抢道线后方可自由抢道。第一棒的传接必须在参赛者指定的线道内进行，其余各棒的传接，裁判员会根据第二及第三棒运动员通过200米起点处之先后，按次序让其第三及第四棒的队友在接棒范围内，由内至外排列等候接棒。所有接棒者均不可以在接棒区外起跑。接力棒必须拿在手上，直到比赛结束为止。任何人掉了棒，必须由其本人拾回，而且要在不影响别人的情况下，方可越出自己的跑道以拾回接力棒。所有接力赛事，必须在接棒区内完成交接棒。"接棒区内"的判定是根据接力棒的位置，而不是根据参赛者的身体或四肢的位置。任何参赛者在传接棒完毕后故意越出跑道以妨碍其他参赛队伍，其队伍可以被取消资格。

二、田赛项目有关规则

所有赛跑项目以外的赛事，均属田赛项目；田赛项目又可分为掷类和跳类。除跳高外，如果参赛人数超过 8 名，每人应有 3 次试掷（跳）机会，试掷（跳）成绩最好的 8 名参赛者可获得另外 3 次试掷（跳）的机会。若超过一名参赛者同时获得相同于第八名的成绩，则每位成绩相同于第八名的参赛者，均可再获 3 次试掷（跳）的机会。如果参赛的总人数是 8 人及以下，则应给予每位参赛者 6 次试掷（跳）的机会。

若参赛者同时参加了田赛和径赛项目，或一项以上的田赛项目，而在比赛时间上有所冲突时，田赛项目裁判可让参赛者在每一轮中更改赛前预定的试掷（跳）次序，但每一位参赛者在任何一轮的比赛中，不得有多于一次试掷（跳）的机会（跳高除外）。

用距离决定胜负之田赛项目，以参赛者全部试掷（跳）中之最佳成绩计算名次。遇上最佳成绩相同时，应以次佳成绩定胜负，如此类推。若仍无法定出胜负而又涉及竞逐第一名时，成绩相同者须依原来顺序进行比赛，直至分出胜负为止。

用高度决定胜负之田赛项目，遇上最佳成绩相同时，以最少试跳次数成功越过最后高度之参赛者应获排名较前的位置。如仍未分胜负，则全场比赛中试跳失败次数最少（包括最后跳过之高度）之参赛者应获排名较前的位置。若仍无法分别胜负而涉及竞逐第一名，虽然有关之参赛者有可能曾经在不同高度作试跳而相继失败，裁判应以其中最低之高度上，再给予一次试跳机会。如仍无法分别高下，则每次升高或降低 2 厘米让有关参赛者加跳一次，直至能定出胜负为止，而且在此情况下，有关参赛者必须试跳，以便判定名次。不涉及竞逐第一名，则由成绩相同之有关参赛者并列同等名次。

若田赛参赛者无理延误试掷或试跳，便算一次失败，如再次延误比赛，会被取消继续比赛下去的资格，但之前所创之成绩则仍被承认。在正常情形下，每次试掷或试跳的时间不得超过一分半钟，当跳高比赛只剩下 2 ~ 3 人时，此时限应增至 3 分钟。若只剩下 1 人时，此时限应增至 5 分钟。

（一）铅球

参赛者必须在推掷圈内，由静止状态开始，把铅球以单手由肩上推出。在整个推铅球的过程中，铅球应接触或接近参赛者的下颚，并且不得低于此位置，也不得移至肩线之后。推掷时，参赛者可以触碰推掷圈及抵趾板的内缘，但身体之任何部位若触到推掷圈或抵趾板上缘，或推掷圈外面的地面，均视作试推失败。铅球未着地前，参赛者不得离开推掷圈。离开推掷圈时，亦必须从其后半圆离开。

在推掷的过程中，参赛者可以中途停顿，甚至把铅球放下，以及离开推掷圈（但仍要符合上述规定），然后重新由静止位置开始推掷。

铅球只有完全落在扇形着地区角度线范围以内方为有效。丈量时应从铅球着地痕迹之最近端拉向推掷圈之圆心，以推掷圈内缘至铅球着地痕迹近缘之距离为成绩。距离之计算须以 0.01 米为最小单位，不足 0.01 米者应以较低的读数计算成绩。

（二）铁饼

除了投掷方式上的不同外，所有推铅球的规则通用于掷铁饼项目，唯丈量时应以 0.02 米为最小单位，不足 0.02 米者应以较低的读数计算成绩。

（三）标枪

参赛者应握住标枪之握把处，自肩上或投掷手臂上方把枪掷出，投掷时不得把枪抛出或甩出。自开始投掷至标枪离手期间，参赛者不得转身完全背向投掷弧。标枪着地前，参赛者不得离开助跑道，离开时亦要在助跑道两边平行线的直角方向及投掷弧的两端延长线后面走出。在投掷过程中，只要未触犯上述规定，参赛者可中途停顿，甚至把标枪放下，并且离开助跑道，然后重新回到助跑道投掷。

标枪着地时，枪尖必须比其他部分先着地，并且完全落在扇形着地区的角度线之内，该掷方算有效。丈量时应由枪尖着地之最近点，通过投掷弧线之圆心，量度至投掷弧线的内缘作为该掷之成绩。距离之计算须以 0.02 米为最小单位，不足 0.02 米者应以较低的读数计算成绩。

（四）跳高

比赛开始前，裁判员必须向参赛者宣布起跳的高度，及每次晋升的高度，直至只剩下一位参赛者为止。除非只剩下冠军参赛者，否则横杆的升幅不得少于 0.02 米，而且横杆的升幅不得增加。在只剩下冠军参赛者的情况下，横杆的升幅可按其意愿而作出决定。

参赛者必须单脚起跳。若起跳后，横杆不停留在支架上；或在尚未越过横杆前，身体的任何部位触及两支架间或两支架外的地面（包括其着地区），则以试跳失败论。如果参赛者在试跳时，其脚部触及着地区，而裁判员认为并未因此而获得利益，此试跳算有效。

参赛者可以在任何一个高度开始起跳，往后亦可以自由选择高度试跳，但不管高度为何，连续 3 次试跳失败，便会丧失继续比赛的资格。如果参赛者曾放弃某一高度的第一次试跳，其后便不得在同一高度上再次要求试跳机会（成绩相同时之额外试跳除外）。

（五）跳远

如果参赛者触犯下列任何情况，均作试跳失败论：

（1）不论起跳与否，身体的任何部位触及起跳线前方的地面。

（2）不论是否超过起跳线，在起跳板两端以外起跳。

（3）着地时，身体的任何部分触及着地区以外的地面，而该点较其落在着地区之位置为近。

（4）完成试跳后，在着地区向后行。

（5）使用任何翻腾动作试跳。

除上述（2）行为外，参赛者未到达起跳板即开始起跳，不得判作失败。丈量试跳成绩时，应以身体任何部分在着地区表面留下的痕迹，与起跳线或其延长线间的最短距离为准。距离之计算须以 0.01 米为最小单位，不足 0.01 米者应以较低的读数计算成绩。

（六）三级跳远

三级跳远必须依次由单足跳、跨步跳及跳跃三个部分组成。第一步起跳后，必须以同足着地，进行第二次起跳；第二步起跳后，则要以另一足着地，然后再做第三次（最后一次）起跳。除场地外，跳远之所有规则，均适用于三级跳远项目。

单元六

篮球运动

项目一 篮球运动概述

篮球运动是 1891 年由美国人詹姆斯·奈史密斯发明的。当时，他在马萨诸塞州斯普林菲尔德基督教青年会国际训练学校任教。由于当地盛产桃子，这里的儿童又非常喜欢做用球投入桃子筐的游戏。这使他从中得到启发，并博采足球、曲棍球等其他球类项目的特点，创编了篮球游戏。

最初篮球游戏比较简单，场地大小和参加游戏的人数没有限制。比赛队员分成人数相等的两队，分别站在球场的两端，在裁判员向球场中央抛球后，双方队员立即冲进场内抢球，并力争将球投进对方的篮筐。因为桃筐是有底的，球投中以后就留在篮子里，人必须登上专设的梯子才能将球从篮筐里取出。

随着场地设施的不断改进，篮筐取消了筐底，并改用铁圈代替桃篮，用木板制成篮板代替铁丝挡网，场地增设了中线、中圈和罚球线，比赛改由中场跳球开始。与此同时，场上比赛队员也通常改为每队 5 人，开始有后卫、守卫、中锋、前锋、留守等位置之分。此外，奈史密斯制订了一个不太完善的竞赛规则，共 13 个条款，其中规定不允许带球跑、抱人、推人、绊人、打人等。这大大提高了篮球游戏的趣味性，并且吸引了更多的人来参加这一游戏，从而使篮球运动很快普及到了全美国。

1892 年篮球运动首先从美国传入墨西哥，并很快在墨西哥各地得到开展。这样，墨西哥成为除美国外第一个开展篮球运动的国家。此后，这项运动先后传入法国、英国、中国、巴西、捷克斯洛伐克、澳大利亚、黎巴嫩等国家，在世界范围内得到了普及和发展。1896 年，美国人鲍勃盖利将篮球传入中国，首先在天津、北京等城市青年会中开展起来。在 1910 年旧中国首届全国运动会上，篮球首次被列为表演项目。1913 年，篮球被列为我国国内正式比赛项目。篮球自 1951 年起一直是亚运会的正式比赛项目。1932 年，国际业余篮球联合会成立，男子篮球被国际奥委会承认为奥运会正式比赛项目。1946 年，美国出现职业篮球联赛，并发展为目前的 NBA。女子篮球运动到 20

世纪初才开展起来。1976 年，女子篮球被列为奥运会正式比赛项目。

项目二　篮球运动的基本技术

篮球技术主要包括移动、传接球、投篮、运球、突破、防守和抢篮板球等内容。

一、跑、停、转技术

（一）跑

起动跑：为摆脱防守突然快速奔跑，或为保持或抢占有利位置防住对手、打、抢、断球而采用的移动方法称为起动跑。

起动跑时，上体和重心迅速向行进方向倾移，并用前脚掌内侧用力快速地在最短距离内充分发挥速度能力是起动跑的基本动作要领。

变方向跑：跑动中利用突然改变前进方向的方法，甩开防守队员的移动称为变方向跑。

变方向跑的动作方法是跑动中一脚作为支撑脚，并以前脚掌内侧蹬地，上体转动移动重心，另一脚向转动方向移动，随之支撑脚迅速蹬跨加大步幅积极加速。向另一侧变方向时动作相反。

侧身跑：为了便于观察场上攻守情况或抢占空间位置，把防守者挡在身后，采用向前跑时头部和上体放松地转向球的方向，而脚尖和肩部对着前进方向的跑法称为侧身跑。跑动中要注意保持跑速，眼睛注视球场上变化（图 6 - 2 - 1）。

图 6 - 2 - 1

篮球场上各种跑的技术动作可以视情况单一应用，也可以组合在一起把握时机综合应用，训练中以一对一徒手攻防为主，两人一组依次结合接球轮流进行。

（二）停

急停：一般是指进攻队员在快速奔跑中突然停止，借以摆脱防守的一种技术动作。急停动作有两种：一种是跨步急停，也称两步急停。另一种叫跳步急停，也称一步急停。

跨步急停：在快速奔跑中急停时先用一脚向前跨出一步，用全脚掌着地迅速屈膝后降低重心，减缓向前冲力，另一脚跨出第二步时，脚尖稍向内转，用脚掌内侧蹬地，两膝弯曲，身体侧转微向前倾，重心落在两脚之间，两臂自然张开保持身体平衡。

跳步急停：在跑动中，用单脚或双脚跳起，两脚同时落地，落地时，两脚分开大约与肩同宽，两膝弯曲，用双脚内侧用力蹬地，两肘自然张开，保持身体平衡。

◆急停的运用及训练方法：

急停动作多数用于在徒手情况下为了摆脱紧随的防守对象，创造接球机会的进攻过程中。有时在运球过程中急停，先用一脚向前跨出一步，利用突然加速后急停甩开防守进行跳投或传球。在进攻过程中，急停动作往往与变方向跑、策应接球、接球转身、运球急停、突破等动作结合在一起组合应用。

急停动作的练习方法，可以采用徒手条件下进行起动后完成急停动作，也可以结合传接球、运球技术综合运用。

例如，球场上依次或组合进行起动、急停、转身动作练习，或者进行传球、起动、急停接球、运球转身、运球上篮（投篮）等动作练习。

（三）转身

转身：转身是队员停止间以一脚为中枢脚，另一脚绕中枢脚向前或向后跨出，改变原来身体方向抢占有利位置和摆脱防守的一种移动技术动作。熟练的转身动作在进攻中可以结合接球、运球、传球和投篮技术完成攻击任务（图6-2-2）。

图6-2-2

转身动作分为前转身和后转身两种，移动脚向自己身前跨出的同时绕中枢脚旋转、使身体改变方向叫前转身。移动脚沿中枢脚脚跟方向绕过中枢脚旋转使身体改变方向叫后转身。

转身的动作要领是：转身前两脚平行分开，两膝微屈，上体稍前倾，重心落在两脚之间。转身时以一脚的前脚掌为轴，另一脚的脚掌内侧用力蹬地同时，身体重心移向为轴脚，用腰部转动带动上体随移动脚向前或向后改变身体方向，转身中要保持重心平稳，完成转动时，重心要恢复到两脚之间。

◆转身的运用及训练方法：

转身动作在进攻中应用广泛，当持球队员面对防守时可以利用转身动作避开对手抢、打球，可以用转身动作突破对手。当背向对手接球时可以利用转身动作进行突破，进行跳投或传球。徒手情况下，进攻队员可以利用转身摆脱防守获得进攻有利位置或接球攻击。

转身动作的练习可以在无球情况下与起动、急停练习相结合进行，也可以与变方向跑、策应接球转身突破等动作组合在一起进行训练。例如：在半场内进行起动急停、前后转身、最后侧身切入篮下的组合性移动训练，或者采用起动、跨步急停、变方向跑、跳步急停、后转身跑、急停前转身、侧身跑等动作完成全场移动动作组合性训练。

二、传、接球技术

传、接球技术是进攻中队员间相互联系、相互配合，实现进攻战术的主要手段。传球方式有单手、双手、原地、跑动和跳起传球等。接球技术分为单手和双手接球两种。

1. 双手胸前传接球：双手胸前传接球主要特点是控制球稳定性好，传球准确性高，又便于与其他动作结合实现攻击目的。

双手胸前传接球的技术动作方法是：两手五指自然分开，拇指相对成八字形，用指根以上部位持球侧后方，手心空出。两肘自然弯曲垂于体侧，持球于胸腹之间。传球时，用脚的蹬力使身体重心前移，同时，前臂前伸，手腕急促向上翻转，用手腕抖动和拇、食、中指向传球方向用力弹拨将球传出。接球时，两眼注视来球，用脚步调整接球位置，并向来球方向伸出双臂，五指自然分开，拇指向上，两手成半球状，当手指接触球时，两臂随球后引缓冲来球力量，持球于胸前（图6-2-3）。

图6-2-3

跑动中完成双手胸前传接球，是跑动中以侧身跑的移动方式完成接球和传球动作，要求手脚协调配合，接球与传球动作连贯，根据跑动速度、方向，将球准确传至同伴胸前位置。

2. 单手肩上传球：单手肩上传球是一种适用于中远距离的传球方法。单手肩上传球的持球方法与双手胸前传球相同。

两脚平行开立，右手传球时，左脚向传球方向或侧前方跨出半步，同时，引球至右肩侧，右肩后转，左手扶球，右手持球后下方，手腕后屈，重心落在右脚上，传球时，在右脚蹬地的同时，转腰转肩带动右肘向前摆，当右肘摆过体侧时，小臂加速前摆，并迅速向前扣腕以带动食指、中指和无名指用力拨球，将球传出（图6－2－4）。

图6－2－4

◆传接球的运用及训练方法：

传接球技术是篮球比赛中运用最多的基本技术，传接球的技术动作，除了双手胸前传接球和单手肩上传接球动作外，还有双手头上传球、单手胸前传球，单手低手传球、单手背后传球、击地反弹传球等多种方式的传球。各种传接球技术与其他技术特别是运球、投篮技术的结合，对于全队战术配合质量有极为紧密的关系。因此，合理地运用各种传接球技术，加强对传球者视野宽阔性、传球落点准确性及利用假动作等能力的训练极为重要。

常见传接球训练可以采用单人对墙传球练习，两人一组原地或行进间的对传练习，或者采用三角、四角、顺时针或逆时针方向的原地或移动中传接球练习，也可以采用一人为中心，另一人围绕其进行移动传接球练习方法训练，或者在半场、全场内通过策应进行传球、切入、接球、上篮等组合性传接球配合，提高传接球技术。

三、运球技术

用一只手连续拍按从地面反弹起来的球叫运球。运球包括原地和行进间运球，根据运球时动作方式又分为高运球、低运球、运球急起急停、变方向运球及运球转身等技术动作。

运球技术是比赛进攻中突破对手、快攻推进，组织战术配合，调整进攻位置必备的基本技术。

1. 原地运球：运球时上体稍向前倾，两腿弯曲前后开立，运球手的异侧脚在前，抬头目视前方。五指自然分开，手心空出，用手指和指根部位控制球，肘关节自然弯曲，前臂上下摆动，用手腕和手指的力量向地面按拍球的上方，当球从地面反弹起来手触球时，手腕和手臂随球上抬缓冲球的弹力（图6-2-5）。

图6-2-5

2. 行进间运球：根据运球时的跑动速度，调整拍球力量、部位及反弹高度，跑动速度越快、手拍球的部位越靠后，力量则越大，球反弹高度一般控制在肩以下（图6-2-6）。

图6-2-6

3. 运球急起急停：运球急起急停是由运球起动和运球急停动作组合而成的，是利用"动"和"静"的突然变化借以摆脱防守的运球方法。急起时，手指用力推球后上方同时后脚用力蹬地重心迅速前移，向前运球超越防守者，急停时手控制球的前上方，使球垂直反弹，高度控制在膝以下。

4. 体前变向运球：当运球队员前进路线被堵截但与防守者之间有一定距离，可以利用变换方向运球摆脱和超越对手，突然改变方向运球称为体前变向运球。

以由右向左变向运球为例，运球向右前方推进，当与对手有一步左右距离时，右手触球的右上部，前臂、手腕和手指向左侧用力按拍球，使球快速在自己身前落地弹向左侧。拍球同时右脚掌内侧蹬地，上体迅速向左前方倾斜，球落地同时，右脚迅速向左前方跨出，上体左转，侧右肩以肩和腿保护球，左手及时按拍球的左后上方，迅速前进超越对手（图6-2-7）。

图6-2-7

5. 运球转身：运球转身是在运球中利用转身动作保护球并摆脱对手的技术。当运球队员突破防守的路线被堵，且双方接近，不便于体前变向时，则采用运球转身来突破对手。

以右手运球从对手右侧突破为例，先向对手左侧迈出左腿诱使对手横移封堵，突然右手将球控制在自己两腿中间偏向右脚的位置，然后以左脚为轴后转身，右腿向后撤步贴近防守者，挡住防守者移动路线，同时拉球转体换左手运球超越对手（图6-2-8）。

图6-2-8

◆运球的运用及训练方法：

运球技术的掌握，关键在于手控制球与脚步动作的熟练程度，以及手脚动作的协调配合，运球技术要与传、接、投、突等技术紧密结合才能发挥运球技术的攻击作用。

运球技术的训练一般采用原地运球以提高按拍球和控制球的能力或不看球运球、

左右手频繁交换运球，以提高支配球能力并在此基础上采用综合练习方法提高队员急起急停、变速、变向、转身等运球技术。

运球的练习方法很多，应根据水平采取灵活多样形式训练，可以进行单人原地运球，或行进间高速运球练习，可以进行一对一运、抢球练习，也可以进行与传球、突破结合的练习。

四、投篮

投篮是比赛得分的唯一手段，是实现一切进攻技术、战术的最终目的。投篮的方法可分为原地投篮，跑动上篮和跳起投篮等。各类投篮中包括单手和双手两种方法。以投篮出手形式划分又有低手、高手、反手和勾手等方法。在此，仅就原地单手肩上投篮、跳起单手肩上投篮、单手低手上篮等几种运用广泛的投篮技术加以介绍。

1. 原地单手肩上投篮：以右手投篮为例，右手五指分开向后屈腕，用五指指根以上部位接触球，空出手心持球于肩上头侧，左手扶球。右脚稍前全脚掌着地，左脚稍后前脚掌着地，两膝微屈，重心落在两脚之间，上体正直，右肘关节内合，目视球篮。投篮时，通过蹬地，伸展腰腹，抬肘伸手臂，手腕手指前屈，最后用中食指指端将球拨转投出。原地单手肩上投篮在中远距离投篮和罚球时被广泛使用，是跳起投篮的基础。

2. 跳起单手肩上投篮：跳起投篮也叫跳投，跳起投篮动作突然性强，在突破或摆脱防守接球后跳起投篮可以收到使防守者防不胜防的效果。跳起单手肩上投篮的投篮手法与原地单手肩上投篮基本相同，不同之处在于跳投是跳起后在空中完成投篮动作。

◆跳起投篮的运用及训练方法：

跳起投篮的动作要领是：原地或向前跳步急停后双手持球于胸腹之间，两膝弯曲，投篮时，用力向上踏跳，使身体垂直腾起，起跳同时双手迅速举球于肩上，腰腹用力控制身体平衡。当身体腾空接近最高点并处于稳定时迅速抬肘伸臂，用手腕手指的力量将球投出。

投篮技术是在原地或移动中接球或在运球突破后完成的技术动作，接球或运球突破后急停结合投篮的综合训练对提高投篮技术在比赛中的应用十分必要。初学投篮技术时，练习者可以采用两名队员相向站立，互相对投，掌握和改进投篮技术动作，或者面对球篮，在罚球线后站成一路纵队按前后顺序做原地或跳起单手肩上投篮，亦可以利用策应队员，传球后摆脱防守进行一对一攻守完成提高投篮技术的训练。

3. 行进间单手低手上篮：行进间上篮分为运球和接球上篮两种，单手低手上篮的动作方法是跑动中向前跨步，右手投篮时，右脚腾空跨出同时伸双手接球，右脚落地后，左脚向前跨出并用力踏跳，同时右腿前摆，向前上方伸展右臂举球，左手离开球，右手五指自然分开托球的下部，当球接近球篮时，手腕柔和上摆，食、中、无名指向上拨球，使球从指端向前旋转入篮（图6-2-9）。

图 6 - 2 - 9

◆行进间上篮的运用及训练方法：

行进间上篮技术的掌握，主要难点是接球时手脚协调配合，起跳后控制身体在空中的平衡及手臂手腕手指协调用力。练习中把上篮动作分解为跑动接球练习和原地举球练习两个环节，待动作熟练后再做跑动接球上篮完整动作综合练习，经常采用的练习方法是半场或全场运球上篮或传球后切入接球上篮。

五、持球突破

持球突破也称持球过人，是持球队员利用脚步动作超越防守者的一种攻击性个人技术。持球突破主要是交叉步突破和同侧步突破两种。

1. 交叉步突破：又叫异侧步突破，即右脚向左前侧跨出或左脚向右前侧跨出两脚成交叉状突破对手。突破前两脚平行开立，两膝微屈，上体稍前倾双手持球于胸前，突破时，一脚前掌内侧用力蹬地向异侧前方跨出，同时转体探肩，并将球推放到异侧脚的前侧方，换异侧手运球同时迅速跨步超越对手（图 6 - 2 - 10）。

图 6 - 2 - 10

2. 同侧步突破：又叫顺步突破，即右脚向右前侧跨出或左脚向左前侧跨出，两脚成前后状突破对手。同侧步突破准备姿势与交叉步相同，突破时，一脚前掌内侧用力蹬地，上体稍前倾并转向突破方向，同时将球推放于同侧脚的前侧方，另一脚迅速跟上继续用同侧手运球超越对手（图6-2-11）。

图6-2-11

◆持球突破的运用及训练方法：

持球突破技术应用时，应该与投篮传球等假动作结合吸引对手，当防守者接近持球者时利用对手防守步伐和重心的变化，掌握时机，果断突破。持球突破可以采用以下方法进行训练。练习者面向传球者成一路纵队传球后接球停步进行持球突破，或者设置假设防守目标，做接球后持球突破练习，当掌握了技术动作后可采用一对一的个人攻守练习，进一步提高突破技术的实际应用能力。

六、个人防守技术

个人防守技术是构成全队防守战术的基础，个人防守主要是以防守对手投篮、传球、运球、突破等个人技术。要完成防守任务，防守队员必须掌握防守要点，包括采用正确的姿势，选择有利位置，保持适当的距离，利用快速灵活的移动技术。

1. 防守持球队员：当进攻队员接到球后，防守者应立即调整防守位置，占据对手与球篮之间的有利位置，并视对方距离球篮的远近和技术特点实施针对性的防守，如果对手接球点在投篮范围内，则应采取斜向站位，在距对方一步距离内，前脚同侧手伸向对方持球手上方干扰对方投篮，另一手阻挠对方传球。当对方投篮时要举手封阻，对方突破时迅速沿对手突破方向的侧后方撤步，滑步控制对手前进的速度，堵截其突破路线迫使其停止运球。当持球队员运球结束时，防守队员应立即靠近，积极干扰封阻对手传球，造成其传球失误，如对手攻击能力差或不在投篮范围内，则可视需要选择远离持球者或诱其运球后进行防守。

2. 防守徒手队员：防守不持球的徒手队员主要是通过选择适当位置，防止、控制、减少对手接球或减少对手在有利于进攻位置接球。要达到上述目的，防守队员一般应用近球一侧的脚在前，用斜向侧身防守姿势占据对手与球之间有利位置，距离保持在半步到一步之间、切断对手的接球路线，迫使其无法接球，同时用灵活的滑步技术随着对手移动，控制对手移动接球，切入篮下。当徒手队员离球较远或不在接球后可直接攻击区域内时，防守者可选择既可以协助同伴防守又能将对手置于个人防守控制范围内的有利位置。防守徒手队员时，在完成防住个人对手前提下力求积极协防、补防、抢断，将个人防守与全队配合防守结合起来。

◆个人防守技术的运用及训练方法：

个人防守技术训练与个人进攻技术训练比较起来，显得艰苦枯燥，因此培养队员自觉、积极、顽强的防守作风尤为重要，只有通过严格的防守姿势、滑动步法、低重心的移动等基础动作训练，才能收到良好的训练效果。训练中结合进攻技术练防守是提高个人防守技术主要的练习手段。一般以重点训练防空切、防投篮、防突破、防接球、防运球等个人技术为主。

项目三 篮球运动的基本战术

篮球战术，是比赛中队员合理运用个人技术并通过队员之间协同配合而构成的攻守组织形式。系统的攻守战术是由基础配合组成，常见的二、三人攻守基础配合包括传切、掩护、策应、突分、关门，交换防守等。

一、传切配合

进攻中两三个队员通过传球和切入组成的配合称为传切配合。如图6-3-1为横切配合；图6-3-2为纵切配合。

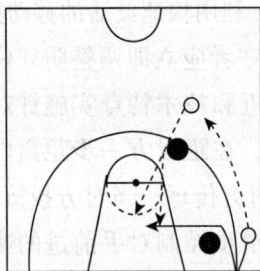 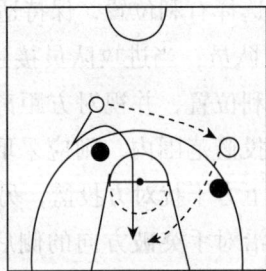

图6-3-1　　　　　　图6-3-2

二、策应配合

策应配合是进攻队员侧向或背向球篮接球，由他做枢纽与外线队员进行传球、接球、空切和投篮配合（图6－3－3）。

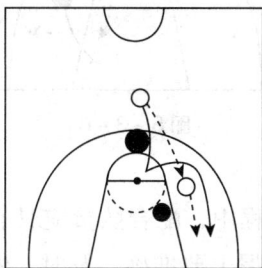

图6－3－3

三、掩护配合

掩护配合是由进攻队员选择适当时机和位置，站在同伴防守者的移动路线上，使同伴借以摆脱防守的一种配合方法。掩护主要分为给持球队员掩护（正掩护）（图6－3－4）和给无球队员掩护（反掩护）（图6－3－5）。

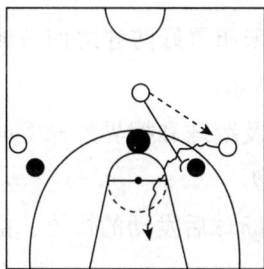
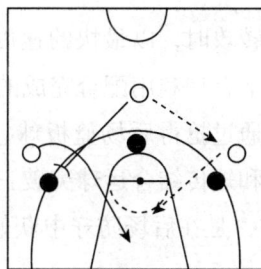

图6－3－4　　　　　　　　图6－3－5

四、突分配合

进攻队员利用持球或运球突破，打乱或吸引防守，传球给插入空挡或摆脱防守的同伴进攻的配合方法叫突分配合（图6－3－6）。

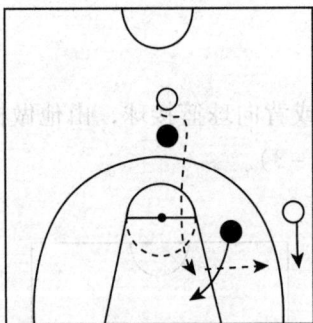

图 6 - 3 - 6

上述进攻基础配合的运用过程中,配合队员应具有默契的配合意识,要求队员在配合位置、时机、节奏等环节掌握上要准确、及时,做到人到球到,并且要有随机应变的能力,根据防守变化及时改变策略,虚实结合,真真假假,切忌坚持固定配合,被一成不变的教条打法束缚。

进攻基础配合训练要注意与防守结合,进攻基础配合训练应与个人进攻技术统一在一起综合训练。广泛运用半场二对二、三对三的攻守对抗等练习方法可以收到较好的训练效果。

五、快攻战术

快攻是由守转攻时,以最快的速度在对方尚未布置好防守之前造成在人数相等或以多打少的情况下合理利用配合完成的一种进攻战术。

快攻,可以通过抢得后场篮板球、抢断得球及跳球和掷界外球等时机发动。通常分为长传、短传和短传结合运球突破三种快攻类型。

1. 长传快攻,是在后场防守中获篮板球或抢断球后发动的快攻,由发动和结束两部分构成。

2. 短传快攻,是在防守中获得球,通过发动、接应、推进、结束几个阶段构成的快攻。

3. 防守中获得球的队员通过运球突破防守,与快下队员进行传球配合形成以多打少的快攻,称为运球突破与短传结合的快攻。

◆快攻的运用及训练方法:

快攻是进攻战术中能有效攻破所有防守战术的最锐利的武器,也最能体现篮球运动快速、灵活、全面、准确的特点。

在快攻的教学训练中,可采用按顺序练习快攻的发动、接应、推进和结束等不同环节的配合。在人员组合、移动路线方面可先采用从固定形式逐渐过渡到随机应变机动形式的练习,最后通过实战提高全队快攻战术的应用能力。

六、人盯人防守战术

人盯人防守战术是一种积极主动富有攻击性的防守战术，在实施这种战术时要求队员在进攻结束转为防守时及时寻找并紧紧盯住自己对手，阻挠进攻者移动、接球、运球、传球和投篮，破坏对方进攻配合，迫使对方发生失误，从而为本队获得运球权创造条件。实现人盯人防守战术必须做到全队思想统一，行动一致，斗志旺盛，队员要具有充沛的体力，全面而熟练的个人防守技术，并且具备较高的防守配合意识和负责精神。人盯人防守战术主要分为半场人盯人防守战术和全场紧逼人盯人防守战术两种。

1. 半场人盯人防守战术：半场人盯人防守战术指的是由攻转守时，队员迅速退至后半场，每个队员防住自己的对手，根据战术要求采取区域大小不同的盯人防守战术，即半场扩大人盯人（进攻一方进入前场即开始紧逼防守）或半场缩小人盯人防守战术，即进攻一方接近三分线附近即开始紧逼。

半场人盯人防守战术运用中必须掌握好以下几个环节：

其一，在由攻转守时，退回后场速度要快，找到各自防守对手要快，全队行动一致，不给对方可乘之机。其二，防守针对性要强，根据双方条件安排分配防守对象，做到身体、技术、位置特点等对抗条件一致，尽量保持势均力敌，防止对方在局部突破防守。其三，在不同防守区域范围内采取不同的防守策略，远球区堵截对手移动传接球路线，并注意抢断球组织反击。在有效攻击区内则要加紧防守不让其投篮、突破并防止对方利用掩护等配合对防守构成威胁。在篮下区域则应紧紧盯住对手占据有利位置，卡断攻击移动路线，不让对手在限制区内接球进攻。其四，在个别同伴防守出现漏洞时，靠近的防守队员要及时补位协防，此时其他队员也应根据变化和事先约定的办法进行换防或协防，使全队防守体系形成稳固的整体。

2. 全场紧逼人盯人防守战术：全场紧逼人盯人防守战术是由寻找对手、选择位置、攻击性防守及全队夹击、换防配合等具体环节构成。前场防守中主要是快速捕捉到防守对象，对持球者紧逼，阻滞延缓其运球和传球，给同伴调整位置防止对手创造条件，一旦形成整体防守则对进攻队发动攻势，给对方造成压力和困难，迫使对方思想紧张、行动受阻造成 5 秒、10 秒、掷界外球违例及传接球失误。

全场紧逼人盯人防守的关键是在前场的紧逼防守，通过对运球者的逼抢、堵截、夹击迫使其停球并封锁其传球路线，创造断球机会。防守中队员应根据人球兼顾原则，充分利用协防、补防、夹击等配合，尽力使对方无法顺利推进到前场。一旦对方进入前场，防守队则应采用半场扩大盯人战术继续完成人盯人防守战术任务。

◆人盯人防守战术的运用及训练方法：

全场紧逼人盯人战术的应用时机要得当，只有在下列条件下运用效果较明显：两队相比，本队速度、灵活性优于对方时；对方体力不足为了加快进攻速度、节奏消耗对方体力时；对方外围控球能力弱，突破能力差，而中远距离投篮较准时；对方缺乏比赛经验，突然采用全场紧逼人盯人，为造成对方进攻节奏混乱使其失误增多时。

人盯人防守战术的训练必须以个人防守训练为前提，在此基础上通过防守基础配合的训练提高防守意识和配合能力。通常以攻守战术同步训练为主，主要训练方法包括：半场或全场的一对一、二对二、三对三攻守对抗练习，或者采用半场或全场的一防二，二防三，三防四等以少防多攻守训练，通过对抗训练提高补防协防能力以及配合意识。训练中亦可以通过设置各种假想情况，有针对性地编制出一些数量固定的防守配合套路进行全场五对五的比赛，锻炼全队盯人配合防守能力。

总之，防守战术的应用要紧密结合进攻战术的变化灵活运用，掌握好对付进攻的各种配合方法，不断总结经验，改进和提高防守配合质量，做到战术训练攻守并举，相得益彰，共同提高。

七、区域联防战术

区域联防是由攻转守时，防守队员迅速退回后场，队员根据分工分别防守一定的区域并严密防守进入该区的进攻队员而形成的集体配合防守战术。区域联防的主要特点是以防守篮下区域为主，协同配合在有球区域以多防少，远离球区域以少防多，通过快速移动对持球队员形成压力，并且有效地扼制内线强攻，在对方投篮不中时能依赖有利防守队形和位置控制后场篮板球。区域联防是一种集体配合要求较强的战术，要坚持防球为主，人球兼顾的原则，如果配合移动、关门、补位不及时则容易造成防守漏洞给进攻者可乘之机。

区域联防的阵形主要分为两大类，一种是单数队员突前的"1—2—2"（图6-3-7）、"3—2"（图6-3-8）防守阵形；另一种是双数防守队员突前的："2—1—2"（图6-3-9）、"2—3"（图6-3-10）联防阵形。单数队员突前防守阵形能有效阻止攻方核心队员组织进攻，有利于两翼防守队员阻止攻方外线及中远距离投篮。其防守主要针对外线投篮准确和内线攻击力较弱的队。双数防守队员突前的区域联防，特点是防守分布较为均衡，以高大队员为中心左右相连、前后呼应、便于互相协调，对于内线攻击力强或内外线攻击力威胁都较强的队能阻止其正面突破和篮下攻击。

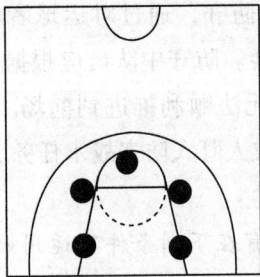

图6-3-7

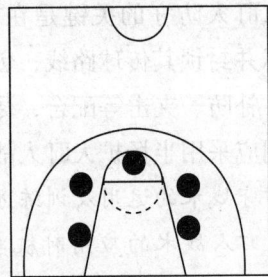

图6-3-8

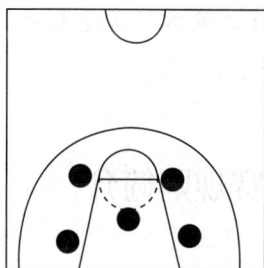
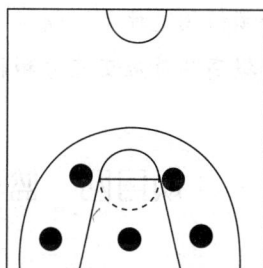

图 6 - 3 - 9 　　　　　　　　　　图 6 - 3 - 10

例如采用2—1—2联防时，前排两名防守队员重点防守外围突破及投篮，位于中间防守的中锋主要监控对方中锋在限制区的活动，后排两名防守队员坚守篮下两侧，利用挡人、卡位方法尽力封锁进攻队员在两侧接球投篮和切入突破篮下攻击。在完成个人防守任务同时保持整体阵形随球移动，有球盯人，无球协防并准备争抢篮板球。

◆区域联防的运用及训练方法：

区域联防是一种固守篮下，依靠集体防守弥补本队个人防守技术差，体力不足，篮下缺少高大防守队员等缺陷，或是对方外围投篮不准时采用的防守战术。采用区域联防战术必须要掌握好几个环节，一是进攻结束时对方获球后退守布阵要快，防止对方用快攻击破联防；二是保持稳固的篮下阵地防守，限制对方在篮下的活动和突破；三是通过合理的移动控制对方中远投篮；四是对方进攻结束时有效控制篮板球。

区域联防战术的训练，应在明确战术指导思想、加强移动步伐灵活性和快速滑步技术训练的基础上，进行局部二对二"保护"和"关门"练习，针对进攻队员来回传球，进行有球上步紧逼防守、无球后撤保护，通过两人"关门"的练习提高防守队员防守和"保护"意识。

当局部防守位置，移动防守"关门""保护"战术配合意识形成后，可进行四对四的补位练习，训练防守队员掌握"有球紧""无球松"，有球一侧以多防少，无球一侧以少防多的防守原则，练习时四名进攻队员在外围传球，防守者根据个人位置和防区，通过滑步随球移动，当持球者移动后其他队员相应改变防守位置，保持整体联防队形，使同伴的"保护""关门"配合能力得到提高。

区域联防战术配合训练，主要通过五对五针对性训练完成，特别是"保护"中锋的训练，除中锋对中锋的防守训练外，同伴间要根据球的转移采取提前防守，收缩围防等方法形成整体力量，处理好防人与防区、防里与防外、防投与防突的关系，真正形成有松有紧、有轻有重、局部以多防少的整体稳固的体系。

进攻区域联防的主要手段是通过快速传递球调动防守，在防守不及时情况下突然投篮，或者通过空切、穿插、打乱防守布局寻隙攻击，或者利用突破分球、掩护、策应等配合方法声东击西达到进攻目的。针对上述攻击方法，要实现区域联防的战术目的，在防守中必须根据进攻实际情况采用灵活有效的策略，通过五对五的全队攻守对抗训练，磨炼和提高队员应变能力和联防整体水平。

项目四　篮球运动竞赛规则简介

一、篮球比赛的概况

1. 篮球比赛由两个队参加，每队上场 5 人，其中 1 人为队长，替补球员有 7 人。

2. 将球投入对方球篮得 2 分；在 3 分区外投入对方球篮得 3 分；罚球中 1 次得 1 分。

3. 比赛由四节组成，每节 10 分钟。在第一节和第二节（第一半时）之间，第三节和第四节（第二半时）之间以及每一决胜期之前有 2 分钟的比赛休息时间；两个半小时的比赛休息时间为 15 分钟，以全场得分多者为胜。如果在第四节比赛时间终了时比分相等，需要一个或多个 5 分钟的决胜期来继续比赛，直至决出胜负。

4. 比赛中每队的换人次数不限。但是，要登记的暂停在第一半时的任何时间每队可准予两次；在第二半时任何时间可准予三次；每一决胜期的任何时间每队可准予一次。

5. 整个比赛过程由裁判员（三人制：包括主裁判员，第一副裁判员和第二副裁判员；二人制：包括主裁判员和副裁判员）、记录台人员（包括记录员、助理记录员、计时员和 24 秒钟计时员）和技术代表管理。

二、篮球比赛的违规现象

篮球比赛中对规则的违反有违例和犯规两大类。

（一）违例

违例是指违反规则。罚则是将球权判给对方在靠近发生违例的地点掷球入界。

1. 带球走：持活球的队员用同一脚向任何方向踏出一次或多次后，其另一脚（称为中枢脚）不得离开与地面的接触点，如果中枢脚离开了这个接触点就构成带球走违例。

2. 非法运球：队员在运球后，用双手同时触及球或允许球在一手或双手中停留时，运球即完毕。运球结束后，除非失去控球权后又重新控制球，否则不得再次运球，如果再次运球，则为非法运球违例。

3. 拳击或脚踢球：比赛中队员不得故意用拳击球或用腿的任何部分去阻挡球，否则将判违例。如果球偶然地接触到腿的任何部分，或腿的任何部分无意碰到球，不算违例。

4. 球回后场：在比赛中，前场控制球的队，不得使球再回到后场，否则为球回后场违例。具体判定球回后场有三个条件：①该队必须控制球；②球进入前场后，在球又回到后场前该队队员（或裁判员）最后触球；③球回后场，该队队员在后场最先触及球。这三个条件必须依次连续发生。

5. 干涉得分和干扰：投篮（罚球）的球在飞行下落并完全在篮圈水平面之上时，双方队员不可触及球。当投篮的球触及篮圈时，双方队员都不得触及球篮或篮板，不得从下方伸手穿过球篮并触及球，不得使篮板和篮圈摇动。如果进攻队员违犯这一规定，中篮无效，将球判给对方在罚球线延长部分的界外掷球入界；如果防守队员违犯这一规定，不论是否投中，均判投篮（罚球）队员得分。

6. 3秒违例：当某队在前场控制活球并且比赛计时钟正在运行时，该队队员在对方的限制区内持续停留的时间不得超过3秒。

7. 5秒违例：进攻球员必须在5秒之内掷出界外球，或在严密防守时，必须在5秒之内传、投或运球；当裁判员将球递给罚球队员时，该队员必须在5秒内出手。

8. 8秒违例：一个球队从后场控制活球开始，必须在8秒内使球进入前场（对方的半场）。

9. 24秒违例：每当一名队员在场上获得并控制活球时，该队必须在24秒内尝试投篮。

（二）犯规

犯规是指对规则的违犯，含有与对方队员的非法身体接触和/或违反体育道德的举止。对违犯者登记犯规并随后按规则予以处罚。

1. 侵人犯规——队员与对方队员的接触犯规。无论球是活球还是死球，队员均不应通过伸展其手、臂、肘、肩、髋、腿、膝或脚来拉、阻挡、推、撞、绊、阻止对方队员行进，不应将其身体弯曲成"反常的"姿势（超出其圆柱体）；也不应该使用任何粗野或猛烈的动作。在所有情况下都要给犯规队员登记一次侵人犯规，如果对未做投篮动作的队员犯规，由非犯规队在靠近犯规点的界外掷球入界直接重新开始比赛。如果犯规队处于全队犯规处罚状态，则应判给未做投篮动作的队员两次罚球，代替掷球入界。若对正在做投篮动作的队员犯规，则按以下方法判罚：如果投篮成功，应计得分并判给1次追加罚球；如投篮未中，则要根据投篮的地点，判给2次或3次罚球。

2. 技术犯规——包含（但不限于）行为性质的队员的非接触犯规。如不顾裁判员警告，没有礼貌地触犯裁判员、技术代表、记录台人员或球队席人员；使用冒犯或煽动观众的语言和举止；戏弄对方队员或在对方队员的眼睛附近摇手妨碍其视觉；在球穿过球篮后，故意触及以延误比赛；阻碍对方迅速执行掷球入界以延误比赛；假摔以伪造一次犯规等。

队员技术犯规，应给其登记一次技术犯规，作为全队犯规之一计数。教练员、替补队员和随队人员的技术犯规，对每一起违犯行为都要登记教练员的一次技术犯规，但不作为全队犯规之一计数。

对技术犯规的处罚，是判给对方两次罚球，以及随后在记录台对面的中线延长部分掷球入界或在中圈跳球开始第一节（如犯规发生在第一节比赛前）。

3. 违反体育道德的犯规——根据裁判的判断，一名队员不是在规则规定的范围内合法地抢球，发生的接触犯规是违反体育道德的犯规，应给犯规队员登记一次违反体育道德的犯规。判给对方罚球，以及随后在登记台对面的中线延长部分掷球入界或在中圈跳球开始第一节（如犯规发生在第一节比赛前）。

罚球的次数按如下规定：对没有做投篮动作队员的犯规应判给两次罚球；对正在做投篮的队员发生的犯规，如中篮，应计得分并加判给 1 次罚球；如未中篮，应判给 2 次或 3 次罚球。

单 元 七

足球运动

项目一　足球运动概述

足球是一项以脚控制球，双方球队队员通过进攻和防守相对抗，以射球进入对方球门多少判定胜负的队制球类运动。足球运动比赛场面壮观，竞争激烈，被人们称为"世界第一运动"。

我国是世界上足球游戏产生最早的国家，古称"蹴鞠"。现代足球运动起源于英国，1863 年 10 月 26 日，英国足球协会在伦敦成立了第一家足球俱乐部，制定了最初的比赛规则。现代女子足球运动于 16 世纪初开始于英国，1894 年，英国成立了女子足球俱乐部。1904 年 5 月 21 日，比利时、法国等国家在巴黎发起成立了国际足球联合会，简称国际足联。1934 年，我国加入了国际足联。

当今，国际上最大规模的足球比赛有两种：一种是由国际足球联合会举办，每四年一次的世界足球锦标赛，这是水平最高、影响最大的世界杯足球比赛；另一种是奥林匹克运动会的足球赛。

项目二　足球运动基本技术

一、踢球

踢球是足球技术中最基本、最重要的技术动作，主要用于传球和射门。踢球方法主要包括脚内侧踢球、脚背内侧踢球、脚背正面踢球、脚背外侧踢球、脚尖踢球和脚跟踢球。以下主要学习三种脚背踢球。

（一）三种脚背踢球的动作要领

1. 脚背正面踢球：踢定位球时，直线助跑，最后一步稍大，支撑脚积极地以脚跟着地，踏在球的侧后方10至15厘米处，膝关节微屈，足尖正对出球方向；摆动腿以膝关节为轴，大腿带动小腿屈膝积极向前摆动，当膝关节摆至接近球的垂直上方时，小腿做爆发式的前摆，使膝关节处在球的正上方时用脚背正面击球的后中部。击球时脚面绷直，踝关节紧张，上体稍前倾，两臂配合协调摆动（图7-2-1）。

图7-2-1　脚背正面踢球

2. 脚背外侧踢球：踢定位球时，正面直线助跑，最后一步稍大，支撑脚积极而迅速地以脚跟着地，踏在球的侧后方10～15厘米处，关节微屈，足尖正对出球方向，摆动腿以髋关节为轴，大腿带动小腿屈膝积极向前摆动；当膝关节摆到接近球的垂直上方时，小腿加速前摆，同时足尖内转，脚面绷直，脚趾扣紧，足尖指向斜下方，用脚背外侧击球的后中部。踢球后，踢球腿随球向前继续摆动，两臂配合踢球动作协调摆动（图7-2-2）。

图7-2-2　脚背外侧踢球

3. 脚背内侧踢球：踢定位球时，斜线助跑，助跑方向与出球方向约成45°，支撑脚外侧积极着地，踏在（以右脚踢球为例，下同）球的右侧方25～30厘米处，膝关节微屈，足尖指向出球方向，身体稍向支撑脚一侧倾斜并转向出球方向，大腿带动小腿积极前摆，当膝关节摆到接近球内侧垂直方向时，小腿加速前摆，同时足尖稍外转，脚面绷直，脚趾扣紧，足尖指向斜下方，以脚背内侧击球的后中部。踢球后，踢球腿随球继续前摆，两臂随踢球动作自然摆动（图7-2-3）。

图7-2-3 脚背内侧踢球

（二）三种脚背踢球的常犯错误与纠正方法

1. 脚背正面踢球。

（1）支撑脚站位位置靠后，造成踢球时身体重心后仰，脚只踢到球的后下部，使踢出的球偏高。纠正方法：用线标出支撑脚的位置反复练习，并结合踢固定实心球体会脚触球部位，要求身体稍前倾，重心跟上。

（2）摆动腿前摆时，小腿前摆过早，造成直腿踢球，出球乏力。纠正方法：强调小腿摆动时机，要求摆动腿的膝关节接近球的垂直上方时，发力加速摆动小腿。

（3）踢球时怕脚尖触地，脚背不敢绷直、发力，造成脚趾触球，触球部位不准确。纠正方法：做跨前一步踢球模仿练习，要求脚背正面绷直，脚趾用力扣紧，足尖垂直向下。

2. 脚背内侧踢球。

（1）助跑方向不对，支撑脚站位位置偏后，造成把球踢高。纠正方法：用线标出助跑方向和支撑脚的位置进行练习。

（2）踢球脚脚尖外转不够，脚触球部位不正确。纠正方法：踢定位实心球练习，强调脚触球的部位。

（3）没有向出球方向主动摆腿，形成向内画弧摆动，折体弯腰。纠正方法：多模仿练习，强调立足后转体，摆动腿向出球方向主动摆动。

3. 脚背外侧踢球。

（1）踢球时膝关节和脚尖内转不够，造成脚触球的部位不正确。纠正方法：反复定位踢实心球练习，体会脚尖内转动作。

（2）身体向左转动，小腿的摆动幅度不够，造成直腿用脚背外侧去推球。纠正方法：定位踢实心球练习，强调主动屈膝摆动，要求脚背外侧准确触球的后中部。

（三）踢球练习方法

1. 踢静止球练习，在教学中练习支撑脚站位、踢球腿摆动和脚触球的部位。

2. 原地轻触球练习，体会脚触球的部位。

3. 助跑踢球练习，主要体会助跑方向，摆腿路线、方法及两腿的配合。

4. 两人相距 5~8 米，互相用各种踢球方法练习。

5. 距球门 10~15 米踢定位球练习，要求踢球力量大，方向准确。

6. 两人一组轻力量对踢定位球或对墙练习，掌握动作后，移动中踢定位球、地滚球、反弹球。

7. 进行定位射、自抛自射、同伴抛射、跑动射等练习。

8. 进行传球和射门结合练习。

9. 左右脚交替踢球练习，熟练掌握踢球技术动作。

二、停球

停球也称接球，是有意识地利用身体合理部位把各种来球停接在自己的控制范围内，以便能更好地衔接传球、运球或射门。在实际运用中，停球效果的好坏直接影响下一个动作能否顺利完成，停接球时，要养成在积极跑动中停接控球的习惯，要养成用身体护球的意识和习惯，要把停球与传球、运球或射门衔接起来，组合成联合动作，连接紧凑，快速合理。

（一）停球动作要领

1. 脚内侧停球：脚内侧停地滚球时，身体正对来球方向。支撑脚脚尖与来球的方向一致，膝微屈，停球腿提起屈膝外转并向前迎，脚尖稍翘起，使脚内侧对准来球。当脚与球接触的刹那开始后撤，以缓冲来球的力量，把球停留在便于衔接下一个动作的控制范围内（图 7-2-4）。

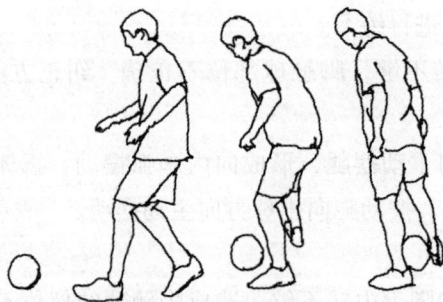

图 7-2-4 脚内侧停球

停反弹球时，脚内侧对准球反弹方向，当球刚弹离地面时，用脚内侧推压球的中上部，将球停留在便于衔接的下一个动作的控制范围内。

2. 脚背外侧停球：停地滚球时，停球脚稍提起，膝关节和脚内转，用脚背外侧对正来球，在支撑腿的前侧方接触球的侧后方（偏支撑脚一侧），脚与球接触的刹那向外侧轻拨，将球停在侧方或侧前方（图 7-2-5）。

图 7 - 2 - 5　脚背外侧停球

　　停反弹球时，面对来球，支撑脚的膝关节微屈，停球脚在支撑脚前方稍提起，脚内翻，使小腿与地面成一定角度，踝关节放松，当球刚反弹离地时，用脚背外侧触球的侧上部，将球停在体侧。

　　3. 脚背正面停空中球：停球前，身体面对来球，支撑腿微屈维持身体平衡，停球腿屈膝抬起，小腿前伸主动迎球，用脚背正面接触球的底部，当脚背触球前的一刹那，小腿下撤以缓冲来球的力量，同时膝关节和踝关节放松，将球停留在体前适当的位置（图 7 - 2 - 6）。

图 7 - 2 - 6　脚背正面停空中球

　　4. 大腿停球：停高球时，判断好来球的落点，面对来球，停球腿大腿抬起，以大腿中部对准球的落点，在大腿与球接触的刹那，肌肉适当放松并迅速撤引，使球落在与下一个动作衔接所需要的位置。

　　停平直球时，面对来球，对准来球的飞行路线，停球腿屈膝前迎，用大腿中部触球，在触球的瞬间后撤，使球落在与下一个动作衔接所需要的位置（图 7 - 2 - 7）。

图 7 - 2 - 7　大腿停球

119

5. 胸部停球：挺胸停球时，身体正对来球，两脚前后开立，两膝微屈，上体后仰，重心落在两脚之间，两臂自然张开，微收腹，当球运行到与胸部接触的刹那间，两脚蹬地，胸部上挺、憋气，使球触胸后向前上方弹起，改变运行方向然后落于体前。收胸停球时，身体正对来球，两脚前后开立，两臂自然张开，重心前移，挺胸迎球，当球运行至胸部接触前的刹那，重心迅速后移，收胸、收腹以缓冲来球力量，将球停于体前（图7-2-8）。

图7-2-8 胸部停球

（二）停球常犯错误与纠正方法

1. 脚内侧停球。

（1）停地滚球时，踝关节过于紧张，后撤的时间掌握不好，使球反弹出去。纠正方法：讲清动作要领并反复做后撤缓冲的模仿练习，强调踝关节放松。

（2）停反弹球时，对球的落点判断不准，使球漏过或停不稳。纠正方法：互抛互停反复练习，强调抬脚不要过高或过低。

2. 脚背外侧停球。

（1）停球脚不内翻，身体不会向前移动。纠正方法：多做停球后向侧或向后的运球练习。

（2）停球脚紧张，停球不稳。纠正方法：多做互抛互停练习，强调小腿放松，脚触球的一刹那轻拨。

（3）对球的反弹方向判断不准，将球漏过。纠正方法：多做互抛互停反弹球练习，根据抛球的不同弧度判断反弹方向。

3. 脚背正面停球。

（1）踝关节过于紧张，不能缓冲来球力量。纠正方法：做抛接实心球的停球练习，强调踝关节放松。

（2）脚触球前下撤过早或过晚，使球反弹出去。纠正方法：自抛自停反复练习，体会和掌握脚触球前一刹那迅速下撤的时机。

4. 胸部停球。

（1）不能根据来球方向选择准确的站位，不能用正确的部位接触球。纠正方法：自抛自停或互抛互停练习，根据来球方向迅速跑动，用正确部位触球。

（2）收胸停球时，收胸和收腹过晚，不能缓冲来球力量。纠正方法：互抛平直球进行反复练习，体会收胸收腹时机。

（3）不收下颌。纠正方法：多做模仿练习，目视来球，收颌含胸。

（三）停球练习方法

1. 原地模仿练习，体会各种停球的动作方法和要领。

2. 主动迎球停球和停球后迅速衔接下一个动作的练习。

3. 两人一球，相距3~5米，一人用手抛地滚球、空中球，另一人迎上去用脚、大腿、胸部做各种停球练习，两人依次反复练习。

4. 两人相距15米，一人用脚内侧、脚背内侧传地滚球或空中球给对方，另一人用各种方法将球停住，两人互相反复练习。

5. 两组相距15米，一组第一人用脚内侧将球传给对方，然后跑回队尾；另一组第一人用脚内侧将球停住后再用脚内侧回传，两组依次轮流练习。

三、运球

运球是用脚连续控制球的技术。常用的运球技术有脚内侧、脚背正面、脚背外侧、脚背内侧运球。以下主要学习脚内侧运球和脚背外侧运球。

（一）脚内侧和脚背外侧运球动作要领

1. 脚内侧运球：支撑脚向前跨，踏在球的侧前方，膝关节稍弯曲，上体前倾向里转。随着身体向前移动，运球脚提起，在落地之前，用脚内侧推球的后中部。在改变方向运球时，经常是用两只脚交替拨球（图7-2-9）。

图7-2-9 脚内侧运球

2. 脚背外侧运球：支撑脚保持在球的侧后方，运球脚抬起时，脚跟抬起，足尖稍内转，在迈步前伸落地前，用脚背外侧推拨球。向前跑动时身体自然放松，上体稍前倾，两臂自然摆动。

图 7－2－10　脚背外侧运球

（二）脚内侧和脚背外侧运球常犯错误与纠正方法

1. 脚内侧运球。

（1）运球时不是推拨球而是击球，使球失去控制。纠正方法：反复体会推拨球的动作要领，掌握好用力的大小。

（2）低头运球，不能随时观察场上情况，以致不能及时完成传球或射门。纠正方法：用教与学方法反复练习，培养学生运球时抬头观察的习惯。

2. 脚背外侧运球。

（1）运球时动作紧张，不是推拨而是踢球。纠正方法：由走到慢跑中运球，体会推拨球的动作。

（2）脚尖不内转，脚触球的部位不准确。纠正方法：反复运实心球体会动作，改进技术。

（3）身体重心过高或臀部后坐。纠正方法：多做模仿练习，强调重心下降，上体稍前倾。

（三）运球练习方法

1. 慢跑运球练习。在慢跑中用单脚或双脚交替运球，体会推拨球的动作。

2. 逐渐加快运球速度练习。学生自由组成两队，面对面站在篮球场端线处，第一人运球至对面端线，将球交给对面第一人，依次进行直线运球练习。

3. 学生成一路纵队，第一人运球绕过标杆后往回运，将球交给第二人后，排到队尾，依次进行练习。

4. 直线和曲线运球练习。

5. 一脚连续运球，再两脚交替运球练习。

6. 沿圆圈和"∞字"运球练习。

7. 两人一球，一人用脚内侧运球，侧身掩护运球或变向运球，另一人消极堵截。

8. 一组在圈内运球，另一组在圈内站立或走动，要求运球人尽量躲闪开走动的人，练习运球中的躲闪能力。

四、头顶球

头顶球是指运动员有目的地用前额将球击向预定的目标的动作。

（一）头顶球动作要领

1. 原地向前顶球时，两脚用力蹬地，两腿用力伸直，上体由后向前快速摆动，借助腰腹及颈部力量，用前额将球顶出（图 7 - 2 - 11）。

图 7 - 2 - 11　原地向前顶球

2. 原地向侧顶球时，顶球前，顶球方向的同侧腿向前跨一步，两膝微屈，身体重心放在后腿上，上体和头稍向异侧倾斜并转体约45°，两眼注视来球，两臂自然张开。顶球时后腿蹬地，上体和头向出球方向迅速扭转，屈体甩头，在与出球方向同侧肩的前上方，用额骨侧面将球顶出（图 7 - 2 - 12）。

图 7 - 2 - 12　原地向侧顶球

3. 跳起向前顶球时，当跳到最高点并在来球接近身体垂直线时，收腹、摆头，用前额将球顶出（图7-2-13）。

图7-2-13　跳起向前顶球

4. 跳起向侧顶球时，起跳动作与前额正面跳起顶球的动作相同。在跳起上升的过程中，上体侧屈，侧对来球，在跳到最高点顶球时，急速转体甩头，用额骨侧面将球顶出。顶球后，两膝微屈缓冲落地（图7-2-14）。

图7-2-14　跳起向侧顶球

（二）头顶球常犯错误与纠正方法

1. 原地顶球。

（1）上体不后仰，只用头侧摆动，顶球无力。纠正方法：将球悬吊在身后适当的高度，用头部触球做顶球模仿练习。要求上体后仰，挺胸展腹，收腹转体，反复练习。

（2）顶球过早或过晚。纠正方法：先做原地顶悬吊球练习，然后做一抛一顶练习，反复体会顶球用力时机。

（3）顶球时闭眼，缩脖，不敢主动迎球。纠正方法：反复练习顶悬吊球，要求颈部自然放松，眼随球走。

2. 跳起顶球。

（1）顶球点选择不准，顶不到球或只用头蹭到球。纠正方法：先做助跑顶悬吊球，然后做助跑顶高抛球练习，或者做助跑顶树叶练习，反复体会顶球时机，要求对球的运行路线判断准确。

（2）蹬地摆体与甩头动作配合不协调。纠正方法：原地顶低悬吊球练习，待动作熟练后做顶高吊球练习，或者一抛一顶练习，体会蹬地摆体与甩头动作的协调配合。

（三）头顶球练习方法

1. 原地顶吊球，也可进行自抛自顶练习。主要体会摆体、甩头的用力动作。

2. 2 人一组，相距 2~4 米，互抛互顶。主要体会顶球的时机、头部触球的正确部位，应强调借助腿蹬地发力和顶球后的身体随前等动作的要领。

3. 三人一组，站成三角形。一人抛，一人顶，一人接，反复练习。

4. 8~10 人一组，围成半径 5~6 米的圆圈。中间人持球按顺时针或逆时针方向向圆圈上的人抛球，规定顶球人用前额侧面将球顶传给其他人，轮流反复进行。

5. 学生站在罚球区的一侧，跑动中顶教师从另一侧抛来的球并射门。

五、抢截球

抢截球是指运动员在规则允许的范围内，使用身体的合理部位将对手的控球权夺过来或破坏掉。

（一）抢截球动作要领

1. 正面抢球：是对对手从正面运球而来时所采用的方法，两脚前后开立，膝微屈，身体重心下降并落在两脚间，面向对手；当球即将着地或刚着地时，支撑脚立即用力蹬地，抢球脚以脚内侧对正球并屈膝向球跨出，挡住球的正面；支撑脚立即前跨，上体前倾保持身体平衡，把球控制住（图 7-2-15）。

图 7-2-15　正面抢球

2. 侧面抢球：在对手快速运球推进时，防守队员与之平行跑动或从其背后追上成平行跑时所采用的抢球方法。当形成与对手并肩跑动时，身体重心稍下降，同对方接触的臂要紧贴身体，当对方靠近自己一侧的脚离地时，用肘关节以上部位，冲撞对方相应部位，使对方向外侧倒斜而暂时失去身体平衡并离开了球，乘机将球抢过来（图7－2－16）。

图7－2－16 侧面抢球

（二）抢截球练习方法

1. 两人一球，利用静止球做抢截球动作练习。

2. 两人一球，慢速的运球中用脚内侧进行抢球练习。

3. 两人一球相对站立，相距2～3米将球放在中间，听信号后，两人同时上前伸脚拼抢。

4. 两人一球，相距2～3米，一人向前运球，另一人上去做跨步抢球。

5. 将学生分成两组，分别站在禁区圆弧的两侧，教师站在圆弧顶向球门方向踢各种球，两组第一人快速起动追抢，抢到球者做控球运球等，没抢到球的人设法将球从另外一个人脚下抢下来，直至完成射门结束。

6. 二对二，三对三，五对五的盯人抢截比赛，每次都记录抢截成功的次数。

7. "耍猴"游戏。6名学生站在中圈线上，利用各种踢球方法将球交给另一人，圈内两名学生去抢球，被抢到球的和抢到球的学生互换位置，继续进行抢球。

（三）抢截球常犯错误与纠正方法

抢球失败：主要是抢球时机掌握不准，其次是选位和方法不当。纠正方法：时机不准要从理论上讲清楚，弄明白要求在练习时加强对球的判断，即球没动或对方已将球拨出时，不要伸腿。选位不当可与运球人一起进行运球摆脱和站位阻截的练习，以提高选位意识。方法不当的可多做抢球的模仿练习。总之，在纠正错误动作时要简化条件，由慢到快，反复体会同时强调与运球的人密切配合。

六、组合技术练习

足球基本技术是指踢、停、运、顶、抢、截等几项单个技术动作。而实际运用中经常是使用由几个单个技术动作所组成的复合技术动作，如接、运、射等动作连接练习。组合技术练习是串联基本技术和教学比赛的纽带，是完成战术的保证。

1. 传、接球的组合练习：3 人一组站成三角形，每人之间相距 8 ~ 10 米，用不同脚法做传接球练习，开始时可按顺（或逆）时针方向传球，待熟练后可变为跑动中或增加传球距离，结合接球部位进行练习。传球要准确、及时，接球、传球要衔接紧密。

2. 传、射的组合练习：2 人一组相距 6 ~ 8 米从中圈开始做前进与后退一脚传球练习。当传到罚球区附近时，前进者向后退者两侧传地滚球或过顶高空球，后退者转身冲上停控球、射门。拾球后回到中圈二人交换，继续练习。

3. 传、接、射门的组合练习：在球门一侧供球者用脚背内侧传过顶球至禁区附近，练习者迎上接球后，随即做"二过一"射门。要求各环节衔接紧密，不断改换方向和调整射门角度。

4. 传、接、运、射的组合练习：若干人成一路纵队，从距球门 20 米处做运球射门练习，或做传、接、运、射的组合练习。开始时在球场中间，后逐渐向两侧推移，不断改变射门角度。

5. 传、接、运、过、射的组合练习：传球人用脚背内侧传球给站在中圈前面的接球人，接球人接球后用脚内侧传地滚球，或用脚背传空中球给作墙者，作墙者直接回传，传球者停控拨球越过作墙者后射门。另一组练习方法同样，做一定时间各组相互轮换。

6. 争抢、运球、射门的组合练习：人数相等的两组，分别站在中圈的两侧，传球人站在中圈内。当传球人向球门方向直传地滚球或手抛高球时，各组第一名立即起动追抢，抢到球者快速运球射门，没有抢到球者还可以设法抢球，直到射门完成为止。

项目三　足球运动基本战术

一、比赛阵型

比赛阵型是攻守力量分配的形式。为了适应攻守战术的需要，全队队员在场上的位置排列和职责分工称为比赛阵型。阵型的人数排列原则是从后卫数向前锋的，守门员不计算。

根据队员的职责和排列的层次分为后卫线、前卫线和前锋线。目前，世界上普遍采用的阵型有"4 - 4 - 2""4 - 3 - 3""4 - 1 - 2 - 3""3 - 5 - 2"等。其中"4 - 4 - 2"为防守反击阵型，"4 - 3 - 3""4 - 1 - 2 - 3""3 - 5 - 2"为进攻阵型。

二、基本战术

足球战术分为进攻战术和防守战术两大系统。各系统又都包含个人战术、局部战术、整体战术和定位球战术。以下主要将有关基本战术的内容作说明。

（一）个人战术

个人战术是指队员为完成全队战术配合及取得比赛的胜利而采取的个人行动和方法。

1. 个人进攻战术。个人进攻战术包括跑位、传球、射门和运球突破。

（1）跑位。比赛中无球队员不断地进行有目的的跑位，对完成全队的战术配合，起着极其重要的作用，跑位也就是为完成全队的战术配合服务的。

（2）传球。传球在比赛中运用得最多，传球和跑位是构成集体进攻战术配合的基本条件。传球是组织进攻、变换战术和创造射门机会的有效手段，传球要准确、及时。传球的目标有两个：一个是向同伴脚下传球，一个是向空档传球。

（3）运球突破。运球突破是个人进攻战术动作，它可以在局部地区造成以多打少的人数优势，运球突破最后一道防线即可直接威胁对方球门，也为本队其他队员制造射门得分机会。

要想突破对手的防守，需要掌握全面技术，特别是快速起动和运球过人的技术。运球过人突破防守的方法有强行突破、假动作过人突破、人球分走、穿裆过人等。运球突破是学生非常喜欢练习的战术动作。运球突破可以多练，但要使学生明确传球比运球快得多。

2. 个人防守战术。个人防守战术包括选位与盯人。

（1）选位。选位应是根据比赛实际，不断调整防守位置，但应始终站在对手与本方球门中心所构成的直线上。在场地的任何位置防守，都要根据要里不要外、要中不要边、要后不要前的原则选位，同时要做到人球兼顾，切不可只顾球不盯人，或者只盯人不顾球。

（2）盯人。盯人应根据比赛实际灵活运用，有球的一侧要采用紧逼盯人，无球的一侧松动盯人。松动盯人的队员要注意人球兼顾，既要注意对手的活动意图，又要注意保护门前危险地区。

（二）局部战术

以"二过一"战术为例：比赛中在任何地区、任何位置都可以运用"二过一"摆脱抢截或突破防守，它是通过队员传切配合，在局部地区以多打少的基础战术配合。常用的"二过一"战术有：斜传直插二过一、直传斜插二过一、回传反切二过一、踢墙二过一等形式。

（三）整体战术

1. 整体进攻战术。整体进攻战术的方法主要有：快速反击、边路进攻、中路进攻等。下面详细介绍边路进攻和中路进攻：

（1）边路进攻。由守转攻时，获球队员可将球传给边路上的队员，从边路发起进攻，经过局部配合突破后，一般采用下底传中方法，将球传到中央，由其他队员包抄射门。

（2）中路进攻。两边锋向边线拉开牵制对方两个后卫，诱使对方中间区域腾出较大的空隙，为中路进攻创造有利条件，中路球员突破防线，正对着球门，射门角度较大，能直接威胁球门。

2. 整体防守战术。整体防守是指采用人盯人与区域防守相结合的整体防守方法。

整体防守时一是对控球队员与周围的进攻队员采取盯人防守，距球远的防守队员采取区域防守。二是进攻队员距离球门越近越紧逼盯人，特别是对罚球区附近和插上与切入的队员要紧逼盯人。反之，在对方半场可采用区域防守。三是对特别有威胁的进攻队员要由专人盯防。四是由一名中后卫拖在后卫线的后面进行区域防守。

（四）定位球战术

定位球战术指包括任意球、角球、掷界外球、球门球和中场开球等死球状态下的攻守战术运用。任意球和角球时常左右比赛与胜负。

1. 任意球战术。

（1）任意球进攻战术：比赛中常用的任意球进攻方式有三种：一是直接任意球射门；二是两人配合射门；三是三人或三人以上配合射门。

任意球进攻方式的选择，主要取决于队员特点和场上的具体形势。一是任意球机会在高水平比赛中甚为难得，组织进攻必须考虑周密，力争成功。二是任意球进攻时，每名队员只要有可能直接射门就应直接射门。三是任意球进攻过程应尽可能快速，每名队员都应尽量排除不必要的传、带球。四是发任意球前，场上每名队员应根据位还赛前布置及时到位。五是前场任意球完成后，每名队员必须迅速归位。

（2）任意球防守战术。当对方在中后场发任意球时，防守队员需要很好地组织和站位。如果在前场发任意球，则必须要排人墙。排墙队员的人数取决于球所处的位置，每名队员也可根据攻守双方队员特点和防力及场上具体情况做适宜的增减。人墙的第一名队员为能精确地站位，应与守门员保持联系。每一排人墙队员必须贴紧站立，以防球从人缝中穿过球门。球门近角由"墙"封堵，守门员站在球门远角并保证能观察到踢球队员及其附近队员的活动。

2. 角球战术。

（1）角球进攻战术：角球如同任意球一样，也是易于破门得分的锐利武器之一。在组织角球进攻中，站位的基本原则是，队员分布禁区内和附近区域，力争获得更多的进攻点。

站位主要有两种形式，一是以球门区近角、罚球点和罚球区远角的三点所构成，形成进攻的宽、深度。二是略居第一条线之后，以便获得同伴回踢球和对方顶出的短距离球。

角球进攻的方式通常有四种，一是内弧线球至近球门柱或远球门柱，二是外弧线球至近球门柱或远球门柱，三是低平球或高吊球至近球门柱或远球门柱，四是短传配合。

当防守者具有强于本队的空中争夺能力或队员集中于门前时，最好避免直接长传至门前。如果没有直接顶或射门的机会，触球者应通过头或脚把球传给位置较佳的同伴。当对方从角球进攻中抢了球时，每一队员要及时回搬到位，以防对手快速反击。

（2）角球防守战术：在角球防守的成败因素中，站位和盯人是重要的环节之一。对角球站位和盯人一般应注意以下方面：一是守门员站在靠近远端门柱附近。这种选位主要是便于观察场上情况和出击。二是一名防守队员站在近端门柱。他可以封住前角。防止进攻者发内旋球射门和限制近角附近进攻队员的战术行动。三是发角球同侧的一名边锋防守队员，应站在发角球队员的前面。他可以阻止或至少干扰对手发快速的低平球、迫使对方发高球。而高球对守方队员，包括守门员是极为有利的。四是空中争顶能力强的防守队员盯住头球好的进攻队员。五是一个运球技术好的队员站在中线边上，他的主要任务是在本方抢下球后作为"目标人"接球，趁对方防守没有组织好之前，发动快速进攻。六是其余队员根据本队战术思想和未被盯进攻者的站位情况，分别选位和盯人。

掌握好正确的站位和盯人的原则是有效防守的基础，但为了保证好的站位和盯人发挥出实际效果，角球防守时还应注意以下几点：一是每一盯人者与被盯者的距离应保持适当。一般说来，他应尽可能站在既能观察到对手和球，同时又能抢先于对手之前接触球的位置。二是当对方发球时，每一位防守者切勿把目光集中于球上而忽略了被盯者的行动。三是由于角球攻守中，门前攻守队员较多，防守者在触球时应尽量干净利索地处理球，较少或不带球，以免因控制球失误而给球门造成危险。四是在门前争夺中，防守者既需勇猛，但又要小心，以防犯规而造成悔恨不及的罚点球。五是在抢下球后，拿球者应尽快发动进攻，其余队员应迅速跟上。

项目四　足球运动竞赛规则简介

主要认识足球运动的基本竞赛规则，包括赛制、运动员和裁判员、任意球、罚球点球、红黄牌、伤停补时、越位、暂停比赛、进球等。

一、赛制

足球比赛全场时间为 90 分钟，分为上、下两个半场，每半场 45 分钟，中场休息时间 15 分钟。加时赛与 90 分钟比赛间隔 5 分钟，中场不休息。足球比赛小组赛一般为分组循环赛，积分为胜一场积 3 分，平 1 场积 1 分，负一场积 0 分，最终以积分多少决定小组名次。

二、运动员和裁判员

每队上场队员为 11 名，其中 1 名为守门员，每场比赛最多可以替换 3 名队员。

每一场足球比赛中均有 1 名主裁判、2 名助理裁判和 2 名底线裁判组成的裁判组负责比赛的判罚。裁判员的职责：执行竞赛规则，与其他裁判员一起控制比赛，有最终判决权。其他裁判员的职责：示意越位及球出界，协助裁判员的场上判罚，没有最终判决权。

三、任意球

任意球是一种在足球比赛中发生犯规后重新开始比赛的方法。分为直接任意球和间接任意球。根据国际足联最新规则，裁判判罚任意球后会使用一种泡沫喷剂划定球的摆放位置，以及人墙的站位，发任意球时需要用手触球，然后再经裁判哨响后踢球。任意球时所有对方队员距球至少 9.15 米（10 码）。

（一）直接任意球

踢球队员可将球直接射入犯规队球门得分。禁区内的直接任意球为点球。

队员有下列 9 种犯规行为中的任何一种，裁判员将判给对方踢直接任意球：

1. 踢或企图踢对方队员；
2. 绊或企图绊对方队员；
3. 打或企图打对方队员；
4. 猛烈冲撞对方队员；
5. 背后冲撞对方队员；
6. 推开对方队员；
7. 拉扯对方队员；
8. 向对方队员吐唾沫；
9. 故意手球。

（二）间接任意球

踢球队员不得直接射门得分，球在进入球门前必须被其他队员踢或触及后进入球门才算胜一球。

队员有下列 9 种犯规行为中的任何一种，裁判员将判给对方踢间接任意球：

1. 守门员违反"4 步"规定；

2. 守门员手接己方队员脚踢回传球；

3. 守门员发球后未触其他队员再次用手触球；

4. 守门员手接己方界外球；

5. 冲撞守门员；

6. 危险动作；

7. 阻挡球员、守门员发球；

8. 越位；

9. 任何非直接任意球的犯规。

四、罚球点球

比赛进行中一队在本方罚球区内由于违反了可判为直接任意球的 9 种犯规之一，被裁判判罚直接任意球，由对方球员执行罚球点球。罚球点球可以直接进球得分。

点球主罚者在助跑完成后突然停下以图欺骗守门员行为是"违犯体育道德的行为"，将被判重新罚球并出示黄牌。

90 分常规比赛和 30 分钟加时赛都结束后若仍未分出胜负，则通过一轮互射点球的方式决出胜负的赛制叫"点球大战"。

五、红黄牌

红黄牌是足球比赛的裁判指定装备。由英格兰裁判雅士顿（前国际足协球证委员会主席）创立。

足球比赛中，当一名球员严重犯规，裁判会举起红牌命令球员离场，并将球员的犯规详情记录在随身的小记事簿内。被罚球员将不能继续进行比赛，同时根据犯规情节的严重程度被禁赛一场以上。球队也不能使用替补球员补上，需在缺人下继续比赛。

足球比赛中，当一名球员在比赛中犯规，裁判会对犯规球员出示黄牌作出警告，并将球员的犯规详情记录在随身的小记事簿内。被黄牌警告的球员仍可继续比赛，但当接受第二次警告时便会被逐离场，按程序裁判会先出示第二面黄牌，再出示红牌，被罚球员将不能继续比赛，球队也不能用替补球员补上，球队需在缺人下继续比赛。

裁判员使用红黄牌是严格遵守规则和比赛纪律，制止非体育道德行为、严重犯规和暴力行为，引导比赛正常进行的一种教育手段。它有利于运动员在技战术水平、体育道德等方面有所进步；有利于鼓励进攻，鼓励进球，使比赛更精彩；有利于裁判员控制比赛的秩序，促使比赛顺利进行。

六、伤停补时

主裁判可以根据比赛的实际情况适当增加一些比赛的时间，从而达到正常比赛质量的要求，这个时间由主裁判根据整场比赛的具体情况自己决定，补时一般 1~5 分钟，在半场比赛快结束的前几分钟，主裁判会将补时的时间告诉场下的第四裁判员，第四裁判员在比赛的第 44~45 分钟的时间用显示牌将补时的时间告诉观众、教练和球员。

七、越位

在比赛过程中，对进攻方向接球运动员允许的站位有严格的限制。在守方半场，攻方持球人在传球的瞬间，攻方接球者前面少于两名防守球员（含守门员），则越位。角球、界外球和球门球时球员没有越位规则的约束。

根据国际足联规则，无论情况多复杂，越位与否最直接的判断法：

1. 处于对方半场；

2. 己方出球一瞬间，疑似越位球员比倒数第二名防守球员（包括门将）距离球门更近；

3. 己方出球一瞬间，疑似越位球员比球距离球门更近。

同时满足以上三个条件，就是越位。

八、暂停比赛

足球比赛一般场上不能暂停，只有在极特殊的情况下，如队员受伤或发生意外纠纷才鸣哨暂停。恢复比赛时在比赛停止时球所在的地点坠球，重新开始比赛。现在足球比赛道德水准普遍很高，通常一方如看到场上有受伤队员，都会将球踢出界。恢复比赛时，对方也会将球踢回。

九、进球

足球比赛中，当球的整体从球门柱间及横梁下整体越过球门线，而此前未违反竞赛规则，即为进球得分。

单 元 八

排球运动

项目一 排球运动概述

一、排球运动的起源

排球运动于 19 世纪末始于美国。1895 年,美国马萨诸塞州霍利奥克市基督教男子青年会体育干事威廉·摩根认为当时流行的篮球运动过于激烈,于是创造了一种比较温和的、老少皆宜的室内游戏。1896 年,美国普林菲尔德市立学校的艾特哈尔斯戴特博士把摩根创造的游戏起名为"volleyball",并沿用至今。1896 年在斯普林费尔德体育专科学校举行了世界上最早的排球比赛。1897 年,摩根制订了排球比赛规则,它有力地推动了排球运动的发展。排球运动约在 1900 年传到印度,1905 年传入中国,1906 年一名美国军官约克把排球带到了古巴,1908 年传到日本,1910 年传入菲律宾。亚洲最早的排球比赛是在 1913 年在菲律宾马尼拉举行的。1947 年,排球运动世界性组织——国际排球联合会成立。1964 年排球被列为奥运会正式比赛项目。1912 年排球场的规格发生改变,改为 35 英尺宽,60 英尺长。排球的尺寸和重量统一:周长 26 英寸,重量在 7 盎司至 9 盎司之间。另外还有两项重要的改革:球员的人数被确定为每队 6 人,发球轮转制同时开始实行。1994 年 9 月国际排联对排球规则进行修改。新规则规定运动员可以在底线后任何位置发球;防守队员身体的任何部位接触来球都不算犯规;取消接发球持球的规定等。1998 年,国际排联决定增设自由人的位置,并改用蓝、黄、白三色排球进行比赛。

二、我国排球运动的发展

排球运动 1905 年传入我国时,仅在广东等地开展。1914 年第二届全国运动会上,排球正式被列为比赛项目。其后,经历了 16 人制、12 人制、9 人制和 6 人制的演变过程。

中华人民共和国成立后,我国排球运动有了较快的发展,形成了一套以快球为中心的快攻掩护战术，此后男排在"盖帽"拦网技术的基础上，创造了"平拉开"扣球新技术，发展了我国排球快攻打法的特点。20 世纪 70 年代中期，我国首创了"时间差"打法。男排创造的前飞、背飞、拉三、拉四等技术，丰富了快中有变的自我掩护打法，在世界比赛中取得了良好的效果。1979 年，中国男、女排取得亚洲冠军的光荣称号，实现了冲出亚洲的愿望。1981～1986 年，中国女排五次连获世界冠军，在国际排坛上创下了辉煌的纪录。

三、排球运动的功能和价值

排球运动之所以在全球范围内得到如此广泛开展和普及，是因为它具有独特的健身价值和社会价值。

（一）多样性和群众性

排球场地设备简单，规则容易掌握。既可以在球场上比赛，也可以在空地、草地、沙滩上进行，运动量可大可小，适合不同年龄、不同性别、不同体质、不同训练程度的人。沙滩排球、软式排球、气排球的出现，更加丰富了排球的内容。

（二）健身和健心功能

排球运动锻炼了人的走、跑、跳、投等多种基本活动能力，又发展了人体的力量、速度、耐力、灵敏等各种运动素质。一场激烈的比赛使人全身心的投入，从而忘却心理上的紧张与烦恼，使心情变得愉快，精神压力得到缓解，进而使自己拥有最佳的心态，更具活力。

（三）激烈的对抗和严密的集体性

高水平比赛中，对抗的焦点在网上的扣、拦上。在同一场比赛中，夺取一分往往需要进行六七个回合的交锋。没有严密的集体配合，再好的个人技术也难以发挥，更无法发挥战术的作用。

（四）娱乐性和休闲型

排球运动不拘泥于形式，可支网相斗，也可围圈嬉戏，只要有一块空地就可以尽情地享受击技的乐趣。排球比赛隔网进行，没有身体接触，安全儒雅，是人们理想的休闲娱乐体育项目。

四、排球的重大赛事

目前排球世界性的比赛有奥运会比赛、世界锦标赛、世界杯赛。

能直接参加奥运会排球赛比赛的是：东道国队、上届奥运会冠军队、上届世界锦标赛冠军队和世界杯男子冠军队，其他队是按五大洲分区进行预选赛中获冠军的队。

世界排球锦标赛：每 4 年举行 1 次。规定男、女各 24 个队参加比赛。上届比赛的前 12 名为种子队，世界青年排球锦标赛参加者的年龄限制在 20 岁以下。中国青年男、女排曾在 1977 年的第 1 届比赛中双获亚军。第 2 届比赛于 1981 年 9、10 月分别在美国（男排）和墨西哥（女排）举行。男女各有 16 个队参加，即：主办国、上届冠军、欧洲 3 个队，中北美及加勒比地区 3 个队，南美洲 3 个队，亚洲 3 个队，非洲 2 个队。其中东道国为第 1 种子，其他种子按名次顺序排列；非种子队按报名进行抽签编组。

世界杯排球赛：每 4 年举行 1 次，列在世界排球锦标赛的前 1 年举行。1981 年 11 月在日本进行男子第 4 届和女子第 3 届的决赛，规定男、女各 8 个队参加。东道国、上届"世界杯"冠军、上届世界锦标赛冠军是当然参加比赛的队。其他则分为亚洲区（包括大洋洲）、欧洲区、中北美及加勒比区、南美洲区、非洲区进行预选赛，获分区冠军的队才能参加决赛。日本男、女排是东道国队，而上届女子"世界杯"冠军是日本女队，这个名额就由第 2 名的古巴队顶替。古巴女队又是上届女子世界锦标赛的冠军，也是当然参加比赛的队，这个名额就由上届"世界杯"第 3 名的韩国女队顶替。国际排联规定自 1981 年后，"世界杯"赛的男子冠军将直接参加奥运会。

项目二　排球运动基本技术

排球技术是在比赛规则允许条件下，所采用的各种合理击球动作和配合动作的总称。它主要包括准备姿势和移动、发球、垫球、传球、扣球、拦网等技术动作。

一、准备姿势和移动

准备姿势是指做起动、移动和击球前动作时，队员所做的合理的准备动作；移动是队员从起动到制动之间的人体位移。在排球比赛中，合理的准备姿势，可以迅速起动，为完成击球动作做好准备。移动快能及时接近球、调整人与球的位置关系，便于击球。

准备姿势和移动的动作方法：

准备姿势按其重心的高低可分为半蹲、稍蹲、低蹲三种准备姿势。

半蹲准备姿势：两脚左右开立稍比肩宽，一脚在前，两脚尖稍内收，两膝弯曲成半蹲。脚跟稍提起，身体重心稍前倾，两臂放松，自然弯曲，双手置于腹前。身体适当放松，两眼注视来球，两脚始终保持微动（图 8-2-1）。

图 8 - 2 - 1　侧面抢球

稍蹲、低蹲准备姿势：稍蹲准备姿势比半蹲准备姿势的身体重心向前，膝曲程度小些。低蹲准备姿势两脚左右、前后开立的距离比半蹲准备姿势更宽一些，膝曲程度更大些，身体重心更低、更靠前。

排球比赛中的移动：移动步法多是短距离的两三步的移动。其主要有并步与滑步、跨步与跨跳步、交叉步、跑步、综合步法等。

并步：主要用于传、垫球和拦网技术。其可向前、后、左、右各方向移动。如向前移动，则后脚蹬地，前脚向来球方向跨一步，后脚迅速并上，做好击球前的准备姿势。

跨步：当来球较低，离身体 2 米左右时，可采用跨步。其可以向前、向斜前、向体侧跨出。如向前移动，则后脚用力蹬地，前脚向前跨出一大步，膝部弯曲，上体前倾，身体重心移至前腿上（图 8 - 2 - 2、图 8 - 2 - 3）。

图 8 - 2 - 2

图 8 - 2 - 3

交叉步：当来球距体侧 3 米左右时，可采用交叉步，其主要用于二传、拦网和防守。如采用向右侧交叉步时，上体稍向右移，左脚从右脚前面向右交叉迈出一步；然后右脚再向右跨出一大步，同时，身体转向来球方向，保持击球前姿势（图 8 - 2 - 4、图 8 - 2 - 5）。

图 8-2-4 图 8-2-5

准备姿势与移动的训练方法：通过视觉信号进行准备姿势和移动的练习，听觉信号的3米、6米，各种步伐短距离的移动练习，结合各种抛接球的练习等，掌握准备姿势和移动技术。

二、传球

传球是队员利用手指、手腕的弹击力量将球传至一定目标的击球动作称为传球。在排球比赛中，传球多用于二传，二传好可以组成各种进攻和反攻，避免被动挨打。

传球的动作方法：传球技术主要有正面传球、背传、侧传、跳传、单手传和二传球等，其中正面传球运用最为广泛。

正面传球：是指面对传球方向称为正面传球。它是最基本的传球方法。

传球前，看清来球，身体迅速移动到传球的位置上，两前臂自然抬起，两手放在脸前，做好准备姿势。当来球接近额前一球距离时，用两手微张，呈半球状，手腕稍后仰，两手构成一个三角形或桃形去迎球。利用蹬地、伸膝、伸臂的全身协调动作，最后通过手指、手腕的弹力将球传出（图8-2-6、图8-2-7、图8-2-8）。

图 8-2-6 图 8-2-7 图 8-2-8

背传：是指背对传球方向的传球，它是二传手必须掌握的传球技术之一。

传球前，背对传出球方向，上体要保持正直或稍后仰，两手自然放在脸前，触球时，手腕后仰，掌心向上，击球的下部。传球时，击球点保持在额前上方，在下肢蹬地的同时，上体向后上方伸展，利用向后上方蹬地、伸膝展腹、抬臂、伸肘的动作，通过手指、手腕的后仰的弹力，托球的底部将球传出（图8-2-9、图8-2-10、图8-2-11）。

图8-2-9　　　　　　图8-2-10　　　　　图8-2-11

跳传：是跳起后在空中的传球，它是二传手处理近网高球的重要技术。

其动作与正面传球大致相同，跳起后，身体上升到最高点时，靠迅速伸臂的动作，并强调主动屈指屈腕的动作将球传出，但跳传选择好起跳点和掌握起跳时间是关键。

传球训练方法：初学传球时，通过自抛自传、连续自传、传抛来的球、连续对墙传球等练习建立正确的传球手形，通过传抛来的球、移动传球、两人对传、四角对传等练习提高传球的全身协调用力，通过结合球网和球场三角传球、在中场向各个位置传各种角度的球、插上传球、后撤调整传球等练习巩固传球技术，通过接抛来的球、接发球、接扣球等结合二传的练习，提高比赛条件下的传球技术。

三、垫球

垫球是队员用手臂或手的坚硬部位击球的动作称垫球。它主要用于接发球、接扣球、接拦回球等方面，在排球比赛中，接发球好有利于打好一攻，避免失分，接扣球好不仅能争取多得分、少失分，由被动变为主动，还能稳定队员情绪鼓舞队员士气。

垫球的动作方法：垫球主要有正面垫球、低姿垫球、体侧垫球、跨步垫球、背垫、单手垫球、挡球、鱼跃垫球、滚翻垫球和垫球运用的接发球、接扣球、接拦回球等。

正面垫球：它是各种垫球的基础，也是最基本的垫球方法，主要适合于接各种发球，接轻、中重量的扣或拦回球。正面对准来球，以两手互握、两拇指平行朝前，两臂靠拢插在球下利用前臂旋外形成的平面靠近手腕部分击球的后下方，击球点保持在腹前。击球时利用蹬腿、跟腰、提肩、抬臂的动作去迎球（图 8 - 2 - 12、图 8 - 2 - 13、图 8 - 2 - 14）。

　　图 8 - 2 - 12　　　　　　图 8 - 2 - 13　　　　　　图 8 - 2 - 14

　　垫中等力量的来球时，其动作同上述。但击球时运用蹬地跟腰、提肩压腕、向前抬臂动作，击球的后下部。

　　垫重球时，其动作同垫轻球，但重心较低，采用上腹含胸的动作，手随来球屈肘、后撤、缓冲力量，控制垫球的距离。球距离身体稍远、击球点较低时，手臂在缓冲用力过程中，要采用屈肘翘腕的动作把球垫在手腕部位的虎口处。

　　体侧垫球：是指垫击飞向体侧的来球为体侧垫球。这种垫球可扩大控制范围，但不易控制垫球的方向。

　　当球向右侧飞来，左脚前脚掌内侧蹬地，右脚向右跨出一步，右膝弯曲，重心随移至右脚上，两臂夹紧向右伸出，左肩微向下倾斜，并向左转腰和提右肩的动作，用两臂击球面截住球的飞行路线，垫击球的后下部，切忌随球摆臂（图 8 - 2 - 15、图 8 - 2 - 16、图 8 - 2 - 17）。

　　　图 8 - 2 - 15　　　　　图 8 - 2 - 16　　　　　图 8 - 2 - 17

跨步垫球：是队员向前或向体侧跨一步的垫球，它主要运用于接发球和防守中。

当来球低而远采用前跨垫球时，看准来球落点，向前跨出一大步屈膝深蹲，重心落在跨出腿上，上体前倾，臀部下降，两臂前伸插入球下，用前臂垫击球后下方。当来球至右侧采用侧跨垫球时，右脚向右侧跨出一大步，屈膝制动，重心移至跨出腿上，上体前倾，臀部下降，两臂插入球下，用前臂垫击球的后下部（图8－2－18）。

图8－2－18

垫球的训练方法：初学垫球时，可通过垫固定球、垫抛来球、连续自垫、对墙连续垫球等练习，掌握正确的手臂击球动作和垫球时全面协调用力的方法，通过两人对垫、三角连续垫球、垫隔网抛来的球、单人连续防多球等练习巩固垫球技术，通过三人垫调扣；垫高台扣来的球、三人一组接发球、接扣球及其进攻等练习提高比赛条件下的垫球技术。

四、发球

发球是队员在发球区由自己抛球，用一只手将球击入对区的一种击球方法。在排球比赛中，准确而有攻击性的发球，不仅可以直接得分或者破坏和削弱对方战术组成，达到先发制人，出奇制胜的目的，而且还有鼓舞本队士气，挫伤对方锐气的作用。

发球的动作方法：发球的技术动作可分为正面的上手发飘球、勾手发飘球、发大力球、正、侧面的下手发球、高吊球、跳发球等。

正面下手发球：这种发球动作简单，容易掌握，准确性好。但球速慢，力量小，攻击性不强，适用于初学者。

发球前面对球网，两脚前后开立，右手击球，左脚在前，左手持球于腹前。左手将球轻轻抛起在体前右侧，离手约一球高。在抛球之前，右臂伸直，以肩为轴向后摆动。借右脚蹬地，身体重心随着右手向前摆动前移，在腹前用手指手腕紧张，手成勺形的全手掌击球的后下部，随之击球动作，重心前移，迅速进场比赛（图8－2－19、图8－2－20、图8－2－21、图8－2－22）。

图8-2-19　　　　　图8-2-20　　　　　图8-2-21　　　　　图8-2-22

正面上手发球：这种上手发球由于面对球网站立，便于观察对方，故准确性大，便于控制落点，并能充分发挥全身的协调用力。

发球前的准备姿势同正面下手发球。用抬臂和手掌的平托上送，将球平直地抛于右肩的前上方，高度适中。抛球的同时抬右臂，屈肘后引，肘与肩平行，上体稍向右侧转动。

击球时，利用蹬地上体向左转动，迅速收腹带动手臂挥动。在右肩前上方伸直手臂的最高点，用全手掌击球的后中部。手触球时，手指要自然张开并与球吻合。击球瞬间，手腕要迅速主动向前做推压动作，使击出的球呈上旋飞行。击球后，随即重心前移，迅速进场比赛（图8-2-23、图8-2-24、图8-2-25、图8-2-26）。

图8-2-23　　　　　图8-2-24　　　　　图8-2-25　　　　　图8-2-26

勾手发飘球：这种发球不旋转，球呈不规则地向前飘晃飞行，使接发球者难以判断球的飞行路线和落点。发球队员由于侧面站立，可充分利用腰部扭转带动手臂加速挥动，比较省力，有较强的攻击力，但动作较复杂，一般适用远距离发飘球。发球前左肩对于体前，用左手将球平稳地抛在左肩前上方约一臂多高。在抛球的同时，上体顺势向右倾，身体重心右移，右臂自然向侧后摆动。击球时，右脚蹬地，上体向左转动发力，身体重心向左脚偏移，同时带动伸直稍紧张的手臂向左上方做直线挥动，用掌根或半握拳击球的后中下部。击球用力时间短促，突然，并通过球的重心。击球后，迅速进场比赛。

发球训练方法：初发球时，可通过持球做抛球、击固定球、对墙、对网的近距离发球练习，掌握正确的抛球方法和击球手法，通过在发球区的不同位置发直线或斜线球、向网前和后场发球、向后场两角发球、结合接发球的发球练习等巩固提高发球技术，通过在前排拦网后迅速跑到发球区发球、发球后迅速进场防守、发球的比赛等练习提高比赛条件下的发球技术。

五、扣球

扣球是队员利用起跳，将高于球网上沿的球有力的扣入对区的一种击球方法。排球比赛中，扣球是得分、得权的主要手段，是进攻中最积极有效的方式。

扣球的方法：扣球一般分为正面扣球，小抡臂扣球，单脚起跳扣球、勾手扣球、扣快球和自我掩护扣球。

正面扣球：它是扣球中的一种基本方法。由于面对球网，便于观察、准确性较高，也可根据对方防守布局，随机改变扣球路线和力量，有利控制击球落点，因而进攻效果好。

扣球时，站在离网 3 米左右，成稍蹲准备姿势，判断二传来球后，左脚先向前迈出一小步，同时配合两臂。自然向后划弧摆动，然后右脚迅速跨出一大步，左脚迅速并上着地，两脚之间距离与两肩宽，并积极配合两臂用力向上摆起跳。起跳后挺胸展腹，上体稍向右转，右臂向后上抬起，身体成反弓形。挥臂时，以迅速转体，收腹动作发力，依次带动肩、肘、腕各部位关节成鞭甩动作向前上方挥动。击球点保持在起跳和伸直手臂最高点的前上方。击球时，五指微张成勺形保持紧张，用全手掌包满球，击球的后中部，同时主动用力屈腕屈指向前推压，使扣出的球加速上旋。击球后屈膝缓冲着地（图 8－2－27、图 8－2－28、图8－2－29、图 8－2－30）。

图 8-2-27   图 8-2-28   图 8-2-29   图 8-2-30

单脚起跳扣球：这是助跑后第二只脚不再落地而直接向上摆动帮助起跳的一种扣球方法。其起跳速度比双脚起跳速度快，跳得更高，有利提高击球点。

单脚起跳扣球时，可运用一步、两步或多步助跑。在助跑最后，左脚跨出一大步，身体重心后倾，右腿迅速向前上方摆动时，右脚迅速蹬地起跳，两臂配合向上摆动，帮助起跳。起跳后的扣球动作与双脚起跳正面扣球基本相同。

扣快球：是扣球队员在二传传球前或传球时起跳，并迅速把球击入场区的一种扣球方法。快球是我国传统的打法，它的特点是速度快，突然性大，牵制能力强，有利于争取时间和空间，达到突然袭击的目的。

扣近体快球：是扣球手在二传队员附近约 50 厘米处起跳扣的快球，称近体快球。其由于进攻速度快，常常使对方来不及拦网和防守，具有较强的掩护作用。

扣近体快球要随一传的球同时助跑至网前，当二传手传球时，扣球手应在二传手身体附近的近网处迅速跳起，快速挥臂将刚传出网的球立即扣过网去。击球时，以含胸收腹动作带动前臂和手腕挥甩，以全手掌击球的后上部。

扣短平快球：扣球队员在二传手体前 2 米左右，扣二传队员传过来的平快球，叫短平快球。这种球由于速度快、弧线平，因而进攻节奏快，在网上进攻点多，有利避开对方拦网，具有较强的牵制和掩护作用。

扣短平快球的助跑路线与球网的夹角应小于 45°，要在二传出手的同时起跳，在空中挥臂截击飞过来的球。击球时，要迅速地以含胸动作带动前臂和手腕加速挥动，以全手掌击球的上方。可根据对方拦网手臂的位置，在球平飞过程中寻找击球点。

扣球训练方法：初学扣球时，通过徒手的原地双脚起跳练习、一步助跑或二步助跑起跳练习、网前助跑起跳等练习熟练掌握助跑起跳步法，通过对墙连续扣球、网上扣固定球、在网前自抛自扣过网、在网前连续扣抛球等练习，形成正确的挥臂击球动作和击球手法。通过在网前连续扣对方抛过来的探头球、在对方单人或双人拦网情况下扣球等练习，巩固扣球技术。通过接隔网抛来的球垫给二传手再上步扣球、拦网后迅速后撤防守再上步扣球、接发球后组织各种战术的扣球、防守后组织各种战术的扣球等练习提高比赛条件下的扣球技术。

六、拦网

队员用腰部以上身体任何部位，在球网附近高于球网上沿试图阻拦击过来的球，并触及球，称为拦网。在排球比赛中，成功的拦网可以直接拦死，拦回对方的扣球，削弱对方进攻锐气，减轻本方后排防守的压力，为组织反攻创造条件，是得分获取发球权的重要手段之一。

拦网动作方法：拦网可分为单人拦网、双人拦网和三人拦网。

单人拦网：队员面对球网，两脚平行开立，约与肩同宽，距离网0.3～0.4米，两膝稍屈，两臂在胸前自然屈肘，移动时可采用并步、交叉步、跑步向前或斜前移动等步法。起跳，重心应再降低，两腿用力蹬地，同时两臂在体侧前方贴近身体处划弧上摆，以带动身体垂直上跳，两手从靠近额前向球网上沿的前上方伸出。起跳后，两臂平行向上伸直，两肩上提，两手自然张开并尽量去接近球。手触球时，两手要突然紧张，手腕用力下压盖住球的前上方。拦网后身体要自然下落屈膝缓冲。若未拦回应在球下落后要随球转头转体，做好下一动作准备（图8－2－31、图8－2－32）。

图8－2－31　　　　　　　　　　图8－2－32

双人拦网：一般是由2、3号或3、4号位队员组成双人拦网。拦网时，应以其中一人为主，另一人协调配合，而不能各行其是。起跳时应避免互相冲撞和干扰。起跳后手臂在空中要保持适当距离，以免重叠和漏球。

拦网训练方法：初学拦网时，可通过降低球网原地做徒手拦网动作或拦固定球、在网前徒手做原地起跳或移动步法的拦网、在网前拦抛来球、拦高台扣固定线路球等练习，掌握空中拦击球动作及判断后拦网；通过对方在各位置上扣球时，本方在相应的三个位置进行单人拦网、对方 2 或 4 号位扣球本方 3 号位队员向 4 或 2 号位移动组成双人拦网、结合对方不同进攻战术配合本方组成双人拦网等练习，巩固拦网技术；通过对方发过来的球组织一攻、本方前排拦各种战术球、对方组织三点进攻本方前排组成集体拦网、前排拦网后排防守的反攻等练习提高比赛条件下的拦网技术。

项目三　排球运动基本战术

排球战术是指队员在比赛中，根据排球的规则要求和排球运动规律，以及双方当时的情况，合理运用技术所采用的有意识、有目的、有组织的个人和集体配合行动。全面、准确、熟练和实用的技术是组织战术的基础，而合理的运用战术又能更加充分的发挥技术的威力。

一、排球个人战术

排球个人战术是队员在集体配合的基础上，根据临场情况的变化，有目的、有针对性地运用个人技术动作。

1. 发球个人战术。在比赛中，应根据个人技术水平和特点以及比赛临场时的心理状态，注意观察对方接发球的弱点，巧妙而有针对性运用各种发球战术。

常用的战术有：①找人或找点发球，如将球发到接发球差的球员与准备插上前排快攻的队员之间的空当区域或者后场两角等；②根据发球路线的变化，采用不同距离、力量和性能的发球；③在室外比赛时，可根据不同的风向、风速、阳光等情况，发高吊球、飘球或旋转球等。

2. 一传个人战术。一传个人战术是为组成本队的进攻战术而有目的的垫球。比赛中，应根据各种战术进攻时一传的不同要求，调整一传的方向、弧线、速度和落点。

常用的战术有：①当组织快攻战时，一传的弧线要低一些，速度要快一些以提高进攻的节奏；②当组织前交叉或后交叉战术时，一传的落点应靠近 2 号或偏向 3 号位；③当组织两次球战术时，一传的弧线要高，应接近垂直下落，便于前排两次扣球或转移传球；④当对方将球传垫过网时，根据临场情况采用上手传球，将球传给二传或直接传给本方攻手进攻，也可将球直接传、垫到对方空当和无准备队员处等。

3. 二传个人战术。二传手是组织战术中的灵魂人物，二传个人战术运用得好坏，将直接影响全队战术配合的效果。它的基本任务是合理、有效组织进攻战术，给扣球队员创造最有利的进攻条件，增加对方防守的难度。

常用的战术有：①根据本方队员的技术特点和临场比赛中的技术发挥情况，灵活地运用集中与拉开，近网、中网和远网，高弧度与低弧度等传球变化；②根据拦网情况合理分配进攻点与进攻次数，尽量避开拦网队员或拦网能力较强的区域，选择薄弱的突破口，造成以强对弱的局面；③根据一传到位情况，合理组成进攻战术和运用二次吊球等。

4. 扣球个人战术。扣球个人战术是扣球队员在比赛中，根据对方拦网和防守的情况，选择合理有效的扣球方法和路线，突破对方防守的有意识的行动。

常用的战术有：①扣球时运用转体、转腕、线路变化、扣吊结合等技巧避开拦网队员的手或扣球时利用拦网队员的手，造成打手出界或拦网失误；②根据情况用找人、找点，单脚起跳扣球，空中游动等扣球技术等。

5. 拦网个人战术。拦网个人战术是通过拦网的时间、空间和技术动作的变化来实现的。正确地掌握起跳时间，可使对方来不及改变扣球的路线；在空间上尽量接近球，充分地扩大拦击面，可封锁对方扣球路线；利用拦网技术动作的变化，可迷惑对方扣球队员，造成扣球队员判断错误，使本方拦网成功。

常用的战术有：①利用站直拦斜线或站斜拦直线的取位，在空中突然移动手臂变化的假象迷惑对方的拦网；②当发现对方要打手出界或平扣时，可及时收回手臂使对方扣球失误；③当对方扣球威胁较小时或判断对方可能采用吊球时，可先做拦网假动作，随即后撤防守等。

6. 防守个人战术。防守个人战术主要体现在防守队员能准确地判断来球，选择有利的位置，运用合理的击球动作，按战术要求将球防起。

常用的战术有：①根据对方二传传球的方向和落点，判断对方进攻点及时移动取位防守；②根据对方扣球队员的特点，采取相应的防守；③根据本方前排拦网的情况，主动配合和弥补防守；④分析对方扣球队员的心理活动，采取防守等。

二、排球集体战术

排球运动是一项集体竞赛项目，因而不仅要求每个队员有比较熟练的基本战术，而且要求全队密切配合，运用得当的战术，发挥全队每个队员的特长，才能最终取得比赛的胜利。

排球集体战术可分为进攻和防守战术。

1. 阵容配备。阵容配备就是根据本队的实际情况，合理地搭配全队的力量，最大限度地发挥每一个队员的技术、战术特长和作用。阵容配备的形式主要有"四二"配备和"五一"配备两种。

(1)"四二"配备。即4名攻手（2名主攻手，2名副攻手）和2名二传手。他们的站位都在对角位置上，这种形式在初学期间、一般水平的队采用较多。

"四二"配备的利与弊：每一轮次前排都有1名二传队员和2名进攻队员，便于组织"中、边一二"进攻，如果2名二传队员都具有进攻力量，那么每轮次都可插上，组成三点进攻，大大加强了进攻威力。但每名进攻队员必须熟悉2名二传队员的传球特点，配合比较困难，而在实际中，一个球队2名二传队员都有进攻实力的情况不多见。

（2）"五一"配备。即5名进攻队员和1名二传队员。其目的是为了加强拦网和进攻力量。为了弥补在二传队员来不及传球时所出现的被动局面，一般在二传队员的对角位置上，配一名有进攻能力的接应二传。这种配备形式目前在水平较高的队中普遍采用。

"五一"配备的利与弊：1名二传容易培养，当二传队员轮到后排时，前排有3名进攻队员，可以加强进攻和拦网的力量，全队进攻队员只需适应1名二传队员传球的特点、习惯，在相互配合上较容易建立默契。但当二传队员轮到前排时，有三个轮次只有两点进攻；防守时，二传队员轮到后排要插上，传球难度较大。

2. 挑选队员。二传队员的基本任务是较好地组织各种进攻战术，给扣球队员创造有利的进攻条件，造成对方拦网和防守的困难。在比赛中，二传是从防守转入进攻的桥梁和纽带，二传质量直接影响进攻技术、战术的发挥。因此，要选择身体素质好、技术全面、战术意识强、作风顽强、心理品质过硬并能团结全队的队员担任二传。

主攻队员的任务是在困难的情况下突破对方的集体拦网。在比赛中，主攻手的威力代表着一个队的实力。因此，要选择那些弹跳好、力量大、扣球技巧好、自信心强的队员担任主攻手。

副攻队员是战术进攻的核心，其主要任务是以各种快、变、活等进攻手段突破对方的拦网，并要积极跑动掩护，给其他进攻队员创造有利的条件，其次应是拦网的主将，不但要能拦对方的各种快攻球，还要准确判断、迅速移动，配合两侧队员组成集体拦网。因此，要选择那些身材高、动作灵活、头脑清醒、拦网能力强的队员担任副攻手。

3. 交换位置。排球比赛中，场上的队员在发球队员击球后可任意交换位置。但后排队员不能到前排进攻和拦网。为了最大限度地发挥每个队员的特长，调动一切积极因素，加强进攻和防守的力量，以及弥补队员的身体或技术的不足而给阵容配备上带来的缺陷，比赛中，在规则允许的条件下，可以采用交换位置的方法。

前排队员之间的换位：一般把主攻手队员换在4号位、副攻手队员换到3号位，二传手队员换到2号位或3号位，以及把身材高大、弹跳力强、拦网技术好的队员换到3号位，换到与对方进攻强的队员相对立的位置上。

后排队员之间的换位：采用"心跟进"防守时，把善于防斜线的队员换到5号位，善于防直线的队员换到1号位，善于防吊球的队员换到6号位。采用"边跟进"防守时，把二传换到1号位，其他队员不变或把防守能力强的队员换到防守任务重的区域，把防守较差的换到防守任务稍轻的区域。

4. 信号联系。排球运动是一项集体项目，为实现战术配合，势必要通过信号联系来统一行动。在排球比赛的战术运用中，队员之间普遍采用手势和语言信号联系。

（1）语言信号，指队员之间使用语言直接进行联系。如"短平快"战术简化为

"平"，"近体快"战术简化为"快"等。

（2）手势信号，比赛中如需要运用某一种战术来进攻，队员间只需用事先确定好的手势进行联系即可。如队员出示小拇指，表示扣近体快；队员出示食指，表示扣短平快球等。

5. 进攻战术。进攻战术是由一传、二传和扣球三个环节组成。进攻战术分为进攻阵形和进攻打法。所谓进攻阵形，就是组织进攻时所采取的队形。合理的进攻阵形是完成各种进攻打法的基础。进攻阵形主要有"中一二""边一二""插上"等进攻阵形。

（1）"中一二"进攻阵形。"中一二"进攻阵形：是由前排中间的3号位队员作二传，把球传给两边的2或4号位队员进攻，称为"中一二"进攻阵形。它的特点是二传手站位居中，易于接应传球，队员间分工明确，便于组织进攻。但战术变化少，只能两点进攻，战术意图容易被对方识破。适合于初学者采用。

"中一二"接发球站位：当对方发球时，本方接发球站位（图8-3-1）。当二传队员轮到2或4号位时，可以在对方发球后换到3号位。

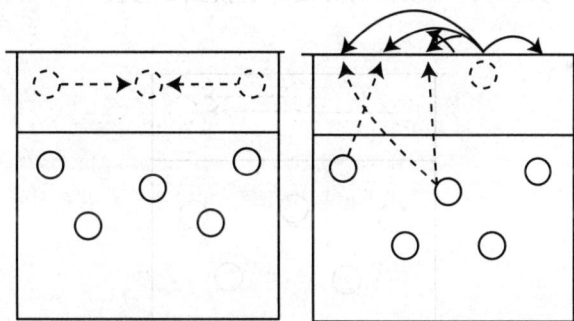

图8-3-1

"中一二"进攻战术打法：一般有2号位队员扣近体快球，4号位队员扣定位球或4号位队员扣短平快球，2号位队员扣定位球（图8-3-2）；4号位队员跑动扣近体快球，2号位队员交叉跑到他背后扣半高球或4号位队员跑动扣短平快球，2号位队员交叉跑动，在他背后扣半高球（图8-3-3）。

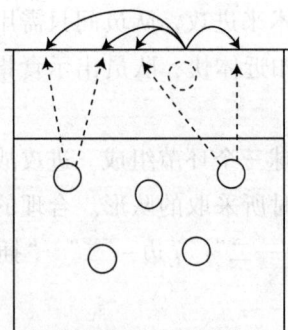

图8-3-2

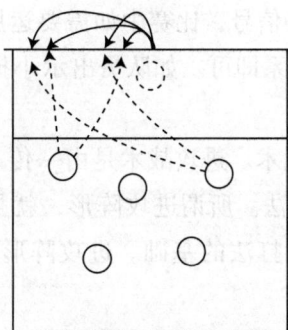

图8-3-3

（2）"边一二"进攻阵形。"边一二"进攻阵形：是由前排2号位队员作二传，把球传给3或4号位队员进攻，称为"边一二"进攻阵形。其特点两个进攻队员位置相临，便于相互掩护配合。但对一传要求较高，二传手和扣球手之间的配合要更默契。

"边一二"接发球站位：当对方发球时，本方接发球站位方法（图8-3-4），当二传队员轮到4或3号位时，可以在对方发球后换到2号位。

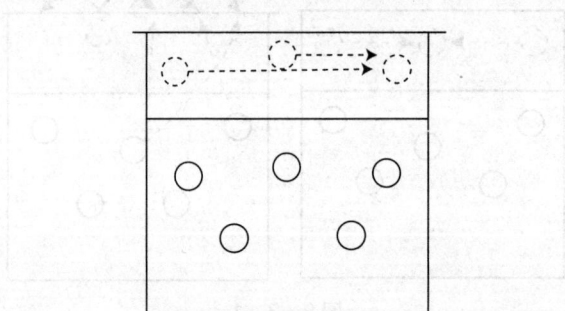

图8-3-4

"边一二"进攻战术打法：一般有3号位队员扣近体快球，4号位队员扣定位球或3号位队员扣短平快球，4号位队员跑动在他背后扣半高球（图8-3-5）；4号位队员跑动扣短平快球，3号位队员交叉跑动扣4号位半高球或3号位队员扣近体快球，2号位队员交叉跑动扣2号位半高球（图8-3-6）。

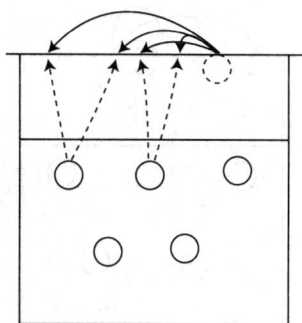
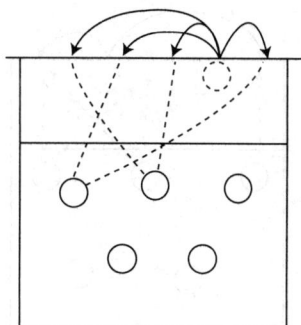

图 8 - 3 - 5　　　　　　　　　　图 8 - 3 - 6

（3）"插上"进攻阵形。"插上"进攻阵形：是对方发球后，由后排队员插到前排担任二传，把球传给前排 4、3、2 号位队员进攻，称为"插上"进攻阵形。其特点是有利组织各种战术，突破对方防线，把前排进攻扩大到三点攻。但插上时往往会影响接发球一传，对二传队员的水平要求较高。

"插上"接发球站位：当对方发球时，本方接发球站位方法如图 8 - 3 - 7。

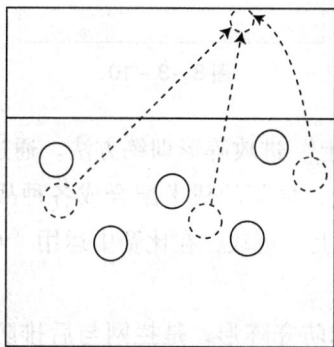

图 8 - 3 - 7

"插上"进攻战术打法：一般有 3 号位队员扣近体快球，2、4 号队员扣定位球或 4 号位队员扣定位球，2 号位队员扣近体快球，3 号位队员交叉跑动扣 2 号位半高球（图 8 - 3 - 8）；4 号位队员扣定位球，3 号位队员扣近体快球，2 号位队员交叉跑动扣在他背后的半高球（图 8 - 3 - 9）；3、4 号位队员扣短平快球、近体快球，2 号位队员扣定位球或者 2、3 号位队员扣短平快球、近体快球，4 号位队员交叉跑动扣 2 号位半高球（图 8 - 3 - 10）。

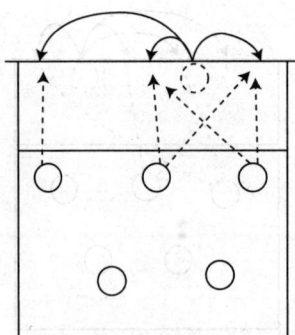

图 8-3-8

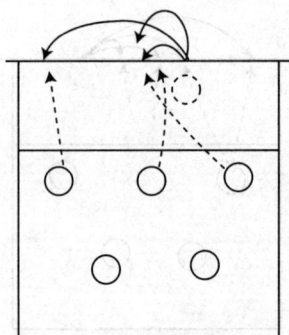

图 8-3-9

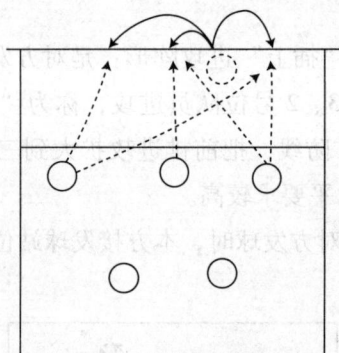

图 8-3-10

（4）"中、边一二""插上"进攻阵形训练方法。通过徒手站位轮转六轮明确轮转到各个位置的接发球站位方法，局部的战术配合或各种战术打法的配合，接抛球或接发球组织"中、边一二""插上"进攻，在比赛中运用"中、边一二""插上"进攻战术等练习方法。

接扣球防守战术：接扣球防守阵形，是拦网与后排防守的综合体，按前排拦网队员的人数可分为单人、双人、三人和不拦网情况下的防守阵形。组织接扣球防守阵形要根据对方进攻的特点和变化，并充分发挥本队队员的特长，合理地配备力量，同时还要适当考虑到防守后的进攻战术。

单人拦网时的防守阵形：这种防守阵形一般在对方扣球力量大、路线变化少、吊球较多时采用。有利增加后排防守人数，便于组织进攻。如当对方 4 号位进攻时，由本方 2 号位队员拦网，3 号位队员后撤防吊球，4 号位队员后撤至进攻线附近防守，与后排 3 人组成半弧形防守，每人防一个区域（图 8-3-11），当对方 3 号位进攻时，由本方 3 号位队员拦网，2、4 号位队员后撤保护，6 号位队员注意上前防吊球，1、5 号位队员防后场球（图 8-3-12），当对方 2 号位进攻时，由本方 4 号位队员拦网，3 号位队员后撤防吊球，2 号位队员后撤至进攻线附近防守，与后排 3 人组成半弧形防守圈，每人防一个区域（图 8-3-13）。

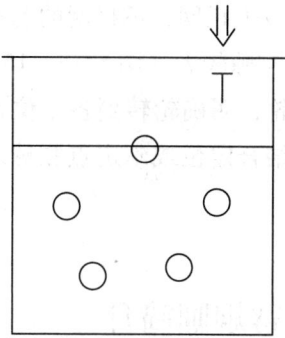

图 8 - 3 - 11

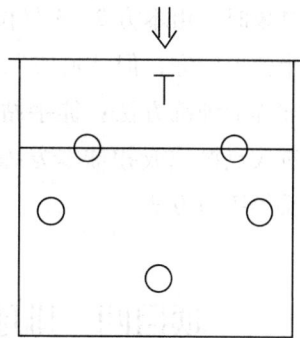

图 8 - 3 - 12

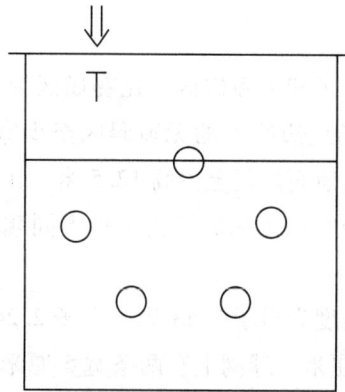

图 8 - 3 - 13

　　双人拦网时的防守阵形："心跟进"防守阵形，主要 6 号位队员跟进防守。当对方 4 号位进攻时，由本方 2、3 号位队员拦网，不拦网的 4 号位队员后撤至 4 米左右防守，6 号位队员跟至进攻线附近，1、5 号位队员在后场防守，但"两腰空"阵形容易造成空当（图 8 - 3 - 14）。

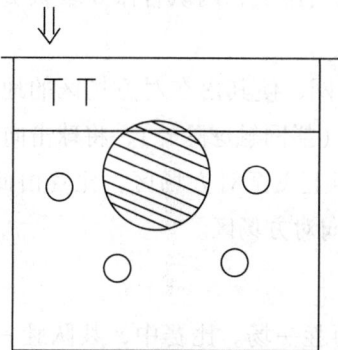

图 8 - 3 - 14

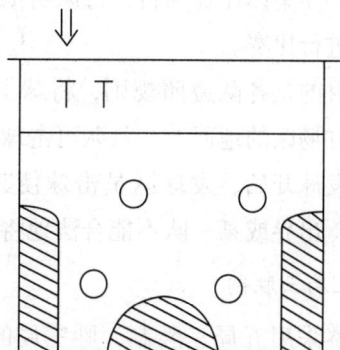

图 8 - 3 - 15

　　"边跟进"防守阵形：这种防守阵形也称为马蹄形或 1、5 号位队员跟进的防守，当对方 4 号位进攻时，由本方 2、3 号位队员组成双人拦网，不拦网的前排队员后撤与后排队员组成半弧形防守，但"心空"，球场中间空隙较大（图 8-3-15）。

接扣球防守阵形训练方法：徒手站位轮转六轮，明确轮转到各个位置的防守站位方法，在对方进攻点抛球或扣球本方练习防反，结合定位或不定点扣球练习防反，攻防结合练习防反等练习方法。

项目四 排球运动竞赛规则简介

一、比赛场地和设备

排球比赛场地包括比赛场区和无障碍区。比赛场区为 18 米×9 米的长方形。国际排联组织的世界性大型比赛场地边线外的无障碍区至少宽 5 米，端线外至少宽 8 米，比赛场区上空的无障碍空间场地面量起至少高 12.5 米。比赛场地的地面是浅色的，由木质或合成物质构成。比赛场区和无障碍区为两种不同颜色，场区上所有的界线为白色，宽为 5 厘米。

球网架设在中线上空，高度为男子 2.43 米、女子 2.24 米。球网为黑色，宽 1 米，长 9.5~10 米，网眼直径 10 厘米。球网上有两条宽 5 厘米、长 1 米的白色带子为标志带，分别系在球网的两端，垂直于边线。标志杆是有韧性的两根杆子，长 18 米，直径为 10 厘米，由玻璃纤维或类似质料制成。两根标志杆分别设置在标志带外沿球网的不同两侧。

二、比赛规则简介

（一）球队组成及基本规则

排球是一项集体比赛项目，每队由 12 名队员组成，两队各派 6 名队员在由球网分开的场地上进行比赛。

比赛的目的是各队遵照规则，将球击过球网，使其落在对方场区的地面上，而防止球落在本方场区的地面上。每队可击球 3 次（拦网触球除外），将球击向对方场区。

比赛由发球开始，发球队员击球使其从网上飞至对方场区，比赛由此连续进行，直至球落地、出界或某一队不能合法地将球击向对方场区。

（二）五局三胜制

排球比赛采用五局三胜制，胜三局的队为胜一场。比赛中，某队胜一球，即得 1 分（每球的分制）。接发球胜 1 球时得 1 分，同时获得罚球权，队员按顺时针方向轮转一个位置。每局比赛（决胜局第五局除外）先得 25 分并同时领先对手 2 分的队胜一局。当比分为 24：24 时，比赛继续进行至某队领先 2 分（26：24、27：25 等）为止。

决胜局先得 15 分并同时领先对手 2 分的队获胜，当比分为 14∶14 时，比赛继续进行至某队领先 2 分（16∶14、17∶15 等）为止。

（三）发球犯规

发球犯规包括发球击球时的犯规和发球击球后的犯规。

1. 发球击球时的犯规。

（1）发球次序错误；

（2）发球队员在击球时或击球起跳时踏及场区（包括端线）或发球区以外的地面；

（3）发球队员在第一裁判员鸣哨允许发球后 8 秒钟内未将球发出；

（4）球未被抛起或持球手未清楚地撤离就击球；

（5）双手击球或单手将球抛出、推出；

（6）将球抛起准备发球却未击球。

2. 发球击球后的犯规。

（1）球触及发球队其他队员或球的整体没有从过网区通过球网的垂直平面；

（2）球越过发球掩护的个人或集体（在发球时，某一队员或两名以上队员密集站位或挥臂跳跃、移动遮挡接发球队员，且发出去的球从他或他们上空飞过，则构成个人或集体发球掩护犯规）；

（3）界外球。

（四）位置错误

排球规则规定，当发球队员击球时，如果场上队员不在其正确位置上，则构成位置错误犯规。下列情况均为位置错误犯规：

1. 发球队员击球时，场上其他队员未完全站在本场区内；

2. 发球队员击球时，场上队员未按"每一名前排队员至少有一只脚的一部分比同列后排队员的双脚距中线更近"的规定站位；

3. 发球队员击球时，场上队员未按"每一名左边（右边）队员至少有一只脚的一部分比同排中间队员的双脚距左（右）边线更近"的规定站位。

（五）击球时的犯规

1. 连击犯规：排球比赛时，运动员身体任何部分均可触球，但一名队员（拦网队员除外）连续击球两次或球连续触球及其身体的不同部位即为连击犯规。但在第一次击球时，允许队员在同一击球动作中球连续触及身体的不同部位。

2. 持球犯规：排球运动员在比赛中，身体的任何部位均可触球，但球必须被击出，不得接住或抛出，否则即为持球犯规。

3. 四次击球犯规：一个队连续触球四次（拦网除外）为四次击球犯规。队员不论是主动击球还是被动触及，均算该队员击球一次。

4. 借助击球犯规：队员在比赛场地内借助同伴或任何物体的支持进行击球，皆为借助击球犯规。

（六）队员在球网附近犯规

1. 队员在球网附近的犯规包括过网击球犯规、过中线犯规、触网犯规和网下穿越进入对方空间妨碍对方比赛犯规。

2. 对方进攻性击球前或击球时，在对方空间触及球为过网击球犯规。

3. 比赛进行中，队员整只脚、手或身体其他任何部位越过中线并接触对方场区，为过中线犯规。

4. 比赛过程中，队员触网或触标志杆不是犯规，但队员在击球时或干扰比赛情况下的触网或触标志杆为犯规。队员击球后可以触及网柱、球网以外的网绳或其他任何物体，但不得影响比赛。

5. 比赛过程中，在不妨碍比赛的情况下，允许队员在网下穿越进入对方空间。若网下穿越进入对方空间的队员妨碍了对方比赛则为犯规。

（七）同时击球

双方队员或同队队员可以同时触球。同队的两名或两名以上队员触到球，被记为两次或两次以上击球（拦网除外）。双方队员在网上同时击球后，如果球落入场内，应继续比赛，获得球的一方可击球一次。

（八）拦网犯规

拦网犯规包括过网拦网犯规、后排队员拦网犯规、拦发球犯规和从标志杆外伸入对方空间拦网犯规几种情况。

1. 在对方进攻性击球前或击球时，在对方空间拦网触球为过网拦网犯规。判断过网拦网的依据是进攻队员的拦网队员触球时间的先后。

2. 后排队员或后排自由防守队员完成拦网或参加了完成拦网的集体，为后排队员拦网犯规。

3. 拦对方发过来的球为拦网发球犯规。

4. 从标志杆外伸入对方空间拦网并触球为拦网犯规。

单元九

乒乓球运动

项目一　乒乓球运动概述

　　乒乓球运动起源于 19 世纪后期的英国，由英国贵族在社交场合在桌子上用羊肠线做成的拍面击打球，英文称为 "Table Tennis"，即 "台上网球"；后传入日本，被称为 "卓球"；1904 年前后传入中国，根据其击打时发出的声音又称为 "乒乓球"。

　　20 世纪初叶，日本明治维新之后不久，日本许多工商业纷纷到中国沿海城市设立商业机构，把大量的商品推销到中国市场。于是乒乓球运动也随着商业的交往以及中日工商业的频繁往来传入中国。1904 年，上海一家文具店的老板王道午从日本买回 10 套乒乓球器材。从此，乒乓球运动传入中国。

　　1926 年至 1951 年共举行了 18 届世乒赛，参赛队主要来自欧洲，其中匈牙利队成绩最突出，获得 57.5 项冠军。这一阶段，欧洲队占绝对优势。日本乒协于 1928 年加入国际乒联，1952 年首次参加世乒赛，一举夺得 4 项冠军。在第 21 届至 25 届世乒赛中蝉联男团冠军。乒乓球运动的优势从欧洲转到了亚洲。

　　1959 年，中国运动员容国团在第 25 届世乒赛男单比赛中为中国夺得了有史以来的第一个世乒赛冠军。1961 年至 1965 年，中国队又以独特的打法，夺得 11 项冠军。其中在 1965 年的第 28 届锦标赛中，中国队夺得了 5 个冠军，达到了中国乒乓运动有史以来的第一个高峰。

　　第 32 届世乒赛上，瑞典男队打破了亚洲保持长达 20 年之久的团体冠军纪录。中国队在第 33 届和第 34 届世乒赛上重新夺回男女团体冠军。在第 35 届世乒赛上，欧洲复兴，匈牙利队夺走斯韦思林杯；而南斯拉夫队夺得男双冠军。1981 年，中国队在第 36 届世乒赛上创造了世界乒坛 55 年来由一个国家包揽全部冠军的空前纪录，接下来的三届世乒赛又连续 3 次夺得 6 项世界冠军。

　　自乒乓球项目 1988 年进入奥运会以后，欧洲乒乓职业化迅速发展，在第 41 届世乒赛上，欧洲男队囊括了团体前 5 名。在 1995 年天津第 43 届世乒赛上，中国队夺得全部比赛的 7 项冠军；在第 44 届世乒赛上，中国男女队再次保持荣誉，夺得 6 金。1999 年第 45 届世乒赛、第 48、49、50 届世乒赛上，中国队包揽全部冠军。

使中国乒乓球运动被世界公认为是中国的"国球"。自容国团 1959 年赢得第一个世界冠军至今，中国乒乓球队近 50 年来在世界三大赛事中一共为祖国夺取了 100 多个世界冠军，并且囊括了 4 届世乒赛、2 次奥运会的全部金牌，创造了世界体坛罕见的长盛不衰的历史。乒乓球运动在我国已形成普及——提高——再普及——再提高的良性循环。据统计，目前我国经常打乒乓球的人口有 1000 多万。

项目二　乒乓球运动基本技术

一、发球技术

（一）上旋类发球

主要有正、反手平击发球和正、反手急上旋发球两种类别。平击发球多为初学者或练习者在练习时作为一般发球使用；急上旋发球则是在学习平击发球的基础上提炼和升华的一种专门用于比赛目的的发球。上旋类发球如图所示，球拍向右（左）后上方引拍，拍形略为前倾，当球下降至与网同高或略低时，击球中上部加速向前挥出。

1. 正手平击发球（图 9 - 2 - 1）。

图 9 - 2 - 1

2. 正手急上旋发球（图 9 - 2 - 2）。

图 9 - 2 - 2

3. 反手急上旋发球（图9－2－3）。

图9－2－3

（二）下旋类发球

主要有正、反手下旋和正、反手不转发球四种，目的是为了利用下旋抑制对方进攻和利用不转球发球抢攻等。各种发球技术如图所示，下旋发球站位是稍离开球台，向右（左）后上方引拍，拍形后仰，当球下降至与网同高，摩擦球中下部，向前下方加速发力；不转发球引拍动作与下旋球相同，触球时，拍形后仰较少，变摩擦为碰撞为主或者使击球点移向球拍的上缘，减少摩擦距离和速度。

1. 正手下旋（加转）发球（图9－2－4）。

图9－2－4

2. 反手下旋（加转）发球（图9－2－5）。

图9－2－5

（三）侧旋类发球

侧旋具有方向性，分为左侧旋和右侧旋两种，侧旋加上旋或下旋便形成了左侧上、左侧下、右侧上、右侧下四种旋转，因此，侧旋类的发球也主要以四种发球为主。侧旋类发球具有旋转变化多、飞行弧线拐、不易回接等特点。各种侧旋发球技术如图所示，一般为球拍向右后或左后上方引拍，拍形侧仰，当球下降至与网同高，手腕加速发力，摩擦球中部侧面，右侧上旋是从右向左上摩擦，右侧下旋是从右向左下摩擦，左侧上与左侧下则正好相反。

1. 正手左侧上（下）旋发球（图9-2-6）。

图9-2-6

2. 反手右侧上（下）旋发球（图9-2-7）。

图9-2-7

（四）阶段练习法

1. 徒手练习。目的是将各种发球技术按站位→准备姿势→抛球、引拍→拍形→击球点→击球（摩擦与挥拍方向）等技术环节要点进行分解练习和学习，以便各个击破并最终形成正确的完整发球技术。

（1）原地抛球练习：手心弹球→前臂、手心共同弹球（不低于16厘米）→膝、身体、前臂、手心共同弹球，可高可低（图9-2-8）。

图 9-2-8

（2）抛球、引拍后摆练习：抛球同时，持拍手后引摆动→抛球同时，拿拍手、重心、腰髋一起后摆。

（3）击球练习：球下落同时，球拍前挥并在要求击球点击球。重心、腰髋、手臂、手腕协调发力，先慢后快，先轻后重（图 9-2-9）。

图 9-2-9

2. 台上练习法。徒手完成技术动作后，就可以进行台上练习，此阶段练习主要解决球拍触球时机、挥拍方向、球的第一落点和球与台的夹角是否合理等问题。一个高质量的发球必须飞行弧线低，旋转、速度、落点等特征明显。

（1）击球点练习：检查触球的那一刻击球点是高或低并进行调整，从抛球到球落下至击球点的那一刻有一个时间差，很多练习者把握不准这一时间差，造成击球早或晚，方法是用口令的形式进行强化，如"一"抛球，"二"击球等。

（2）拍形调节练习：按技术和旋转要求，不断调整拍形，最终发出要求的旋转。此环节主要是击球或摩擦部位要准确，如发下旋球，球拍摩擦球的中下部并向前下方用力等。

（3）第一落点调节练习：不同发球第一落点的要求不同。如发长球，第一落点是在端线附近；短球是在近网区域等。另外，发球下网多是因第一落点太接近球网，发长球出界多是因第一落点靠前等（图 9-2-10）。

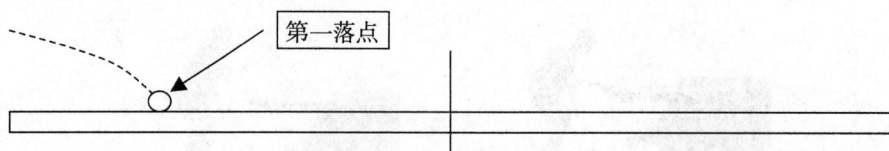

图 9 - 2 - 10

（4）球的入射角调节练习：发球弧线的高低与两个因素有关，一是击球点高低，二是发力方向与球台的夹角，二者都对球与球台的入射角造成影响。弧线高，可能是击球点过高（一般略低于球网较好）或者是用力方向太向下，相反，亦然（图 9 - 2 - 11）。

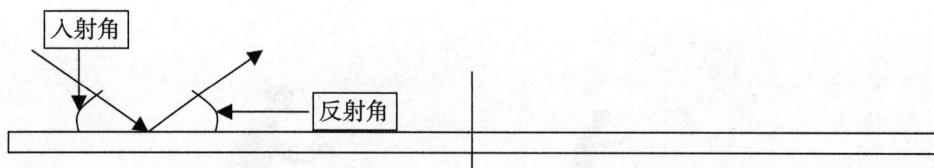

图 9 - 2 - 11

3. 综合练习。除继续强化和提高以上练习内容外，此阶段的重点是将全身的力量能否都作用到触球的那一点上以及线路落点、旋转变化能否自如作为考量点，同时这也是发球能否有"威"的关键一环。

（1）鞭打效果练习：检查身体各部挥摆，击球过程中有否阻滞和僵硬的感觉，找出原因，调整发力顺序，纠正出现问题的地方。鞭打效果的产生，主要是身体各部按照大关节带动小关节，髋、腰、肩、大臂、前臂、手腕、手指的顺序依次完整发力，最后使力量通过球拍作用于球而产生变化。

（2）线路、落点变化练习：初学发球者以先练习斜线后练习直线为宜，因斜线距离长，不易失误。但在掌握了发球技术以后，斜直线、长短球要配套练习并精益求精，只有这样，比赛中才能出其不意，主动变化，赢取主动（图 9 - 2 - 12）。

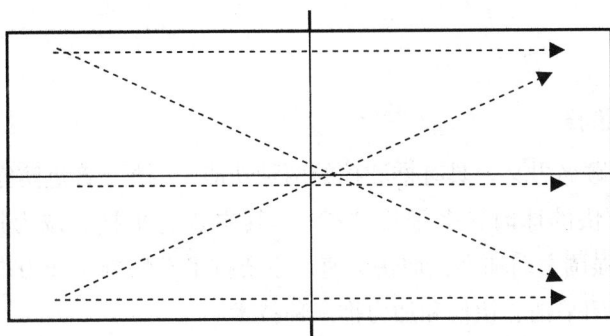

图 9 - 2 - 12

（3）转不转变化练习：转不转变化是乒乓球发球中最关键的一环，特别是相似动作前提下的转不转、快与慢是发球练习者追求的最高境界。练习时，注意在动作相似的情况下，先练加转球（有了加转球为基础，不转球自然有威胁），再练不转球，后练转不转结合（图 9 - 2 - 13）。

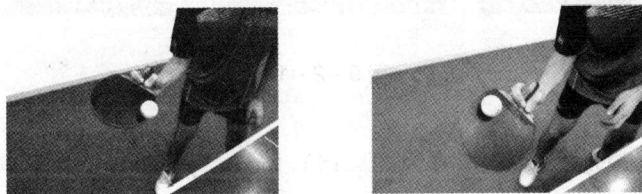

图 9 - 2 - 13

◆应用身体素质分类：手、眼和身体整体的协调性。

◆知识窗——高抛抖动发球

发球者先将球抛至高度为 2 ~ 3 米空中，待下落到一定程度时击球。挥拍时上臂外展的幅度较大，要借助转腰和蹬地的力量。由于抛球高度大幅度提高，使球体下落时的速度骤增，具有球速快、旋转强、时间差明显等特点。有侧身正手左侧上（下）旋球、侧身正手上旋长球、反手右侧上（下）旋球等之分。由中国运动员许绍发发明，在 1973 年第 32 届世乒赛，"高抛抖动式发球"首次亮相世界舞台，便征服了全世界的观众。这种拥有独特美感的"神奇"发球，不仅改变了以往发球的单一节奏，而且借助重力势能，使球拥有了更加强烈的旋转，而球出手后的抖动动作更是令对手大为迷惑。

二、推挡技术

（一）直拍类推挡

直拍类推挡，顾名思义，具有推和挡的两种功能。"挡"着重防守，强调借力，如在接重板或速度较快的球时，多采用"挡"，其主要有平挡、减力挡、侧挡等技术；"推"力主进攻，强调主动加力，加快球速，主要技术有快推、加力推、推挤、下旋推挡等。这里着重介绍平挡、快推和加力推三种技术。

1. 平挡（挡球）。平挡具有速度慢，发力均匀柔和，力量小等特点。技术特点是：拍面垂直，放于胸腹前 30 厘米处，当球落台至上升期时，大臂带动前臂向前或前上挡出，击球中部（图 9 - 2 - 14）。

图 9 - 2 - 14

2. 快推。快推技术动作如图（9 - 2 - 15）所示，拍面垂直，当球弹起至上升前或中期时，拍面略前倾，大臂带动前臂向前或前上方加速推出，击球中上部。

图 9 - 2 - 15

3. 加力推。加力推动作较大，回球力量重，球速快，主要用于对付反手位速度较慢，反弹偏高的球。其技术特点如图（9 - 2 - 16）所示，当来球弹至上升后期或高点期时，拍面前倾，大臂带动前臂，前臂带动手腕向前或前下方加速发力推出，击球中上部或上中部。加力推时，可以配合髋、腰以及身体前移共同发力。

图 9 - 2 - 16

（二）横拍类推挡

横拍除具有推和挡的两种功能外，还有第三种功能——"拨"，因此，横拍的推挡也叫"反手"拨球。横拍类推挡主要有平挡球和反手拨球两种形式。挡是防守时使用，拨是相持与进攻中的常用技术之一。

1. 横拍平挡。横拍平挡与直拍挡球要求相同，其技术特点如图（9 - 2 - 17）所示。

图 9 - 2 - 17

2. 反手拨球。反手拨球技术如图（9 - 2 - 18）所示，拍面略为前倾，当来球弹至上升前或中期时，大臂带动前臂，以前臂为主，向前上方主动拨出，拍面前倾，击球中上部。

图 9 - 2 - 18

（三）阶段练习法

1. 徒手练习。徒手练习是保证练习者准确、快速掌握推挡技术必不可少的练习环节。推挡技术的徒手练习主要包括基本准备姿势和挥拍前推两个内容。

（1）基本准备姿势：按推挡技术要求的基本准备姿势站立并静止不动。主要体会：松肩、沉肘以及提腕后手指和球拍是否符合要求；全身各关节是否有僵硬的地方需要放松及调整，站好以后球拍有无前顶之势，能否抵抗外力的冲击等。

（2）挥拍前推练习：初学者以前上方为主。手臂推出后肘关节不宜伸直。

2. 台上练习。台上练习可采用多球定点供球、同伴喂球、发球机供球三种形式练习。练习的顺序为：

基本技术动作练习——弧线调整练习——球速练习等。

（1）基本技术动作练习：这一环节重点是供球者要以定点、弧线较高、球速较慢的供球为主；练习者则集中精力争取在第一时间做出正确的推挡技术动作并保证球拍推出的方向是前上方，此时的弧线可以高一些，球速慢一些，击球时期以高点和上升后期为主。

图9－2－19　错误击球动作

图9－2－20　正确击球动作

（2）弧线调整练习：推挡的方向由最初的前上方和以向上为主，逐步过渡到前上方以向前为主，控制球的飞行弧线逐渐降低，此时球速仍可较慢（图9－2－21）。

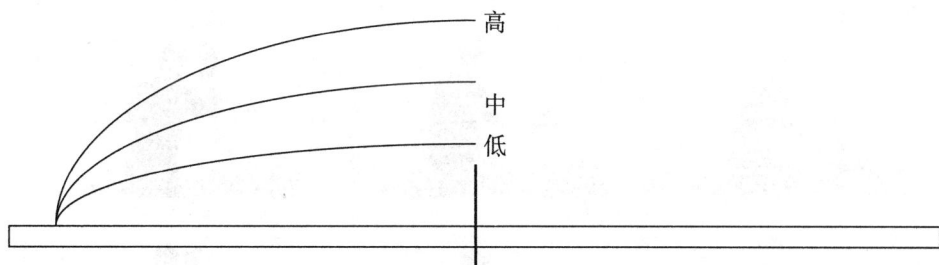

图9－2－21　正确击球动作

（3）球速练习：当推挡的弧线调整以后，击球时期可以逐渐提前，在球的上升前或中期击球并增加击球力量和速度。

3. 综合练习。此阶段主要是在推挡的过程中运用不同的推挡技术进行综合练习（如平挡、快推、快拨、推下旋和加力推等交叉使用）提高各种推挡技术灵活运用的水平。

（1）不同技术结合练习：如挡——推挡，推下旋——加力推等不同组合练习。注意在练习的过程中，练习者中仍有一方为主和一方为辅的分工。

（2）推挡练习比赛：左半台对推比赛，检验推挡技术的实践效果。

◆应用身体素质分类：动作速度，身体整体的协调性。

◆代表人物

刘国梁，中国第一位世乒赛、世界杯和奥运会"大满贯"获得者。

柳承敏，韩国男子乒乓球队运动员，2004年雅典奥运会乒乓球男子单打冠军。

三、正手攻球技术

（一）上旋类正手攻球

上旋类正手攻球主要包括：近台相持中的快攻、中远台的远台攻球、半高或高球的扣杀、对付弧圈球的快带和攻打弧圈球等五种技术。其中，正手快攻、正手快带和正手扣杀是每一位练习者必须掌握的三种技术。

1. 正手快攻。正手快攻的技术特点是：拍面略前倾，向右后下方引拍略低于击球点高度，击球上升前或中期，发力以大臂带动下的前臂、手腕发力为主。注意腰、髋和重心的协调配合与发力（图9－2－22）。

图 9 - 2 - 22

2. 正手快带。其技术特点是拍面前倾，向右后上方引拍，在球的上升前或中期击球，拍形前倾，击球中上或上中部，挥拍方向以向前或前上方为主，击球时手腕相对稳定（图 9 - 2 - 23）。

图 9 - 2 - 23

3. 正手扣杀。技术特点是：向右后上方引拍，拍形前倾，当球跳至上升后或高点期时，蹬腿、转腰，大臂带动前臂加速发力，向前或前下方挥拍，击球上中部（图 9 - 2 - 24）。

图 9 - 2 - 24

（二）下旋类正手攻球

下旋类正手攻球主要包括：突击下旋球、提拉下旋球、快拉下旋球和快点下旋球等四种技术。其中，正手突击和快点运用较为普遍。

1. 正手突击下旋球。技术特点是：拍形略为后倾，重心下降，向右后下方以向下为主引拍，当来球跳至高点期或下降前期，蹬腿、转腰、大臂带动前臂、前臂带动手腕向前上，以向上加速发力为主，击球中下部（图9－2－25）。

图9－2－25

2. 正手快点。正手快点技术特点如图9－2－26所示，身体和手臂插入台内，拍面前倾，当来球弹起至上升后或高点期时，前臂带动手腕，以手腕为主向前上方主动加速发力。注意根据来球旋转调整拍形。

图9－2－26

（三）阶段练习法

1. 徒手练习。正手攻球技术一直是练习者最难掌握的技术之一，而这一技术又是所有正手进攻技术的根本基础，因此，正手攻球技术历来被专家们认为，凡不经徒手练习者，决不可以轻易上台练习，否则一旦形成错误动力定型，后果不堪设想。

（1）基本准备姿势练习：练习者按正手攻球技术动作准备姿势的要求静立不动，体会松肩、沉肘、平腕、拍伸的肌肉感知觉（图9－2－27）。

图 9 - 2 - 27

（2）收前臂练习：正手攻球的特点是大臂带动下的收前臂并以前臂为主。这段练习是在大臂静止不动的情况下主动收前臂的练习，关键是肘不能上抬（肘尖正对地面）。

（3）压板练习：在攻球前准备时，板形略处于前倾状态，本阶段练习者着重练习从板面垂直状态开始做前压拍练习，此时大臂不动，唯前臂做内旋运动。注意准备姿势不变形（图 9 - 2 - 28）。

图 9 - 2 - 28

（4）挥拍练习：先做大臂向前上挥拍练习，在此基础上再增加向前上收前臂练习，最后做完整攻球动作练习。此练习关键是大臂、前臂的配合是否协调（图 9 - 2 - 29）。

图 9 - 2 - 29

（5）腰部转动挥拍练习：当手法基本正确以后，着重练习以腰带臂的配合练习。

（6）重心转换练习：正手攻球的重心是从右脚蹬转至左脚，练习者可配合转腰，收臂做重心的蹬转练习（图 9 - 2 - 30）。

图 9 - 2 - 30

2. 台上练习。台上练习时，初学者一般采用多球定点供球或同伴喂球的方法进行练习。

（1）基本技术动作练习：初学者刚上台攻球时，以完成正确击球动作为最高目标，此时可以不考虑是否击到来球，供球也以单个供球为主，注意挥拍时，肩、肘不能上翻，肘尖始终在下。

图 9 - 2 - 31　正手攻球易犯错误

（2）连续击球练习：在有球情况下，练习者能以正确动作击出后，供球者将单个供球改为两次连续供球，使练习者连续完成两次正确击球手法，此后逐渐提高连续供球次数。

3. 综合练习。此阶段主要体会和练习重心蹬转、转腰与手法的完整技术配合。

（1）转腰与手法配合练习：在有了正确的手法以后，配合转腰继续练习。腰部的转动幅度以逐渐加大为宜。

（2）完整技术动作练习：在保持以腰带动前臂完成击球动作的基础上，增加重心转换的练习，待熟练后，再加快蹬转速度并逐渐变为跳跃蹬转，以上所有阶段供球以较慢球速、较高弧线为宜。

（3）提高球速练习：在掌握了完整正手攻球技术以后，供球者应逐渐加快供球速度并略作落点变化；练习者应加快攻球速度，注意步法移动和选位。

◆应用身体素质分类：上肢力量、下肢爆发力和身体整体协调性。

◆知识窗——近台快攻打法

乒乓球运动打法类型的一种，是指站位近台、以速度为主、先发制人的打法。可分为左推右攻、两面攻和直拍横打等。特点是积极主动，以快为主，抢先上手，先发制人。以"快、狠、准、变、转"为技术风格。

四、弧圈球技术

从 60 年代发明至今，弧圈球技术已有很大的发展，是目前世界上大多数运动员的必备技术之一。弧圈球技术是一种上旋非常强的进攻性技术，与攻球相比其稳健性更高，有更多的发力上手机会，使用范围更广。弧圈球技术主要分前冲与加转两种。

（一）正手前冲弧圈球

前冲弧圈球的特点是：上旋强，球速快，弧线低，前冲力较大，反弹不高并向下滑落。

正手前冲弧圈球的技术特点是拍形较前倾，重心下降，引拍以右后下方为主并低于击球点，当球弹起至上升中期（上旋）或高点与下降前期（下旋）时，蹬腿、转腰、送髋、大臂带动前臂和手腕加速向前上方挥摆（鞭打）发力，摩擦球中上部（图9-2-32）。

图9-2-32

（二）正手加转弧圈球

加转弧圈球的特点是：球速较慢，弧线较高，上旋特别强，球着台后向下滑落明显，即第二弧线较低，若回击不当容易出高球或出界。拉加转弧圈球时，拍面略为前倾，击球下降前期，以蹬腿、转腰、大臂带动前臂和手腕向前上方以上方为主加速发力，摩擦球中部或中部偏上。注意拉下旋球时，重心要下降多一些（图9-2-33）。

图9-2-33

（三）横拍反手加转与前冲弧圈球

横拍反手弧圈球技术如图 9 – 2 – 34 所示，发力方向与击球时机与正手弧圈球技术相同，其自身特点是引拍向左髋或左腿方向后引或下引，拍面略为前倾，利用腿部的蹬伸、转腰、展腹和前臂带动手腕加速向前上方发力，大臂相对固定，击球中部或中上部。

图 9 – 2 – 34

（四）直拍反面加转与前冲弧圈球

技术动作要求与横拍反手弧圈球相同，不同的是其用直拍背面拉球（图 9 – 2 – 35）。

图 9 – 2 – 35

（五）阶段练习法

1. 台上练习。弧圈球技术是在正手攻球的基础上发展出来的一种新型技术，它与正手攻球的最大区别是增加了摩擦，因此，有了正手攻球的基础，弧圈球技术的学习可以省略徒手练习阶段而直接进入到台上练习阶段。

（1）上旋弧圈球练习：在攻球的基础上，练习者将板形前倾，引拍后引加大，挥拍向前上并以向前为主。初学时，先练习近台拉球，待熟练后再退后一步练习中台拉球，最后学习中远台拉球。注意开始时球拍前倾不宜过大，另外，越远离球台，腿、腰、大臂的作用就越大，动作自然也渐大（图 9 – 2 – 36）。

图 9 - 2 - 36

（2）下旋弧圈球练习：在突击下旋球的基础上，练习者加大右后下方引拍幅度，板形略为前倾，摩擦球中上部向前上方加速发力。注意此时腿的蹬伸、腰的转动对发力起着至关重要的作用。另外，开始时供球不宜太转（图 9 - 2 - 37）。

图 9 - 2 - 37

2. 综合练习。此阶段主要是解决拉上旋与拉下旋时的前冲弧圈技术与加转弧圈球技术的区分与运用。

（1）上旋弧圈球的综合练习：初学时的上旋弧圈球，严格讲既不是加转弧圈球也不是前冲弧圈球，只能算是拉上旋球。随着拉上旋球技术的提高与稳定性增加，应逐渐突出"打摩"结合和以摩为主两种不同的弧圈球技术风格与特点。

（2）下旋弧圈球的综合练习：同综合练习（1）。

◆ 应用身体素质分类：下肢力量，上肢力量，动作速度和身体整体协调性。

◆ 知识窗——直拍横打

直拍横打是直拍的反面进攻技术，也是比直拍反手正面攻球更为合理的技术，已经成为现代直拍运动员必须掌握的一项技术。直拍横打技术包括平挡，快拨，快带，快撕，挑打，弹击，拉球，反拉等。直拍横打是90年代我国对乒乓球运动的一项技术创新。在击球工具上，改变原有直拍单面覆盖正胶或反胶、单面击球的状况，而是在另一面粘上反胶，使球拍正、反面都可以击球。在反手位用球拍反面回击各种来球，因此，也称为"直拍横打"。刘国梁的直拍横打完善、丰富、发展了直拍反手位技术，拓宽了快攻打法的球路，使传统的左推右攻打法朝着"两面开弓"方向发展，使直拍的反手位"死角变活"。代表人物王皓的直拍横打达到了完美的程度，使得反手技术更具攻击性（图9－2－38）。

图9－2－38

五、搓球技术

（一）慢搓

慢搓的特点是球速较慢，动作较大，回球稳定并且有转与不转，主要用来对付旋转判断不明的来球。慢搓的技术特点是：拍面后仰，向后上方引拍，当球跳至上升中或后期，前臂向前下方摩擦球中下部，搓不转时，以向前碰撞发力为主（图9－2－39）。

图9－2－39

（二）快搓

快搓的特点是球速较快，有转与不转，动作小，发力集中，主要用来逼角和调动对方，目前高水平运动员使用快搓和摆短技术较多。快搓的技术动作与慢搓基本相同，区别是击球的上升前期或中期，发力更快、更集中，以"寸劲"为主（图9－2－40）。

图 9 - 2 - 40

（三）阶段练习法

1. 徒手练习。搓球技术的掌握虽然不难，但其中挥拍中拍形的稳定和发力方向保持前下方这两点最易被练习者忽视并犯错。因此，徒手练习也以这两点为主要练习对象。

（1）固定拍形练习：练习者按搓球准备姿势站好，拍形后仰大约140°～150°左右，拍面正对来球方向静立不动，全身放松自然并体会身体各部肌肉感觉。

（2）挥拍练习：假设正对来球方向，手腕静止不动，手臂向正前下方用力。初学时，动作幅度较大，其后逐渐缩小动作幅度并以短促的"寸劲"发力为主，注意不论动作大小，发力方向始终是前下方，避免养成手腕、球拍"侧拐"的错误发生。

2. 台上练习。同其他技术的台上练习一样，练习者初学时，应以正确的动力定型为主要目标，无论是否搓到球都以完成正确的搓球动作为主要目标。

（1）单球练习：供球者以单个或多球供球为主，弧线要低，不宜加转，练习者按技术要求完成搓球动作。此时注意克服怕拍触台而不自觉"侧拉"或"上挑"的错误产生（图9 - 2 -41）。

图 9 - 2 - 41

（2）连续供球与对搓练习：单个供球后，逐渐加快供球频率，练习者连续搓球练习。双方此时也可对搓练习，但以球速较慢，旋转较平为宜。

3. 综合练习。此阶段主要是各种搓球技术的综合应用与移动中搓球练习。

（1）各种搓球技术混合练习：如慢搓与快搓，慢搓与劈长等不同搓球技术的组合练习，开始时，以一方练习为主，另一方注意喂球。

（2）比赛：按规定线路进行搓球比赛，检验搓球效果，锻炼移动中搓球。

◆应用身体素质分类：手指、手腕和身体协调性。

◆知识窗——马琳摆短

摆短是乒乓球运动中接发球的常用技术之一。身体重心必须及时上前，手臂在台内迎球时近似与台面平行。借来球向上跳的反弹力和旋转，与自身发力产生合力，触球瞬间向下或向侧用力的成分多于向前。摆短动作小、回球快、弧线低、落点近网，且前进力很小，往往起到牵制对手进攻的作用。代表人物：马琳。

六、接发球技术

接发球是乒乓球技术中的关键技术，由于发球方可随心所欲地将球发至任何位置，其力量、速度和落点富于变化，因而接好发球具有较高的难度。要接好发球，就必须快速、准确判断来球的旋转、落点变化，并迅速地移动步法，运用合理的技术将球回击到对方球台上，接发球没有固定的技术，除了发球技术，其余技术只要使用合理均可以作为接发球技术。

（一）接发球的判断

1. 站位的判断与选择。可根据对方发球的站位来确定自己的站位。如对方站在球台左角用正手发球时，能发出右方角度较大的斜线球，但左方直线的角度相对较小，因此接发球的站位应取中间偏左；若对方站在球台右方用正手发球时，能发角度较大的右方斜线，但左方直线角度就小，因此接发球应站在中间或中间偏右一些。站位的选择应从回球角度较大的斜线球来确定是站中间偏左还是偏右；而站位离台的远近则要根据对方发球或打法的习惯来确定，如对方习惯发短球则站位靠前，对方习惯发长球则站位靠后。

2. 来球的判断。判断是接好发球的基本前提，它主要包括以下五个方面：

（1）根据对方发球时拍面、角度、手臂挥摆的方向来判断斜直线。

（2）判断来球的旋转性能，可以从球拍触球或摩擦球的方向来判断。一般情况下：拍面从上向下击球是下旋；反之则是上旋；拍面从左向右击球是右侧旋；反之则是左侧旋，如果球拍触球向下的同时向左挥摆，则发出的球是左侧下旋，反之则是右侧下旋。

（3）从发球时摆臂幅度的大小和手腕用力程度的大小来判断来球的落点远近和旋转强弱。一般来说：振幅大，球发的长，反之则短；手腕抖动强烈，球发的较转，反之则弱。

（4）根据来球的弧线和飞行特点来判断落点和旋转性能。若来球飞行弧线的最高点在对方球台上空或靠近球网，则来球较短，反之则长；如果第一落点弧线长，两跳间弧线短，则来球是短球，反之则是长球。

从来球空中飞行的情况看，下旋加转球在空中飞行的前段速度快，过网后速度减慢，反弹速度慢并明显下沉；上旋球弧线相对较高，速度快、无明显减速，无下沉现象；不转球则是前段慢后段快。

（5）从对方击球的声音来判断。一般击球声大而脆，来球为上旋；击球的声音小而沉，则来球为下旋。

（二）接发球技术

1. 接上旋球：一般采用推、拨、攻、拉等技术回接（图9-2-42）。

图9-2-42

2. 接下旋球：多采用搓球技术回接，水平高的练习者也可采用推挤下旋、低球突击、拉加转弧圈球、快点、快带甚至前冲弧圈球来接。一般情况下，不出台的台内球用搓和出台的用进攻回接等（图9-2-43）。

图9-2-43

3. 接侧上（下）旋球：初学者最怕的是侧旋球，主要原因是当接侧旋球时，球碰到球拍会因侧旋而偏向球台两边并出界。对付左侧旋时，应将球拍对准对方的右边；对付右侧旋时，则要将球拍对准对方的左边。即不论对方是侧上或侧下，首先拍的方向应对准左边或右边。然后再根据是侧上与侧下决定采用搓或者攻（拉）和推（拨）等（图9-2-44）。

图 9 - 2 - 44

4. 接旋转不明发球：当旋转判断不明时，站位应稍远，运用慢搓，击球下降中期，这样有利于增加判断时间，降低来球旋转强度，赢得接球的技术选择时间（图 9 - 2 - 45）。

图 9 - 2 - 45

（三）阶段练习法

1. 提高接发球技术方法：针对一种发球，连续回接，熟悉其球性和增强手感；在此基础上，接有变化的发球，先是同性相近但落点变化的发球，再是旋转、速度、节奏、变化大的各种发球；接发球技术的选择先以稳定和控球为主，再以积极主动、抢先上手为主。

2. 接发球练习程序是配套的，在此不一一列举，但接发球前，应做判断练习，其方法是一人练习发球，其余的人站在发球者的对面，互相间保持足够的距离，发球者不断变化发球，其余的人做判断移动和还击的模仿练习。关键是判断。

◆应用身体素质分类：灵敏性、反应速度和身体协调性。

◆知识窗——张继科反手侧拧

侧拧技术是张继科的制胜法宝，虽然近年来很多选手都纷纷采用这项技术，但张继科将这项技术发挥至极致。这项技术有效地解决了反手接发下旋短球如何进攻的问题，使接发球一方在前三板不至于直接陷入被动。张继科的反手侧拧技术与欧洲选手相比有些区别：从击球质量来看，张继科侧拧的速度更快，弧线更低，落点更为刁钻；从技术动作来看，击球动作更为简洁。在进行台内侧拧练习时需要全身协调发力，尤其要注重手臂及手腕的小动作，以提高击球质量。

七、步法

学习提示：

1. 步法要同手法结合起来一起学习。

2. 注意步法与手法结合的时机与顺序。

3. 练习步法前应做好准备活动，避免拉伤和扭伤。

前国际乒联主席荻村依智郎先生说过，"步法是乒乓球运动员的生命"，可见步法是十分重要的。步法是手法的基础，只有步法移动到位，技术动作的稳定性、正确性才能保持，发力才能集中。良好的步法是提高技战术水平的必要条件。快速的步法移动，取决于快速的判断反应能力和良好的身体素质，特别是下肢力量素质，此外动作的协调性、灵活性也是不可忽略的因素。

（一）单步

单步移动时，以一脚的前脚掌为轴，另一脚向前、后、左、右移动，随着单步移动结束，重心也随之落到移动脚上。单步动作简单，移动范围小，速度快，因而一般用于回击离身体较近的球（图9－2－46）。

图9－2－46

（二）并步

移动时，先以来球远端的脚向近端的脚并一步，同时与来球近端的脚再向来球方向平移一步。并步移动范围大，移动过程中能较好地保持重心平稳，有利于连续快速回击来球（图9－2－47）。

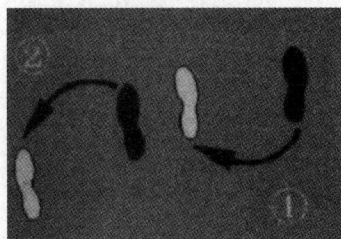

图 9 - 2 - 47

（三）跨步

跨步是以来球较近的一只脚向来球方向跨出一大步（可以是任何方向），身体重心随之移动到该脚上，另一只脚迅速地跟进半步，同时挥臂击球。跨步移动范围较单步大，较并步小，容易造成重心下降（特别是步幅跨的较大时），因此多用于借力还击（图 9 - 2 - 48）。

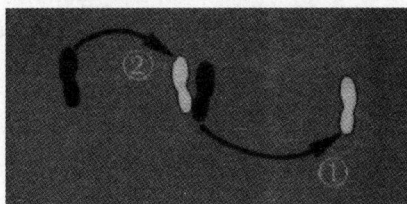

图 9 - 2 - 48

（四）跳步

跳步移动时，以来球远端脚发力蹬地，使两脚一同离地向来球方向跳跃，发力蹬地脚先落地，另一只脚紧跟落地站稳并挥拍完成击球（图 9 - 2 - 49）。

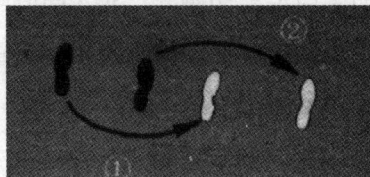

图 9 - 2 - 49

（五）交叉步

以来球近端的脚为支撑，离球远端的脚迅速向来球方向跨出一大步，腰和髋关节随势带向来球方向，原支撑脚跟着向来球方向迈出一步后挥拍击球。交叉步移动的范围最大，主要用来回击远离身体的来球（图9-2-50）。

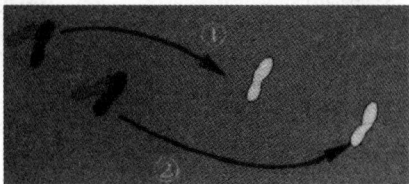

图9-2-50

除以上五种基本步法外，我们还可运用以上五种步法进行侧身和还原。

（六）阶段练习法

1. 徒手练习。步法要同手法结合起来进行练习，步法的徒手练习是提高步法移动水平的主要方法之一。

（1）单个步法练习：学习每一种步法，都要首先领悟它的用途和主要特点，在此基础上练习，注意加强练习时先慢后快，重心上下起伏不宜太大。

（2）组合步法练习：步法的组合有多种，常用的有左推右攻，攻（拉）1/2和2/3台、前后和左右交叉，推挡侧身扑正手等组合练习，这些组合应经常练习，使用频率较高。

（3）不定点组合练习：主要是练习者想象比赛情境，根据来球做各种步法练习。

2. 台上练习。步法的台上专项练习主要以多球、对练、结合各种手法进行练习为主。

（1）多球练习：主要是针对有针对性的步法练习或双方对练中不易重复的步法练习。如短长球的步法结合、搓、侧身拉扑右的步法重复练习等。

（2）对练中的步法练习：对练中一般是同球性的步法练习较多，如上旋类的正手攻（拉）1/2和2/3台、推挡侧身攻、左推右攻和下旋类的对搓等。另外，还有一些接近实战的步法练习，如发球抢攻、搓中抢拉，接发球抢攻以及转入相持等。

3. 综合练习。步法综合练习的最有效方法就是不定点或教学比赛，因为只有在不定点或比赛中用得出来的步法才是真步法。另外针对步法训练，也可做一些相关的专项身体训练，如跳绳、单脚跳、摸台角等（图9-2-51）。

图 9 - 2 - 51

◆应用身体素质分类：下肢力量，耐力，灵敏性和身体整体的协调性。

◆代表人物——马琳、柳承敏、金泽洙、许昕（图 9 - 2 - 52）

图 9 - 2 - 52

八、综合练习法

学习提示：

1. 了解不同技术之间的内在联系，整体把握乒乓球运动规律及概况。

2. 根据自身特点和喜好，着重确立一种技术风格与打法。

3. 选择一种最适合自身条件的练习方法，渐进领悟乒乓球运动的不同境界。

目前乒乓球练习的方法主要有三种形式：

双人对练：主要是一对一的练习方法。双方根据不同的练习内容，互相帮助，共同提高。

多球练习：以一人练习为主，也可两人同练。可应用于单项技术的掌握、提高和结合技术的手、步法练习以及发球和接发球练习等。

发球机练习：与多球练习基本相同。优点是不需人发球，一个人也可练习；缺点是变化不够多，不具备随机性。

（一）单线攻防练习

1. 左半台攻防练习（图9-2-53）。

练习1：推（拨）攻练习。

练习方法：一方连续正手攻，另方连续推或拨。

练习要求：双方速度由慢到快，由轻到重，注意判断脚步移动。

自我评价：双方连续击球60板为优；进行攻防比赛，检验实战效果。

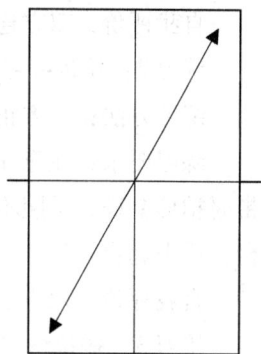

图9-2-53

练习2：挡（带）弧圈球练习。

练习方法：同练习1。

练习要求：拉弧圈球初学者，站位先近台由攻变拉，摩擦先厚后薄，开始时力量不宜太大；挡或带弧圈球者，注意来球与攻球的节奏和反弹特点不同，要主动迎球并前压；逐渐加强拉球力量，提高摩擦质量，中、近台结合，体会腿、腰、臂的协调发力。

自我评价：双方连续击球50板为优；进行比赛，检验实战效果。

练习3：推（拨）转侧身攻（拉）练习。

练习方法：双方对推或拨，其中一方主动侧身攻或拉。

练习要求：这项练习的关键是侧身步掌握的好坏，一般准备侧身时应加快推或拨的速度与力量；可以按推→侧身攻循环和推→侧身连续攻两种方法练习；先练步法，待侧身步熟练后再逐渐提高球速和击球力量。

自我评价：推一板、侧身攻一板为一组，连续完成30组为优。

练习4：搓拉练习。

练习方法：双方对搓，一方主动侧身抢拉弧圈球或用反手拉。

练习要求：搓球一方开始时，送球不宜加转，速度不宜过快，以平稳为主；拉球一方初学时，为克服来球下旋力，以制造弧线为首要目标，击球中部或中下部，发力与挥拍方向以向上为主，然后逐渐过渡到中上部和向前上发力；注意引拍时手腕要放松，击球时，要有加速度。

自我评价：10次搓拉，成功9次以上为优，搓球失误也算失败一次。

2. 右半台攻防练习（图9-2-54）。

练习1：正手对攻练习。

练习方法：正手对攻有双方近台对攻，一近一中对攻，双方中台对攻和双方中远台对攻等几种形式。

练习要求：尽管是对攻练习双方中还是有主动发力和主动防守之分；速度由慢到快、力量由轻至重，注意脚下移动；先近后远，再远近结合，以近为主。

自我评价：双方连续对攻 60 板为优。

练习 2：拉带练习。

练习方法：一方正手拉弧圈球，另一方正手带弧圈球。

练习要求：注意正手带和正手攻与正手拉的动作的比较；带时拍形要稳，手腕不要僵硬，但也不能乱晃；拉球者，先近台，后中远台。

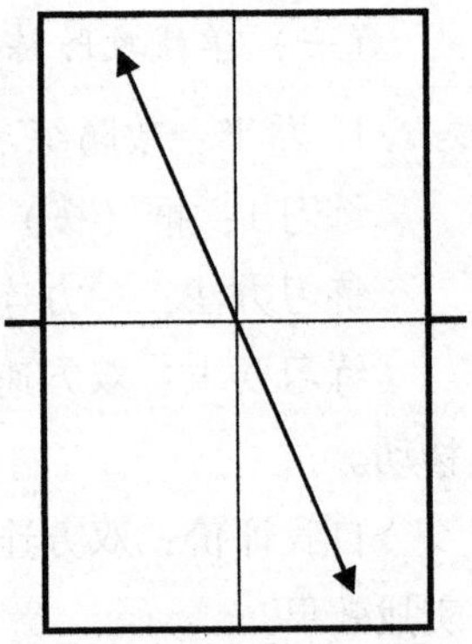

图 9 - 2 - 54

自我评价：双方连续拉带 50 板为优。

练习 3：搓拉练习。

练习方法：双方反手对搓后，一方搓变正手，另一方拉弧圈球。

练习要求：除搓球一方开始时，送球平稳外（见左半台搓拉要求），拉球一方注意由搓转拉时的重心转换与步法移动；拉球一方拉球时，应使球处于身体右前方偏右的位置；先制造弧线将球拉起，后注重质量（参见左半台搓拉）。

自我评价：10 次搓拉，成功 9 次为优。

（二）一点对两点攻防练习

练习 1：推（拨）两点攻一点练习（图 9 - 2 - 55）。

练习方法：一方反手推对方正手位或反手位两点，另一方在移动中连续用正手攻击对方一点。

练习要求：正手或反手位两点移动攻的步法均以并步为主；直、斜弧线的飞行距离不一样，注意拍形，发力方向的调节；连续进攻中，还原快、步法移动快是关键；推挡一方落点要稳定，着重练习控球能力。

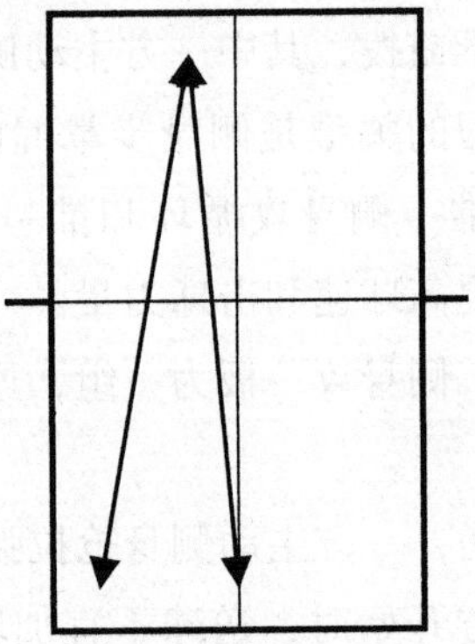

图 9 - 2 - 55 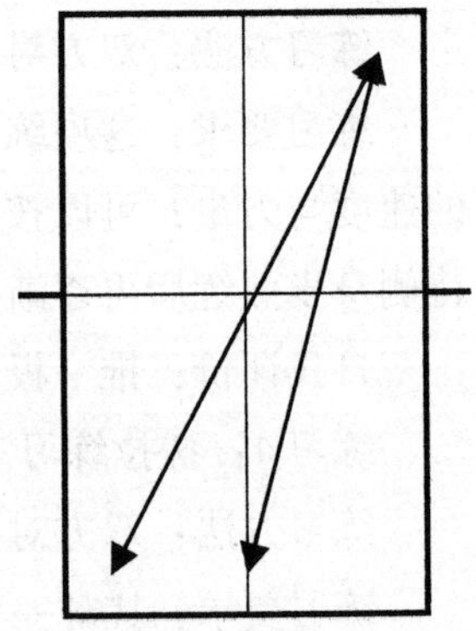　　　图 9 - 2 - 56

自我评价：双方连续推攻 60 板为优。

练习 2：挡、带两点拉一点练习（图 9 - 2 - 56）。

练习方法：同练习 1。

练习要求：连续拉球除步法移动到位外，两次拉球动作之间的重心转换、技术衔接与协调也非常重要；引拍高度、拍形随来球调节和变化；挡、带速度先慢后快，落点变化先小后大。

自我评价：双方连续拉挡或拉带 50 板为优。

练习 3：左推（拨）右攻练习（图 9 - 2 - 57）。

练习方法：推（拨）或攻对方两点，另一方推（拨）和攻对方一点。

练习要求：推和攻者的步法，以并步为主，练习时主要以近台为主；

注意左推和右攻两者间的转换以腰部带动为主。

自我评价：连续左推（拨）右攻60板为优。

练习4：左推（拨）右拉练习（图9－2－58）。

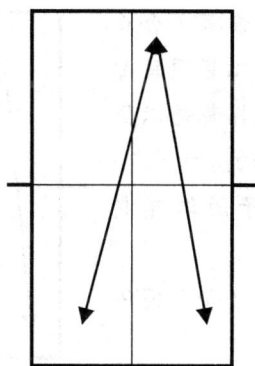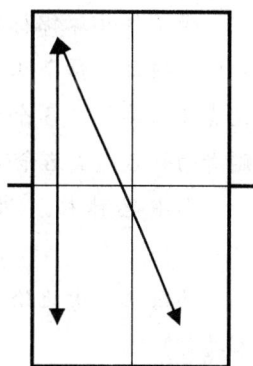

图9－2－57　　　　图9－2－58

练习方法：同练习3。

练习要求：右推右拉的站位略远于左推右攻，节奏比左推右攻慢一些。其他同练习3。

自我评价：连续左推（拨）右拉50板为优。

（三）不定点练习

练习1：推不定点练习（图9－2－59）。

练习方法：一方推对方全台，另一方运用推（拨）、攻（拉）等技术还击对方反手位。

练习要求：根据双方水平，选择不同的速度、力量、节奏和旋转；灵活运用各种步法，判断——选位——移动；左半台的来球，也可以选择侧身攻或拉。

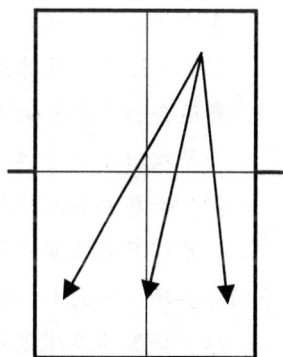

图9－2－59

自我评价：双方连续击球30板为优。

练习2：正手攻不定点练习（图9－2－60）。

练习方法：一方攻对方全台，另一方利用各种技术回击对方正手位。

练习要求：正手攻的速度较快，注意控制，其他同练习1。

自我评价：双方连续击球30板为优。

练习3：双方不定点练习（图9－2－61）。

练习方法：双方随意还击对方全台任一点。

练习要求：速度、力量、节奏和旋转循序渐进；双方注意开始时互相喂球；全台移动中，必须保持身体平衡和基本击球身体姿势不能散。

自我评价：双方连续击球30板为优。

◆ 应用身体素质分类：耐力、灵敏，速度和身体协调性。

◆ 知识窗——国内外重大赛事

（1）世界乒乓球锦标赛

世界乒乓球锦标赛设有7个正式比赛项目，每个正式比赛项目都设有专门奖杯，各个奖杯都是以捐赠者的姓名或国名命名的。

斯韦思林杯（男子团体赛奖杯）

马塞尔·考比伦杯（女子团体赛奖杯）

圣·勃莱德杯（男子单打奖杯）

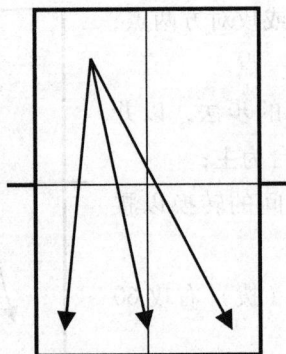
图9-2-60

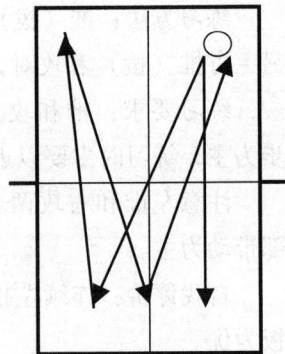
图9-2-61

伊朗杯（男子双打奖杯）

吉·盖斯特杯（女子单打奖杯）

兹·赫杜塞克杯（混合双打奖杯）

波普杯（女子双打奖杯）

朱比列杯（元老赛奖杯）

（2）奥运会乒乓球比赛

奥运会乒乓球赛为乒乓球国际比赛的主要赛事。设男子单打、女子单打、男子双打、女子双打4块金牌。4个项目的比赛均采用先循环后淘汰的两阶段比赛方法。

（3）世界杯乒乓球赛

世界杯乒乓球赛每年举办一次。每届只能有16名运动员参加比赛，参赛资格必须是国际乒联公布的部分世界优秀选手、各洲的单打冠军以及主办协会的单打冠军。

（4）世界乒乓球俱乐部锦标赛

世界乒乓球俱乐部锦标赛是一种职业运动中的商业性比赛，运动员不受本人国籍和他曾代表过哪个协会的限制，可以自由流动、自由比赛。同时，俱乐部锦标赛没有升国旗、奏国歌等仪式。

（5）中国乒乓球俱乐部超级联赛

超级联赛设有男子团体、女子团体两个项目。根据当年中国乒乓球俱乐部超级联赛和全国乒乓球比赛的成绩，男、女各有12支球队参加第二年的比赛。采用主客场的双循环赛。

项目三 乒乓球运动基本战术

一、乒乓球运动八个基本战术特点、方法与注意事项

（一）推攻战术

特点：主要运用正手攻球和反手推挡的速度和力量，并结合落点变化和节奏变化来压制和调动对方，以争取主动或得分。推攻战术是左推右攻打法对付攻击型打法的主要战术，有反手推挡能力的两面攻运动员、攻削结合运动员等也常使用它。

方法：

1. 左推右攻。

2. 推挡侧身攻。

3. 推挡、侧身攻后扑正手。

4. 左推结合反手攻。

5. 左推、反手攻、侧身攻后扑正手。

注意事项：

1. 推、攻都要有线路变化、落点变化和节奏变化，这是推攻战术争取主动和创造扣杀机会的主要方法。

2. 推挡一般以压对方反手为主，然后突然变正手，以创造进攻机会。如果对方正手较差，才可以推对方正手为主。

3. 在推挡中突然加力推对方中路，使对方难于用力回击，然后用正手或侧身扣杀。

4. 遇到机会球时要果断扣杀，这是推攻战术得分的主要手段。

5. 推攻战术要坚持近台，又不能死守近台，要学会近台和中台的位置转换，掌握对手节奏。

6. 推攻战术对付弧圈类打法应坚持近台为主，用快推和加、减力推挡控制落点，伺机采用近台反拉或中等力量扣杀弧圈球，然后进入正手连续进攻。

（二）两面攻战术

特点：主要利用正、反手攻球技术的速度和力量压制对方，争取主动和创造扣杀机会。两面攻技术是两面攻打法对付攻击型打法的主要战术。

方法：

1. 攻左扣右。

2. 攻打两角，猛扣中路。

注意事项：

1. 正、反手攻球都要有线路变化和落点变化，以便创造扣杀机会。

2. 要以压对方反手为主，然后攻击对方正手或中路，以创造扣杀机会。

3. 遇到机会球时要大胆扣杀。

4. 两面攻战术在主动进攻情况下要坚持近台，被动情况下可适当后退，在中近台或中台进行反攻。

5. 两面攻战术对付弧圈球打法应坚持近台，用快带顶住对方的弧圈球，伺机采用近台反拉或中等力量扣杀弧圈球，然后转入连续进攻。

（三）拉攻战术

特点：连续运用正手快拉创造进攻机会，然后采用突击和扣杀来作为得分手段。拉攻战术是快攻打法对付削球类打法的主要战术。

方法：

1. 正手拉后扣杀。

2. 反手拉后扣杀。

主要事项：

1. 拉、扣的力量要有较大的差别，以使对方措手不及。

2. 拉球要有线路和落点变化以调动对方，争取主动和创造进攻机会。

3. 遇到机会球时要大胆扣杀或突击。

4. 采用拉攻战术要有耐心，不要急于求成，对没有把握的机会球不要过凶。

（四）拉、扣、吊结合战术

特点：由拉攻与放短球相结合而成，是快攻型打法对付削球打法的常用战术。

方法：

1. 在拉攻战术的扣杀或突击后放短球。

2. 在拉攻战术中放短球后，结合扣杀或突击。

主要事项：

1. 拉攻中放短球，要在对方站位较远并且来球比较近网时进行，这样，放短球的落点容易靠近球网，可增加对方向前移动的距离和难度。

2. 放短球后扣杀时，如果对方靠台极近，可对准对方身体方向扣杀，这样，往往能使对方难于让位还击。

（五）搓攻战术

特点：主要运用"转、低、快、变"的搓球控制对方，以寻找战机，然后采用低突、快点或拉攻等技术展开攻势并进入连续进攻；在搓球中遇到机会球时进行扣杀，常常带有突然性，往往可以直接得分。搓攻战术是乒乓球各种打法都不可缺少的辅助战术。

方法：

1. 正、反手搓球结合正手快拉、快点、突击或扣杀。

2. 正、反手搓球结合反手快拉、快点、突击或扣杀。

注意事项：

1. 搓攻战术既要尽可能早起板，以争取主动，但又不能有急躁情绪，否则，起板容易失误。

2. 在搓球中遇到机会球时要大胆扣杀，这是搓攻战术的主要得分手段。

3. 在搓短中摆短，可使对方不易抢先进攻，故有利于创造进攻机会，以便伺机用正、反手或侧身进攻。

（六）削中反攻战术

特点：由削球和攻球结合而成，常以逼角加转削球为主，伺机反攻；或以转、低、稳、变的削球，迫使对手在走动中拉攻，以从中寻找机会，予以反攻。这种战术有"逼、变、凶、攻"的特点，是攻、削结合打法的主要技术。

方法：

1. 正、反手削球逼角，结合正手攻或侧身攻对方右侧空当。

2. 正、反手削两大角长球，结合正、反手反攻。

注意事项：

1. 正、反手削球都要注意旋转强度的变化。在削加转后，用削加转球相似的手法削不转球，是使对方拉出高球以进行反攻的有效方法。

2. 削球时要尽可能压低弧线，以避免对方扣杀或突击。

3. 削球逼角时要适当配合削另一角，以使对方在走动中击球。

（七）发球抢攻战术

特点：发球抢攻战术是以旋转、线路、落点以及速度不同的发球来增加对方回击的难度，使机会球出现，或降低对方的回球质量，然后抢先进攻，以争取主动或直接得分，这是乒乓球所有打法特别是进攻型打法的主要战术和得分手段。

方法：

1. 发下旋转与"不转"抢攻。

2. 发正、反手奔球抢攻。

3. 发正、反手侧上、下旋球抢攻。

注意事项：

1. 发球要有线路和落点的变化，以使对方在前、后、左、右走动中接发球。

2. 发球后要有抢攻准备，以不失抢攻的机会。

3. 自己发什么球，对方可能以什么技术回击，要做到发球前心中有数。这样，才能较好地做好抢攻的准备。

4. 抢攻要尽可能凶，又不能过凶，否则，会影响命中率。

二、乒乓球战术的应用

乒乓球有各种各样不同打法，还有多种战术。不管是什么打法，战术如何变化多端，乒乓球技术离不开四个基本因素，那就是：力量、速度、旋转和落点。力量作用于球，是通过球的前进速度和旋转强度表现出来的。如果在进攻当中猛力扣杀，使对方接不好，那么就要打得有力量。如果是在加强旋转的强度，无论是制造上旋或下旋，那么一定要用力摩擦球。为了尽量减少对方的准备时间，必须抓紧时间，争取在最短、最快的时间内把球回击到对方的台面上，使对方措手不及，这就是速度。为了增加对方还击的难度，还可以制造各种旋转球，迫使对方回球失误后"出机会"球，这就是旋转。乒乓球台不大，要使自己打过去的球更具威力，必须要调动对方前后、左右的移动或奔跑，因此，需要讲究落点。所以说，力量、速度、旋转、落点是乒乓球技术的基本因素。

（一）乒乓球发球技术的五个注意

1. 注意发球动作要符合规则。发球动作由两部分组成。①一只手的上抛动作：上抛高度大于等于16cm，上抛动作要在球台端线外、高于台面且需垂直上抛；②另一只手的挥拍动作：若按照新规则，要高于台面，并且要使两侧居中的裁判和对方运动员的视线，能看清动作。

2. 注意发球的针对性。知己知彼，百战百胜。发球前，应尽可能地了解对方的基本情况和特点。基本情况主要有 ①是直拍还是横拍；②是左手还是右手；③是亚洲选手还是欧美选手；④是生胶还是半长胶；⑤是反胶还是正胶；⑥是近台快攻打法还是削攻打法；⑦是初次见面还是熟悉的对手。对上述情况，要做到心中有数。如果有条件的话，最好通过热身、录像、报道等，了解对方的特长，了解对方发球、击球、落点规律和球路。

3. 注意发球直接得分。通过学习研究各种螺旋发球，练就最拿手的发球和绝招发球，如练发擦边球、回头球、近网边线球，在发球的开局，直接得分。在开局和中局，就争取主动，把比分拉开，这在"＋一分制"中，显深得格外重要。

4. 注意为发球抢攻做准备。总体上来说，发球为抢攻做准备的宗旨就是用各种方法提高发球的质量，增加对方接球的难度，使对方回球质量不高，从而为抢攻创造了条件。具体说来，应注意下面几点：①利用对方的漏洞和弱点，在落点、旋转、力量、曲线上不断地变化，从而提高发球的质量，创造抢攻的机会；②研究发球的规律，在发球时，就大体上可以预测对方回球的线路，从而提高抢攻成功的概率。③利用组合发球的威力，调动对方。如发近网、短而转的球，组合发底线，左、右、近身、长而急的球，往往能收到事半功倍的效果；④利用旋转的组合，如发近网转和不转的球，及发近网侧下旋球和"左爆冲侧上螺旋球"，把球发到对方左边线。这样旋转的组合，使对方感到难于应对，从而控制了比赛的节奏，使攻球频频得分。

5. 注意发球的力量。增加发球的力量，特别是发球加力，常会造成球飞出界或者球弹跳太高的后果。但是实际上，发加力短球，可使球短、转、低、落点好；发加力长球，可使球长、急、转、落在左右边角上，这体现了乒乓球的艺术性、和技术性。它不仅在理论上也是正确的，在实践中行的。只要在加力时，控制好撞击力和摩擦力的比例，适当增加球在球拍上摩擦时的螺旋线的长度、减少摩擦厚度、适当延长球在球拍上摩擦的时间，就可以达到上述效果。

（二）注意发球的旋转、速度及落点

1. 对旋转的判断。乒乓球发球中常出现的旋转主要有左、右侧上下旋，转与不转。通过发球者利用各种发球方式，将这些旋转方式表现出来。如正反手，下蹲等。在判断旋转性质时，可从以下几方面进行考虑：

（1）板形：一般情况下，发上旋球时，板形都比较竖，下旋球比较平、斜，这种特点与发球时要接触球的部位直接相关，因为发旋转球和不旋转球时，接触点比较靠近球的后中部；而发上旋和下旋时，向中下部和底部摩擦才可能比较转。

（2）动作轨迹：发下旋和不转球时，球与球拍接触的一瞬间，手腕摆动的幅度一般不是很大，并时常与假动作相配合；在发上旋和下旋时，手腕摆动相对大一点，这样容易"吃"住球，动作也比较固定，击球后常有一个停顿，即使加上假动作，也不会像发侧上旋和不转球那样连贯。

（3）弧线：上旋球和不转球的运行一般比较快，常有往前"窜拱"的感觉，发短球时容易出台；下旋球运行比较平稳，弧线略高，短球不易出台。

（4）出手：发上旋球和不转球一般出手比较快，并且突然，动作模糊；下旋球的出手相对要慢一些，因为要给球以足够的摩擦时间，才能使球产生强烈的下旋效果。

（5）分布：在接发球时，不断琢磨发球者发球的旋转性质的随机分布和习惯也是重要的，特别运用在判断不清时，例如，在一轮发球中，发球者一般会发几个转的，几个不转的，几个侧上，几个侧下；以及开局爱发什么样的球，关键球如何发；等等。毫无疑问，面对当今世界乒坛花样翻新，变化莫测的发球技术，接发球者的猜测是不可缺少的，如果想把每一个球都判断得清清楚楚，就不太实际了。

2. 对速度和落点对落点的判断。

（1）对长球的判断：一般情况下，发球者如果想把球发得很长，第一落点多在本方台面的端线附近。如果力量差不多，侧上旋和不转球的运动速度明显要快于侧下旋和下旋，如果是发侧上下旋斜线长球，要注意球的第二弧线有侧拐特点；如果是直线长球，要特别注意平推过来，或者是略带外拐的球，因为这种球除了有很快的速度外，球的线路也比较直，客观上增加了球的角度，给接发球者造成较大的难度。

（2）对短球的判断，由于发球者想要把球发短，手上就不能发很大的力量，要收住一点，所以，短球较难发挥速度的优势，主要考虑球的落点和旋转。在发短球时，第一落点一般距球网较近，可根据这一特点判断来球的长短。在接短球时，要特别注意手不要过早地伸入台内，以免侧上旋短球的第二弧线往前"拱"，顶在板上，使手上失去对球的控制，以及来球可能是"伞三角"位置，球是从靠近球网的边线出台，手来不及收回，无法对准球。

（三）提高正手拉球的力量

1. 拉手适当放开。打小球时，由于球速较快，一般不提倡较大的拉手，把前臂和上臂的角度打开即可。但只做到这样是不够的，要把肩关节适当打开，以增加拉球的动作幅度。同时，手尽可能抬高，为向前发力创造条件，使球产生较大的向前冲力。

2. 摩擦球不宜过薄。旋转能够提高拉球的准确性，但会影响球向前的平动移动速度。在同一板击球中，旋转和速度是一个矛盾统一体。为防止摩擦过薄，击球部位不要太靠上，可以中部为主，板形竖直，前倾不要过大，同时避免接触球的侧面太多。这样会使摩擦厚一些。

3. 腰部收紧。腰部是完成上、下肢动作传递的枢纽。合理的腰部动作会使动作协调，发力集中。在拉球的全过程中，腰部要绷住，在垂直轴上的转动不宜过大，以防分散向前的用力。为更好发挥腰部的功能，在拉球过程中要收腹、含胸。

4. 肘部做外侧半圆形运动。抬肘和夹臂是拉球中常犯的错误。拉球时，肘部随同手臂一起做外侧的小弧形运动，有利于击球中的发力，使力量更集中。

5. 高重心。重心在保持平稳运动的前提下尽可能抬起来，千万不要下蹲，造成坐着拉球，使球只往上走，而缺少向前的动力。

项目四　乒乓球运动损伤的保健知识

一、乒乓球运动最常见的损伤

经常从事乒乓球运动，在身体的不同部位有程度不等的伤病。经医生诊断，一般通诊为"运动劳损"。乒乓球运动员最常见的损伤有：髌骨劳损、腰肌劳损、肩关节劳损和腕关节劳损。

二、产生运动损伤的主要原因

这些部位都是乒乓球运动员经常用力的地方。局部负担量过大，而肌肉的基本力量又不足，这是产生劳损的最重要原因。其次，还与某些运动员掌握技术动作的方法不正确有关。所以，要根治这些劳损症，还应根据具体情况，采取相应措施才行。

（一）髌骨劳损

乒乓球运动员为跑动方便，双膝经常处于半屈状态，在跑动时又都是突然起动和突然急停，髌骨软骨长期受到"捻搓"和"挤压"，超过了局部肌肉组织的生理负荷，久而久之，就会使局部组织的细胞发生损伤，形成髌骨劳损。

（二）腰肌劳损

由于乒乓球运动员的腰部要经常快速转动，或可能因外伤（拉伤或扭伤）所致。

（三）肩关节劳损

乒乓球运动员最基本的活动是挥拍击球，所以，肩关节的活动量是很大的。运动员在打球时，小肌肉群的活动非常重要，而日常对身体训练中的肌肉练习往往重视不够，这一矛盾是造成肩部肌肉劳损的主要原因。

（四）腕关节劳损

乒乓球运动时刻离不开手腕的活动。有时手腕用力过猛，特别是前臂极度地旋前、旋后时，很容易导致腕关节受伤。其中，最常见的就是桡、尺远侧关节扭伤。

三、防治办法

防治损伤的最好办法是每次运动前都要做好充分的准备活动，除此之外，还可针对局部损伤进行以下练习：

（一）髌骨劳损防治

加强全面的身体训练，注意增加局部肌肉力量的练习。如：小腿屈伸、高抬腿、登台阶、爬山、负重蹲起等。目前常用的防治办法是静止半蹲练习。具体方法为：双脚与肩同宽，足尖和膝朝前，膝部半蹲角度约为130°；上体直立，双臂或向前举或扶于大腿；呼吸均匀、自然。半蹲静止不动。开始练习可进行1分~1分30秒，以后逐渐增加时间。每天练习1~2次。练习时，要慢慢伸直膝关节，并适当做些放松活动。

（二）腰肌劳损防治

防治办法有两点，一是每堂课前应充分做好准备活动，使腰部关节、肌肉活动开。二是加强局部肌肉力量的练习。具体方法有：徒手或负重上体屈伸、转体、侧体；上体俯卧鞍马向上举腿或下肢俯卧鞍马上体反复做屈伸的动作练习等。练习时，不要用力过猛，负荷要因人而异。

（三）肩关节劳损防治

持哑铃做上臂前平举（屈）、向后举（伸）、侧平举（外伸）和向上举的练习；仰卧在凳上做飞鸟动作；在拉力器上做上臂内收动作的练习等，可加强肩部小肌肉群的力量。

（四）腕关节劳损防治

除加强局部的肌肉练习外，还应加强手腕关节柔韧性的练习。在打球的基本动作上也应有所改进，不要单纯靠前臂的旋前与旋后来加大拍面的前倾角度，可以适当借助身体或其他办法来调整拍形。

项目五　乒乓球运动竞赛规则简介

一、发球

1. 发球开始时，球自然地置于不持拍手的手掌上，手掌张开，使球保持静止。

2. 发球时，发球员需用手将球几乎垂直地向上抛起，不得使球旋转，并使球在离开不执拍手的手掌之后上升不少于 16 厘米，球下降到被击出前不能碰到任何物体。

3. 球从抛起的最高点下降时，发球员方可击球，使球首先触及本方台区，然后越过或绕过球网装置，再触及接发球员的台区。双打中，球应先后触及球员和接发球员的右半区。

4. 从发球开始到球被击出，球要始终在台面以上和发球员的端线以外，而且不能被发球员或其双打同伴的身体或衣服的任何部分挡住。

5. 在运动员发球时，球与球拍接触的一瞬间，球与网柱连线所形成的虚拟三角形之内和一定高度的上方不能有任何遮挡物，并且其中一名裁判员能看清运动员的击球点。

二、击球

对方发球或还击后，本方运动员必须击球，使球直接越过或绕过球网装置，或触及球网装置后再触及对方台区。

三、失分

1. 未能合法发球。

2. 未能合法还击。

3. 击球后，该球没有触及对方台区而越过对方端线。

4. 阻挡。

5. 连击。

6. 用不符合规则条款的拍面击球。

7. 运动员或运动员穿戴的任何物件使球台移动。

8. 运动员或运动员穿戴的任何物件触及球网装置。

9. 不执拍手触及比赛台面。

10. 双打运动员击球次序错误。

11. 执行轮换发球法时，发球一方被接发球一方或其双打同伴，包括接发球一击，完成了 13 次合法还击。

四、一局比赛

在一局比赛中，先得 11 分的一方为胜方；10 平后，双方队员各发 1 球，先多得 2 分的一方为胜方。

五、一场比赛

单打淘汰赛采用七局四胜制，双打淘汰赛和团体赛采用五局三胜制。

六、次序和方位

1. 在获得 2 分后，接发球方变为发球方，以此类推，直到该局比赛结束，或直至双方比分为 10 平，或采用轮换发球法时，发球和接发球次序不变，但每人只轮发一分球。

2. 在双打中，每次换发球时，前面的接发球员应成为发球员，前面的发球员的同伴应成为接发球员。

3. 在一局比赛中首先发球的一方，在该场比赛的下一局中应首先接发球。在双打比赛的决胜局中，当一方先得 5 分后，接发球一方必须交换接发球次序。

4. 一局中，在某一方位比赛的一方，在该场比赛的下一局应换到另一方位。在决胜局中，先得 5 分时，双方应交换方位。

七、间歇

1. 在局与局之间，有不超过 1 分钟的休息时间。
2. 在一场比赛中，双方各有一次不超过 1 分钟的暂停。
3. 每局比赛中，每得 6 分球后，或决胜局交换方位时，有短暂的时间擦汗。

单元 十

羽毛球运动

项目一 羽毛球运动概述

一、羽毛球运动的起源与发展

相传羽毛球最早出现于 14 ~ 15 世纪时的日本，球拍是木制的，球用樱桃核插上羽毛制成。这种球由于球托是樱桃核，太重，球飞行速度太快，使得球的羽毛极易损坏，加之球的造价太高，所以该项运动时兴了一阵子就慢慢消失了。大约至 18 世纪时，印度的普那出现了一种与早年日本的羽毛球极其相似的游戏，球用直径约 6 厘米的圆形硬纸板，中间插羽毛球制成（类似我国的毽子），板是木质的，玩法是两人相对站着，手执木板来回击球。

现代羽毛球运动诞生于英国，大约在 1800 年，由网球派生而来。我们可以注意到，现今的羽毛球场地和网球场地仍非常相似。1870 年，出现了用羽毛、软木做的球和穿弦的球拍。1873 年，英国公爵鲍弗特在格拉斯哥郡伯明顿镇的庄园里进行了一次羽毛球游戏表演。从此，羽毛球运动便逐渐开展起来，"伯明顿"即成了羽毛球的名字，英文的写法是"Badminton"。那时的活动场地是葫芦形，两头宽中间窄，窄处挂网，直至 1901 年才改作长方形。

1875 年，世界上第一部羽毛球比赛规则诞生于印度的普那。

1878 年，英国制定了统一和渐趋完善的羽毛球比赛规则。

1899 年，英国举行了第一届全英羽毛球锦标赛；1903 年，在都柏林举行了世界最早的由爱尔兰和英格兰参加的羽毛球国际比赛。最早的羽毛球场地两端宽，中间网处窄小，形状类似古代的计时器——沙漏。

1934 年，由加拿大、丹麦、英格兰、法国、爱尔兰、荷兰、新西兰、苏格兰和威尔士创立了国际羽毛球联合会（International Badminton Federation）。当年，国际羽联第一任主席汤姆斯爵士捐资制作了一座奖杯，该奖杯作为世界羽毛球男子团体赛的流动奖杯颁发，所以世界羽毛球男子团体赛又称汤姆斯杯赛（Thomas Cup）。1948 年，举行了第一届比赛，以后每3年举行一次，每场比赛有5场单打、4场双打，共9场比赛，比赛两天完成。1984年改为每逢偶数年举行，并将9场制的比赛改为5场制，分别是3场单打，2场双打。

1956年，由世界著名羽毛球运动员尤伯夫人捐赠的奖杯，作为世界羽毛球女子团体赛的流动奖杯。1956年举行第一届尤伯杯赛（Uber Cup），每场比赛由3场单打、4场双打，共7场比赛组成。1984年改为与汤姆斯杯同时同地举行，采用同样的5场制比赛方法。

1977年，在瑞典的马尔默举行了首届世界羽毛球锦标赛（World Badminton Championships），设5个单项比赛，原为每逢奇数年举行，现改为每年举行一届。

1989年，在印度尼西亚举行第一届苏迪曼杯比赛（Sudirman Cup）。印度尼西亚向国际羽联捐赠了以印度尼西亚人苏迪曼名字命名的奖杯，作为世界羽毛球男女混合团体赛的流动奖杯。苏迪曼杯赛由男、女单打，男、女双打和混合双打5场比赛组成。

国际羽毛球联合会每年组织的世界羽毛球系列大奖赛（World Grand Pris）总决赛始于1983年。前3届只设男女单打2个项目；1986年开始设男女单打、男女双打和混合双打5个项目。该项大奖赛分成若干站，在不同的国家或地区举行。根据赞助商提供比赛奖金的数量，将比赛分成6个星级。国际羽毛球联合会将参赛者各站比赛累计的成绩积分作为每站比赛选手的依据。自2001年起，总决赛停办。国际羽毛球联合会于2006年正式更名为羽毛球世界联合会，简称世界羽联。50年代亚洲羽毛球运动发展很快，马来西亚取得两届汤姆斯杯赛冠军。同时印度尼西亚队在技术和打法上有所创新很快取得了霸主地位。

1981年5月，国际羽毛球联合会重新恢复了中国在国际羽联的合法席位，从此揭开了国际羽坛历史上新的一页，进入了中国羽毛球选手称雄世界的辉煌时代。在1988年汉城奥运会上，羽毛球被列为表演项目，1992年巴塞罗那奥运会将其列为正式比赛项目。从此羽毛球运动进入新的发展时期。

二、世界重大羽毛球赛事

目前，由国际羽联主办的世界重大羽毛球赛有：

1. 汤姆斯杯赛，即世界男子团体羽毛球锦标赛。1948年举行第一届比赛，现为两年一届，在偶数年举行。比赛由3场单打，2场双打组成。

2. 尤伯杯赛，即世界女子团体羽毛球锦标赛。1956年开始举行第一届比赛，两年一届，在偶数年举行。比赛由3场单打，2场双打组成。

3. 世界羽毛球锦标赛，即世界羽毛球单项锦标赛。设有男、女单打、双打和混合双打5个比赛项目。1977年起开始为三年一届，1983年改为两年一届，在奇数年进行。

4. 苏迪曼杯赛，即世界羽毛球混合团体比赛。1989年开始举办，两年一届，在奇数年举行，比赛由男女单打、男女双打组成。

5. 世界杯羽毛球赛。属于邀请性比赛，由国际羽联邀请当年成绩优异的选手参加。其创办于 1981 年，1997 年国际羽联决定从 1998 年起改为主办有世界顶尖级选手参加的明星赛，并准备尝试奖金丰厚的羽毛球大满贯赛事。

6. 全英羽毛球锦标赛。由英格兰羽毛球协会于 1899 年创办。它是世界历史上最悠久的羽毛球赛事。最初由英国和英联邦国家选手参加，现在已成为全球性的羽坛大会战。

7. 国际系列大奖赛。由国际羽联参照世界网球大奖赛办法组织，始于 1983 年。比赛分成若干区，由许多比赛组织成系列。根据运动员在各次比赛中的成绩积分，进行排名，前 16 名进行总决赛。

项目二 羽毛球运动基本技术

一、握拍

握拍是学习羽毛球最基本的技术环节，握拍的正确与否直接影响到技术的掌握和提高，正确的握拍能使人感到球拍、手臂和手指的延长和扩大。羽毛球的握拍一般分为正手握拍和反手握拍两种方法。

（一）正手握拍方法

手指自然张开轻轻地握住拍柄，右手拇指放在其中，中指、无名指、小拇指自然并拢，食指和中指稍分开，大拇指的内侧和食指贴在拍柄的两个宽面上将球拍握住。握拍时掌心不要贴紧拍柄，要使掌心和拍柄留有一定的空隙，拍柄底端和近腕部的小鱼际对齐（图 10 - 2 - 1）。

图 10 - 2 - 1

（二）反手握拍方法

反手握拍和正手握拍基本相似，在正手的基础上，将大拇指伸直用其第一指节内侧贴在拍柄内侧的宽面上，食指收回，与拇指同高，用大拇指和食指将球拍稍向外转，中指、无名指、小指紧握拍柄，拍柄端靠近小指根部。握拍手掌心和拍柄之间要留有一定的空隙，以使能充分利用手腕力量和大拇指的内侧压力击球。（图10-2-2）。

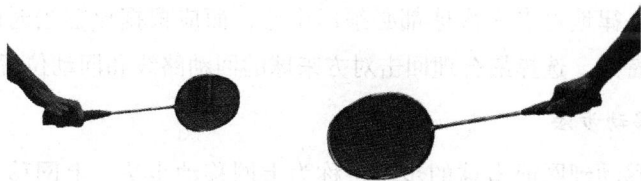

图10-2-2

（三）练习方法

1. 正确握拍后，反复进行无球挥拍练习。

2. 正手握拍垫球，反手握拍垫球。

二、步法

（一）场上步法的基本环节和基本步法

1. 起动：对来球的反应判断，即从准备接球姿势转为向击球位置出发，称为起动。一场比赛要起动几百次（基本上是每回击一拍起动一次），要做到起动快，必须反应敏捷，判断准确和起动的准备姿势正确。准备姿势可分为两种：一种是接发球姿势（必须按规则要求原地站立），左脚在前，右脚在后，侧身对网，重心在左脚，右脚跟离地，双膝微曲，收腹含胸，放松提拍，屈肘举在胸前，两眼注视对方发球动作；另一种是双方双打过程中的准备姿势，应该是右脚在前，左脚在后，前脚掌着地，脚跟提起，膝关节微曲，上体稍微前倾，重心落在两脚之间，持拍于腹前，整个姿势要协调放松，保持一触即发的起动姿势。

2. 移动：主要指从中心位置起动后到击球位置的移动方法，移动的基本步法有垫步、交叉步、小碎步、并步、蹬转步、蹬跨步和腾跳步等，运用这些方法，构成了从中心位置到场区不同位置击球的组合步法——后退步法、两侧移动步法和上网步法。由中心位置到击球点的步数，一般用一步、两步或三步，这必须根据当时球离身体的远近来决定。影响移动速度的因素有步数的多少、步频的快慢和步幅的大小。

（二）到位配合击球

移动本身是有目的的，它是为击球服务的，所谓"步法到位"，即指根据不同的击球方式，运动员站到最适合这种击球的最有利的位置上，如果没有占据最理想的位置，最后（击球前）还需要做小步调整，使击球动作能协调地发力。

（三）回动（回中心位置）

击球后，应尽力保持（或尽快恢复）身体平衡，并立即向中心位置移动，以使在中心位置上做好迎击下一个来球的准备，称为回动。初学者往往缺乏回中心的意识，哪里打完球就停在哪里，这是必须改正的。当然，运动员随着比赛经验的积累，逐步体会到并非千篇一律地每击一次球都必须回中心，而应根据比赛当时的实际情况，根据双方技战术的特点，选择最合理回击对方来球的回动路线和回动位置。

（四）上网移动步法

从中心位置移动到网前击球的步法，称为上网移动步法。上网移动步法可根据个人习惯采用交叉步、并步、垫步或蹬跨步。

1. 右边上网移动步法：可采用两步或三步交叉步加蹬跨步移动的方法，也可采用垫一步再跨一大步移动的上网方法。

2. 左边上网移动步法：同右边上网移动步法，只是移动的方向是朝左边网前的。

（五）两侧移动步法

从中心向左右两侧移动到击球点上击球的步法，称为两侧移动步法。它一般用于中场接高球、起跳突击等。

向右侧移动步法：离中心较近时蹬跨一大步到位击球，如离中心较远，则垫一小步后右脚再跨一大步。

向左侧移动步法：与右侧移动步法相同，方向相反。

起跳腾空步法：为了争取时间进行高点击球，而用单脚或双脚起跳，居高临下，凌空一击的方法叫起跳腾空击球，主要采用并步加蹬跳步，这种步法在两侧突击进攻时使用较多。

（六）后退移动步法

从中心移动到后场各个击球点的位置上击球的步法，称为后退击球法。

正手后退（右场区）步法：一般采用侧身后退步法，有利于到侧后挥拍击球，多采用并步加跳步。

头顶击球（左场区）步法：一般采用侧身后退步法，移动方向是左后场，采用后交叉加跳步步法。

（七）前后场连贯移动步法

连贯移动，是指两个或两个以上的击球动作之间的移动是连贯的。原因一般有两种：一种是战术目的明确或预测判断有十分把握的情况下步法移动迅速；另一种是双方互相还击的球速都比较快，如接杀抽、放网、勾、推等类型的技术，运动员跑起来步法之间衔接很快，也被认为是连贯的。其实无论什么情况，两个技术动作之间的步法必然会稍有停顿的现象，只要运动员节奏掌握得好，就不为人所注意。

三、发球

发球是羽毛球运动中最重要的技术之一，是唯一不受对手影响而由自己掌握并组织进攻的技术，也是评价运动员技术水平的重要标志之一。发球的好坏直接影响以后能否主动进攻。按其动作分为正手发球和反手发球两种。按球在空中飞行的弧线，可分为发高远球、平高球、平快球、和网前球四种（图 10－2－3：1. 网前球，2. 平快球，3. 平高球，4. 高远球）

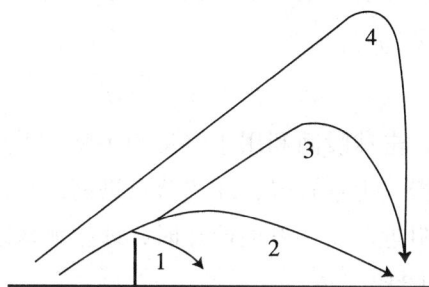

图 10－2－3

（一）正手发高远球

与正手发球准备动作相同，引拍时握拍较轻松，在击球的瞬间握紧球拍，用手腕屈收的力量向前方发力击球，挥拍击球前手臂要伸直，手腕后屈尽力向后引拍，以便在击球时充分发挥前臂和手腕的爆发力，击球后球拍随着惯性向左肩上方挥摆，使之完成随挥动作（图 10－2－4）。

图 10－2－4

（二）正手发网前短球

发网前短球是把球发至对方球区内前发球线附近。球的飞行速度较慢，飞行弧度较低，使球贴网而过。它是双打比赛最常用的发球方法。在单打比赛中用于对付接网前球较差的对手，有时也可以作为过渡性的发球，或抢攻战术的手段。正手发网前球时，上臂动作要小，击球瞬间无需紧握拍柄，而是利用手腕和手指的力量从右向左横切推送，将球轻轻发出，使球贴网而过。

（三）正手发平快球

又称发平球，是指把球发得又平又快，使球快速落在对方场内端线附近。平快球突击性强，往往能使对手措手不及而造成失误。准备姿势同发高远球，站位稍靠后些，击球瞬间紧握球拍柄，小臂挥动力量带动手腕、手指力量快速向前击球，球的飞行路线与地面形成的仰角小于30°。

（四）反手发网前球

准备击球时手腕内屈，击球瞬间利用小臂带动手腕、手指力量向前横切推送，将球击出。发球时，挥拍较慢，力量较轻，球的落点进网，当球贴网而过后即往下坠落在对方发球区内前罚球线附近。反手发网前球时，球拍触球时拍面应呈切削状，手腕柔和发力，由后向前推送击球。

（五）练习方法

1. 徒手挥拍模仿各种发球练习。
2. 发球区躲球，反复练习不同发球技术。
3. 指定落点区域，练习不同发球技术。
4. 发球区多球练习发直线球、斜线球、定点球和不定点球。

四、接发球

接发球是羽毛球基本技术之一，也是最难掌握的技术，因为在对方发球掌握主动权时，多击向接发球者技术环节较为薄弱的地方，造成接发球者被动挨打的局面。随着发球技术的不断提高，接发球技术的要求也越来越重要。所以在羽毛球技术中掌握好接发球技术，也就能够争取到比赛主动。

（一）接发球的站位

接发球的单打站位是在高远发球线1.5米左右，在不同区域进行接发球时尽量靠近中线位置，如果站在较靠边线的位置，对方发头顶球时，就会出现很大漏洞，不能有效地护住头顶球。

（二）接发球的准备动作

两脚自然开立，左脚在前，右脚在后（以右手握拍为例），重心在前脚上，后脚脚跟微抬，双膝微曲，收腹含胸，身体稍向前倾斜，眼睛正视发球方，两臂自然弯曲张开上举至手臂，与肩齐平。

五、后场击球技术

以空中飞行的弧度分为高远球、吊球、杀球。其特点是击球点高、力量大、速度快、威力大。

（一）高远球

高远球飞行弧度高、速度慢，主要是迫使对方离开中心部位去击球；或者是当自己位置错乱时，用击这种球来争取回位时间，所以比赛中在被动情况下常采用这种球进行过渡。

1. 正手击高远球。用后场退步法迅速向来球方向移动，调整好身体与来球间的位置，使球恰好在右肩稍前方上空。当球落在一定的高度时，右手肘上抬，手臂后倒引拍，以肩为轴做回环动作，同时身体左转，前肩充分向后下方摆动并外旋，手腕充分伸展。击球时，前臂迅速内旋带动手腕加速向前方挥动，手腕屈收，手指屈指发力，将球击出（图10-2-5）。

图 10-2-5

2. 反手击高远球。准备击球前，右脚在前，身体背向球网，持拍臂向上抬举，身体稍向左转，含胸收腹，左腿稍曲，同时手臂回环内旋引拍。握拍手尽量放松，手腕稍向外展。当球下落至右肩前上方一定高度时，以上臂、前臂迅速外旋带动手腕加速，由左下方经胸前向右前上方挥动。击球时手腕由伸展至屈收快速屈指发力，用反拍面将球击出。

（二）平高球

平高球与高远球一样，也可分为正手、头顶和反手三种进攻性击球技术，是一种进攻性的击球技术。其技术动作与击高远球基本相同，不同的是引拍、击球动作较高远球小而快，击球的瞬间运用前臂内旋带动手腕，向前快速发力击球（图10-2-6）。

图 10 - 2 - 6

（三）吊球

吊球是羽毛球战术中的策略性技术，是一项有效地调动对方然后寻找机会抢网进攻的技术。

正手吊球动作方法：正手吊球的握拍准备动作基本与正手高球相同。击球时，手腕、手臂、身体展开，在最高点击球，拍面正面向球，手腕做压送动作，击球拍的正面。击球后，手臂随惯性自然收回（图 10 - 2 - 7）。

图 10 - 2 - 7

（四）扣杀球

扣杀球是把对方击出的高球，用快速而有力的击球方式斜压下去。杀球技术是羽毛球运动中必备的后场技术，是比赛中一种重要的得分手段（图 10 - 2 - 8）。

图 10 - 2 - 8

动作方法：首先准备判断击球点，杀球的击球点要比高球及吊球的击球点稍靠前些。击球前，引拍要松，两脚弯曲，右腿比左腿更弯一些，重心落在右脚上，用脚步调整准确的击球点。击球时，充分利用右腿蹬地及腰腹的力量，手臂、手腕、手指击球瞬间爆发力的抖动，拍面要正，在击球瞬间，手指突然抓紧拍柄，把手腕的力量集中到拍柄上，发力将球击出。击球后，拍子随惯性挥到身体左侧，身体重心由右脚移动到左脚上。

六、前场击球技术

网前击球技术是羽毛球运动中一项非常重要的技术，熟练合理地运用网前技术，可以使对方由主动变为被动，从而控制对方，给自己创造有利的进攻机会。

网前技术分为放网、搓球、勾对角球、推球、挑球、扑球等一系列在网前需要处理的球。

1. 放网。

（1）正手放网。正手放网的握拍即为正手握拍，握拍时要放松，因为紧握球拍会妨碍手指的灵活性。上网时的抢点要高，如果击球点过低会造成球过网向上，就会给对方创造进攻的机会。上网时，右脚向斜前方跨出，左脚蹬地成弓箭步，重心放在右腿上。击球时，主要靠食指上顶和拇指下压击打来球的底部，使球直线过网（图 10 - 2 - 9）。

图 10 – 2 – 9

（2）反手放网。反手放网的握拍即为反手握拍。同正手放网一样，握拍时要放松。上网时的抢点要高，如果击球点过低会造成球过网向上，给对方创造进攻的机会。上网时，右腿向左前方跨出，左脚蹬地成弓箭步，重心放在右腿上。击球时，持拍手前臂内旋带动手腕做半圆弧形引拍向来球方向伸出，拇指上顶击打来球的底部，使球直线过网（图 10 – 2 – 10）。

图 10 – 2 – 10

2. 搓球。搓球是一项较复杂的网前技术动作，搓球分为正手搓球和反手搓球。

（1）正手搓球。动作方法：正手搓球的握拍即为正手握拍。握拍时要放松，因为紧握球拍会妨碍手指的转动灵活性。上网时的抢点要高，如果击球点过低会造成球过网向上，给对方创造进攻机会。上网时，右腿向斜前方跨出，左脚蹬地成弓箭步，重心放在右腿上。击球时，主要靠前臂外旋和手腕、手指向外拧转球拍并搓击来球的右下底部，使球旋转翻转过网（图 10 – 2 – 11）。

图 10 –2 –11

（2）反手搓球。动作方法：反手搓球的握拍基本与反手握拍相同。所不同的是，要把拍柄稍向里转动，同样不要紧握拍柄，手心要留有空隙。上网击球时，右腿向左斜前方跨出，左脚蹬地成弓箭步，重心放在右腿上。击球时，从外向里搓球，主要依靠前臂外旋及手指、手腕向内捻转球拍的合力，搓击球的左侧后底部，使球侧旋滚动过网。反手搓球还有一种是从里向外搓球，多用于离网更近的来球，击球时拍面向上，先向前再向左前上方挥拍搓击来球（图 10 –2 –12）。

图 10 –2 –12

3. 勾对角球。勾对角球在羽毛球比赛中是有效调动对方的一种防守技术。与搓球、推球结合运用可达到声东击西的战术效果。

（1）正手勾对角球。动作方法：正手勾对角球的握拍即为正手握拍，击球点要高，准备动作与推球相同，脚下站位也基本相同。击球时靠前臂内旋往左拉收，手腕随之内收闪腕，用手指捻动球拍拨击球托的右侧后部，使球越网坠落。

（2）反手勾对角球。动作方法：反手勾对角球的握拍即为反手握拍，准备动作与推球相同，脚下站位也基本相同。击球时，球拍略向下进球，然后变为拍头向上击球，击球时，用球拍拨击球托的左侧后部，使球越网坠落（图 10 –2 –13）。

图 10 - 2 - 13

4. 推球。推球是在本方主动的情况下将网上来球向对方的后场击出的技术。其特点是击出的球既快又平，给对方造成回击困难，网前推球是羽毛球技术中较有进攻性的技术。

（1）正手推球。动作方法：正手推球前的准备动作同搓球相似，击球点要求略高于网甚至与网平行，击球时要有压腕的动作。击球前，臂微曲，手腕充分后屈，使拍头朝后，然后向前挥拍击球。推球时，手腕和手指发力要快，击球后收回球拍即可（图 10 - 2 - 14）。

图 10 - 2 - 14

（2）反手推球。动作方法：反手推球采用反手握拍方法，大拇指顶住拍柄，准备动作和反手搓球基本相似，往前挥动。击完球后收拍即可（图 10 - 2 - 15）。

图 10 - 2 - 15

5. 挑球。挑球是羽毛球主要技术之一，多用于中前场区域内。

（1）正手挑球。动作方法：正手挑球的握拍为正手握拍。正手的挑球动作与正手发高远球动作很相似。右脚向前跨出成弓箭步，重心在右腿上。击球时首先要向后下方引拍，然后从下向左前上方挥拍，在大臂带动下以小臂和手腕的爆发力击球（图 10 - 2 - 16）。

图 10 - 2 - 16

（2）反手挑球。动作方法：反手挑球采用握拍法。击球前，右脚向左前方跨出成弓步，重心在右腿上。击球时，首先要屈腕屈肘收拍，肘关节向前引拍，然后大臂带动小臂和手腕发力向右前上方挥拍击球（图 10 - 2 - 17）。

图 10 – 2 – 17

6. 扑球。扑球是当来球在网顶上空时，能以最快速度上网扑压来球的技术动作。

动作方法：反手扑球采用反手握拍方法，但要比反手握拍更向里握，几乎是球拍的正面对着球网。反手扑球同样采取向前跳起击球，击球前要及时换为反手握拍法。击球时，要特别注意发挥手腕和拇指的力量。击球后，迅速收拍，防止球拍触网（图10 – 2 – 18）。

图 10 – 2 – 18

（三）中场击球技术

中场区是羽毛球比赛较为重要的场区，因为此场区既可攻又可守，是攻防转换的主要区域。故控制好中场球是给自己创造有效进攻机会的关键手段。

1. 平抽球。如来球在肩以下腰以上之间的高度，回击球时，以几乎平行于地面的飞行轨迹将球平扫到对方底线附近叫平抽球，平抽球常用于双打比赛中。

（1）正手平抽球。动作方法：正手平抽球采用正手握拍方式，击球前右脚向右侧跨步，重心在右腿上，同时手臂向后引拍屈肘，手腕后屈，然后向前发力，主要靠小臂和手腕的爆发力将球击出。

（2）反手平抽球。动作方法：反手平抽球采用反手握拍方式，击球前以左肩为轴转右肩，使右肩正对球网，同时右脚向左侧斜前方跨出，重心在右腿上，同时手臂向后引拍，然后再向前平扫将球击出。

2. 接杀球。

（1）正手接杀球。动作方法：降低重心，判断起动。上臂带动前臂和手腕外旋做一定的弧形引拍，球拍与跨步脚尖同时伸向来球，准备击球（图 10－2－19）。

图 10－2－19

（2）反手接杀球。动作方法：降低重心，判断起动。持拍手的上臂内旋，带动前臂和手腕外旋做一定的弧形引拍，伸向左侧来球方向，准备击球。

项目三　羽毛球运动基本战术

一、单打技术

（一）发球与接发球战术

利用对手球的时间差，使对方判断错误而被动接球或接球失误；保持动作的一致性，迫使对手多方防备而造成回球质量差；变换发球点和弧线，发向对方接球能力薄弱的区域；发现和把握对方接发球的习惯球路。接发球要力争不让对方有直接进攻机会，把球回击到远离对方所站的位置的落点上，或回击到移动的方向相反的位置上，或回击到技术薄弱环节上迫使对方被动回动。

（二）发球抢攻战术

一般发网前球结合发平快球、平高球开始，如果对方接发球质量较差时第三拍就主动进攻。

（三）压后场战术

对后场还击能力较差的对手，可攻对方后场底线两角（尤其是反手区），待回球质量差时发起进攻，或趁对方只顾及后场时突然吊网前球。

（四）攻前场战术

对网前球技术较差的对手，可多以吊球和放网前球使其在网前对攻失误，或迫使对方勉强回击后场球时进攻其后场。

（五）打四方球结合突击战术

若对手步法较慢、体力较差、技术不全面，可以平高球压对方后场底线两角和吊对方网前两角调动对方，当对方回球质量较差时或站位不当时发动进攻。

（六）杀吊上网战术

当对手击来后场高球时，即以杀球或吊球下压；若判断对方挡回网前球时，即快速上网高点控制网前。它可以对付后场进攻能力强，但接杀球、网前球技术较差的对手。

此外，还有逼反手战术、过渡球战术、防守反攻战术等。

二、双打战术

双打站位配合，有两人一前一后站位和两人左右站位两种形式。前后站位有利于进攻，而不利于防守，所以在本方进攻时多采用此站法。左右站位多在防守时采用，两人各管半边，防守时就没有什么空档。站位形式在比赛中随着进攻与防守之间的不断转换而变化。当防守转进攻时两人之间的配合（如图 10 - 3 - 1）。当进攻转防守时两人之间的配合（如图 10 - 3 - 2）。

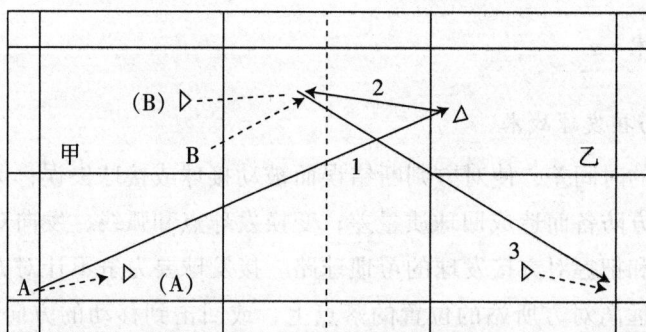

图 10 - 3 - 1　防守转进攻的配合

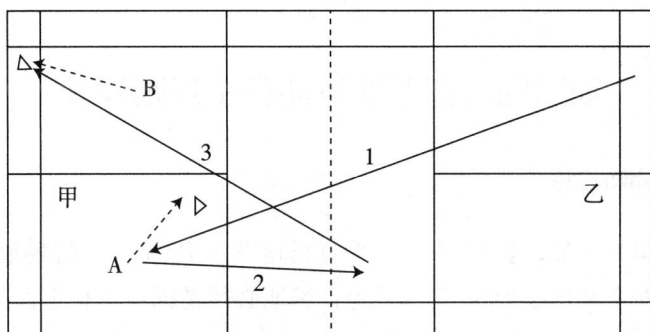

图 10-3-2　进攻转防守的配合

（一）发球与接发球战术

双打发球应以发 1、2 号区的低球为主，以避免接发球下压进攻，结合发一些 3、4 号区的平高球，平高球应突然发向接球员接球能力最薄弱的区域（如图 10-3-3）。迫使对方上挑，为后场进攻创造机会。接发球尽量不挑高球，以避免发球方第三拍的进攻，并多变化路线。

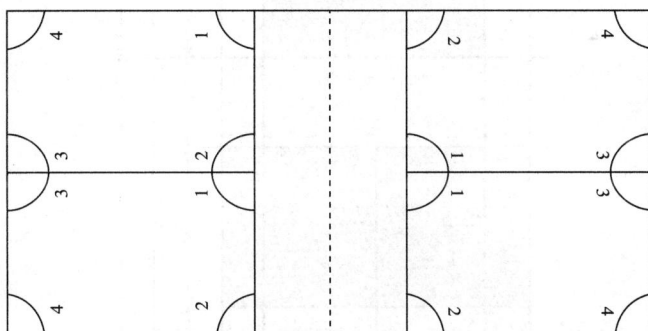

图 10-3-3

（二）发球抢攻战术

应以发网前球 1、2 号区域为主，结合动作平高、平快球，抓住对方接发球的习惯性球路和弱点，抓住机会突击或封网扑杀。

（三）避免打弱战术

当对方二人的技术水平悬殊，可采用"二打一"的方法，重点进攻弱者，如果强者争打来球，场上就会出现较大的空档。

（四）攻中路战术

当对方左右站位时，攻击对方中间空隙，使其出现争抢造成失误。此外，还有后攻前封、攻直线、攻后场。

项目四 羽毛球运动竞赛规则简介

一、比赛场地和设施

比赛场地地呈长方形，长 13.4 米，单打场地宽 5.18 米，双打场地宽 6.10 米。奥运会羽毛球场地净空高度必须在 12 米以上，场地必须是铺在木板上面的塑胶羽毛球场地。球网的材料为拉伸性较小的编织尼龙绳。球网由边长为 15～20 毫米的方形网孔均匀分布而构成。球网的长度为 6.10 米，球网两端高度为 1.55 米，球网中间高度为 1.524 米（图 10 - 4 - 1）。

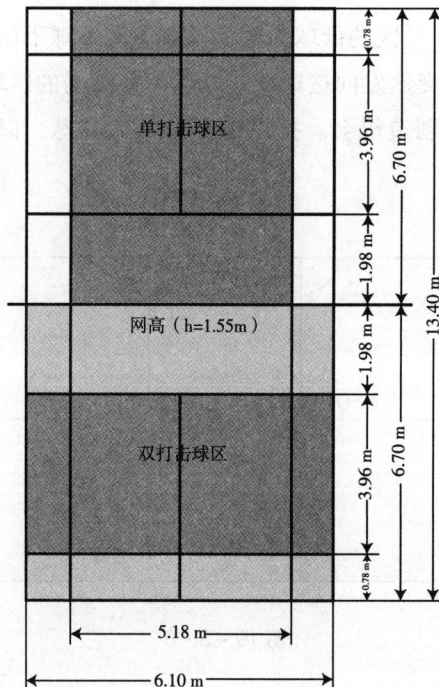

图 10 - 4 - 1

二、比赛规则简介

（一）挑边

赛前，采用挑边的方法（掷挑边器）来决定发球方和球区。挑边赢者将优先选择是发球或接发球，还是在一个半场区或另一个半场区比赛。输者在余下的一项中选择。

（二）计分方法

国际羽毛球联合会于 2006 年 5 月在东京举行的年度代表大会上，正式决定将比赛由 15 分制改为 21 分的新赛制。2006 年 5 月在日本东京举行的汤姆斯杯和尤伯杯赛上率先试行 3 局 21 分的赛制。这一赛制已成为现在所有羽毛球国际大赛的通用赛制。21 分的赛制在提高运动员的积极性、减少运动员受伤以及电视转播等方面较 15 分制有更大的优势。

国际羽联新的计分规则实行每球得分制，所有单项的每局获胜分皆为 21 分，最高不超过 30 分。每场比赛采取三局两胜制，率先得到 21 分的一方赢得当局比赛。如果双方比分为 20∶20 时，获胜一方需超过对手 2 分才算取胜；直至双方比分打成 29∶29 时，那么率先得分到第 30 分的一方获胜。首先获胜一方在接下来的一局比赛中率先发球。

（三）站位方式

1. 单打。当发球员得分数为 0 或偶数时，双方运动员均在各自的右发球区发球或接发球；当发球方的分数为奇数时，双方运动员均在各自左发球区发球或接发球。

2. 双打。

（1）比赛中，当比分为 0 或偶数时，球由右发球区对角发向对方场地的右接发球区；当比分为奇数时，球由左发球区对角发向对方场地的左接发球区。比赛中，只有当一方连续得分时，发球员才必须在右或左发球区交替发球，而接发球方队员的位置不变，其他情况下，选手应站在上一回合的各自发球区不变，以此保证发球员的交替。

（2）双打比赛无论是在开始还是在赛中，皆为单发球权，也就是说每次一方只有一次发球权。发球方失误不仅丢失发球权也将丢失 1 分，如果这时得发球权的一方得分为奇数时，则必须是位于左发球区的选手发球，如果此时得发球权的一方得分为偶数时，则必须是位于右发球区的选手发球。

（3）双打比赛只有接发球队员才能接发球，若共同伸接发球或被球触及则违例，判发球方得分，当发球被回击后，球可由二人中任一人击回，不得连击，如此再往返直至死球。

（4）双打比赛发球时，发球队员和接发球队员必须站在规定的发球区和接发球区内发球和接发球，他们的同伴站位可不受限制，但不得妨碍同伴。运动员发球和接发球顺序不得有误。

（四）比赛中间隙方式

每场比赛均采用三局两胜制。当任一方在比赛中得到 11 分后，双方队员将休息 1 分钟；两局比赛之间的休息时间为 2 分钟。

（五）比赛中常见的违例

1. 过手违例：发球时，在击球的瞬间，发球员的拍杆应指向下方，使整个拍头明显低于发球员的整个握拍手部。否则，将判违例。

2. 过腰违例：发球时，在击球的瞬间，整个球应低于发球员的腰部。否则，将判违例。

3. 挥拍有停顿：发球开始后，有不正当的延误击出发球或挥拍动作不连贯，将判违例。

4. 脚移动、触线或不在发球区内：自发球开始至发球结束，发球员或接发球员的两脚都必须有一部分与球场地面接触，不得移动，且都必须站在斜对面的发球区内，脚不得触及发球区或接发球区的界线。否则，将判违例。

5. 最初击球点不在球托上或发球时未能击中球，将判违例。（最初击球点不在球托上是指发球时，球拍先触及羽毛球或同时击中羽毛球和球托）。

6. 发球时，球没有落在规定的发球区内，将判违例。例如：发出的球没有落于对角的场区内或不过网，或挂在网上、停在网顶等。

7. 球从网上或网孔穿过或触及天花板或触及运动员的身体、衣服，将判违例。

8. 球触及球场或其他物体或人，将判违例。

9. 击球点超过网的向上延伸面，即在对方场区上空击球，将判违例。

10. 运动员的球拍从网上、网下侵入对方场区以致妨碍对方或分散对方注意力、阻挡对方靠近球网的合法击球，将判违例。

11. 同一运动员连续两次挥拍击中球，或双打的同方两名队员连续各击中球一次，将判违例。

12. 球停在球拍上，紧接着被拖带抛出，将判违例。

13. 运动员严重违反或屡次违反比赛的连续性的规定或运动员行为不端，将判违例。例如：擅自离开比赛场地喝水、擦汗、换球拍、接受场外指导等，或故意改变球形、破坏羽毛球或举止无礼等。

（六）重发球

1. 重发球时，原回合无效，由原来发球员重新发球。

2. 除发球外，球过网后，挂在网上或停在网顶，判重发球。

3. 发球时，发球员和接发球员同时被判违例，判重发球。

4. 发球员在接发球员未做好准备时，将球发出，判重发球。

5. 球在飞行时，球托与球的其他部分完全分离，判重发球。

6. 裁判员对该回合不能做出判决时，将判重发球。

7. 出现意外情况，判重发球。

（七）交换场地

1. 第一局比赛结束时，双方应交换场地。

2. 若局数为 1∶1 时，在第三局比赛开始前，双方应交换场地。

3. 在第三局比赛中，领先一方比分达到 11 分时，双方应交换场地。

4. 若应交换场地而未交换时，一旦发现应立即交换，已得分有效。

网球运动

项目一　网球运动概述

网球是一项优美而激烈的体育运动，网球运动的由来和发展可以用四句话来概括：孕育在法国，诞生在英国，开始普及和形成高潮在美国，现在盛行全世界，被称为世界第二大球类运动。网球通常在两个单打球员或两对组合之间进行。球员在网球场上隔着球网用网球拍击打网球。

现代网球运动诞生于 19 世纪的英国伯明翰。在 20 世纪中，网球在世界各地得到广泛发展，并成为一项世界性的体育运动。最受关注的网球比赛是每年举办的四项网球四大满贯赛事。

一、网球运动起源

网球运动最原始的形式被称为室内网球（Real tennis）。大多数历史学家认为，这一运动最早起源于 12 世纪法国北部传教士在教堂回廊里用手掌击球的一种游戏。到了 14 世纪中叶，法国的一位诗人把这种球类游戏介绍到法国宫廷中，作为皇室贵族男女的消遣。当时玩这种游戏，场地是宫廷内的大厅，没有网也没有球拍，球是用布卷成圆形后用绳子绑成的。场地中间架起一条绳子为界，利用两手作球拍，把球从绳上丢来丢去，法语叫作 Tenez，英语叫作 "Take it! Play"，意即："抓住！丢过去"，今天 "网球"（Tennis）一语即来源于此。到了 16 世纪，木板的球拍被用来代替两手拍球。最初的网球，只是两个半球填充草、树叶或头发等制成的，后来随着网球的不断发展，球的制作也越来越讲究。

16 世纪初，这项球类游戏被法国国民发现，出于好奇心开始仿效，很快地传播到各大城市。同时改良了用具，球制造得比较耐用，拍子由木板改为羊皮纸板，拍面面积扩大，握把的柄也加长。场地中间的绳子，增加无数短绳子向地面垂下，球从绳子下面经过时，可以明显地发觉。后来被法国国王路易斯下令禁止，并规定这是宫廷中的特权游戏。

17 世纪初，场地中间不再用绳帘，而改用小方格网子，网比帘的作用更好，拍子改用穿线的网拍，富有弹性而且轻巧方便。在法国宫廷中做这种游戏时，球场旁边放置一只金色容器，每次比赛完毕后，观众将金钱投入盘中，作为胜利者的奖品。这种方法起初的用意很好，后来渐渐演变成为一种赌博。开始时数目尚小，久而久之越赌越大，甚至有人因此倾家荡产，于是纠纷迭起，法国国王遂下令禁止再做此种游戏，这就是 18 世纪初期网球衰败的主要原因。

二、网球运动发展

现代网球运动的历史一般是从 1873 年开始的。那年，英国人沃尔特·克洛普顿·温菲尔德将早期的网球打法加以改进，使之成为夏天在草坪上进行的一种体育活动，并取名"草地网球"。同年还出版了一本以《草地网球》为题的小册子，对这种活动进行宣传和推广，所以温菲尔德被称为"近代网球的创始人"。此后网球便成为一项室内、户外都能进行的体育项目。同时英国各地建立起了网球运动俱乐部。1875 年又建立了全英网球运动俱乐部。这个俱乐部建造了世界上的第一个网球场地，并于 1877 年举办了全英草地网球男子单打锦标赛，即后来闻名于世的温布尔登网球赛。

随着网球运动的广泛开展和比赛活动的日益频繁，没有统一的规则当然是不行的。于是在 1876 年，由一些地区的著名网球运动俱乐部派出代表，一起开会研究和讨论制定一个全英统一的网球规则。经过多次协商，各方代表终于对网球运动的场地、设备、打法和比赛等方面取得了一致的意见，并形成了一个统一的规则。大约在 1878 年以后，英国大多数网球俱乐部都逐渐按照新的打法开展活动，进行训练和比赛。

1874 年，在百慕大度假的美国女士玛丽·奥特布里奇在观看了英国军官的网球比赛后，对这项体育活动颇感兴趣，于是将网球规则、网拍和网球带到纽约。在美国，网球运动最初是在东部各学校中开展的，不久就传到中部、西部，进而在全美得到普及。此时网球运动已经由草地上演变到可以在沙土上、水泥地上、柏油地上举行比赛，于是"网球（Tennis）"的名称就慢慢替代了"草地网球（Lawn Tennis）"的名称，这是我们今天网球（Tennis）名称的由来。

现代网球运动开展的初期，妇女常被排斥在外，其理由是网球运动不适合于妇女。同时认为妇女参加网球运动，有伤风化。因此早期的网球比赛只设有男子单打和双打两项，不设女子网球项目。但是一些女选手不仅敢于冲破家庭的阻挠和社会舆论，而且有的技术水平还超过了男选手。在一些非正规的单打比赛中常常出现一边是男选手、另一边是女选手的情况。这才迫使一些网球俱乐部不得不破除这一禁令，允许妇女参加这一运动。所以从 1879 年开始诞生了男女混合双打比赛，这是妇女自身努力奋斗的结果。

1878 年，第一次男子双打锦标赛在英格兰举行。1879 年，第一次女子单打和混合双打比赛在爱尔兰举行。1884 年，温布尔登增加了女子单打和男子双打锦标赛。1913 年又增加了女双和混双锦标赛。

1881 年，世界上出现了第一个全国性的网球协会，即美国全国草地网球协会（"全国"字样于 1920 年取消）。该会于当年 8 月 31 日至 9 月 3 日，在罗得岛纽波特港举行第一届美国草地网球男子单打和男子双打锦标赛，采用了温布尔登的比赛规则，参加比赛的有 26 人。

美国全国草地网协主席德怀特和美国男单冠军西尔斯，是最早参加温布尔登锦标赛的海外运动员。1887 年，开始举行美国草地网球女子单打锦标赛，女子双打和混合双打分别开始于 1890 年和 1892 年。

1891 年，法国首次举行男子单打和男子双打锦标赛，参加者限于法国公民，女子单打始于 1897 年。

1900 年，21 岁的美国网球运动员戴维斯，为了推动现代网球运动的发展，捐赠了一只黄金衬里的纯银大钵，名为戴维斯杯。它后来成为国际网坛声望最高的男子团体锦标赛的永久性的流动奖杯。每年的冠军队和队员的名字刻在杯上，当 1920 年刻满名字后，戴维斯又捐赠了一只垫盒，以后又增添了两只托盘。

1904 年，澳大利亚草地网球协会成立，并于 1905 年开始主办澳大利亚锦标赛，设男子单打、男子双打两个项目。1922 年又增加了女子单打、女子双打和混合双打三项。法国网球锦标赛、英国温布尔登网球锦标赛、美国网球锦标赛和澳大利亚网球锦标赛合在一起是世界上最有声望的"大满贯"网球锦标赛。任何一名选手或一组双打选手能在同一赛季中，赢得这四个锦标赛的冠军时，便可以获得"大满贯"优胜者的荣誉。

1913 年 3 月 1 日，由澳大利亚等 12 个国家的网球协会代表，在巴黎成立了国际网球联合会（ITF），协调国际网球活动，安排全年比赛日程表，修订网球规则并监督它的执行。

1919 年，抽签采用"种子"制度。1927 年，英国首创无缝网球，使球速加快。1945 年至 60 年代，网球趋向职业化。1963 年开始举办女子团体赛——联合会杯赛。1968 年温布尔登首先实行不区分业余选手和职业选手的参赛制度。1972 年，国际男子职业网球选手协会成立。1973 年，国际女子网球协会成立。

1896 年在雅典举行的现代第一届奥运会上，网球的男子单打与双打被列为正式比赛项目。后来，由于国际奥委会和国际网球联合会在"业余运动员"问题上有分歧，已经进行了连续七届的奥运会网球比赛项目被取消。直到 1984 年的洛杉矶奥运会上，网球才被列为表演项目。到 1988 年的汉城奥运会上，网球重新被列为正式比赛项目。

三、重大赛事

（一）ITF 主管

网球四大满贯（Grand Slam）。网球四大满贯是每年最重要的网球赛事，由四项公开赛组成：

表 11 - 1 - 1

网球四大公开赛（四大满贯）			
名　称	简称	举办国家	简　介
Australian Open 澳大利亚网球公开赛	澳网	澳大利亚	每年 1 月的最后两个星期举办 在澳大利亚第二大城市墨尔本（硬地）
French Open 法国网球公开赛	法网	法国	每年 5 月至 6 月举办 在巴黎（红土）
Wimbledon Championships 温布尔登网球公开赛	温网	英国	每年 6 月至 7 月举办 网球运动最古老和最具声望的赛事，在伦敦（草场）
U. S. Open 美国网球公开赛	美网	美国	每年 8 月底至 9 月初举办 在纽约（硬地）

（二）ATP 主管

ATP 世界巡回赛 1000 大师赛。ATP 世界巡回赛 1000 大师赛系列包含了以下比赛：

表 11 - 1 - 2

赛事名称	场　地
印第安维尔斯大师赛	室外 硬地
迈阿密大师赛	室外 硬地
蒙特卡洛大师赛	室外 红土
马德里大师赛	室外 红土
罗马大师赛	室外 红土
辛辛那提大师赛	室外 硬地
加拿大大师赛	室外 硬地
上海大师赛	室外 硬地
巴黎大师赛	室内 硬地

（三）WTA 主管

WTA 皇冠明珠赛。

表 11 - 1 - 3

WTA 皇冠明珠赛		
名称	国家	场地
印第安维尔斯大师赛	美国	硬地
迈阿密大师赛	美国	硬地
马德里大师赛	西班牙	红土
中国网球公开赛	中国	硬地

WTA 超五巡回赛。WTA 超五巡回赛包括多哈站、罗马站、多伦多/蒙特利尔、辛辛那提站和武汉站的比赛。

四、球场种类

网球场可分为室外和室内，且有各种不同的球场表面。其由经济因素所决定。例如草地网球是最基本的户外场地，但是其建立和保养费用太昂贵，所以现在已由人造球场取代，它较便宜且容易保养。另外有一种在欧洲盛行的红土球场，法国公开赛即为此种球场。

（一）草地场

草地球场是历史最悠久、最具传统意味的一种场地。其特点是球落地时与地面的摩擦小，球的反弹速度快，对球员的反应、灵敏、奔跑的速度和技巧等要求非常高。因此草地往往被看成是"攻势网球"的天下，发球上网、随球上网等各种上网强攻战术几乎被视为在草地网球场上制胜的法宝，底线型选手则在草地网球场上难有成就。但是，由于草地球场对草的特质、规格要求极高，加之气候的限制以及保养与维护费用昂贵，很难被推广到世界各地。每年的寥寥几个草地职业网球赛事几乎都是在英伦三岛上举行，且时间集中在六、七月份，温布尔登锦标赛是其中最古老也最负盛名的一项。

（二）红土场

更确切的说法是"软性球场"，其最典型的代表就是使用红土场地的法国网球公开赛。另外，常见的各种沙地、泥地等都可称为软性场地。此种场地特点是球落地时与地面有较大的摩擦，球速较慢，球员在跑动中特别是在急停急回时会有很大的滑动余地，这就决定了球员必须具备比在其他场地上更出色的体能、奔跑和移动能力，以及更顽强的意志品质。在这种场地上比赛对球员的底线相持功夫是一个极大的考验，球员一般要付出数倍的汗水及耐心在底线与对手周旋，获胜的往往不是打法凶悍的发球上网型选手，而是在底线艰苦奋斗的一方。

（三）硬地场

现代大部分的比赛都是在硬地网球球场上进行的，也是最普通、最常见的一种场地。硬地网球场一般由水泥和沥青铺垫而成，其上涂有红、绿色塑胶面层，其表面平整、硬度高，球的弹跳非常有规律，但球的反弹速度很快。许多优秀的网球选手认为，硬地网球更具"爆发力"，而且网球比赛中硬地球场占主导地位，必须格外重视。需注意的是硬地不如其他质地的场地弹性好，地表的反作用强而僵硬，所以容易对球员造成伤害，而且这种损害已使许多优秀的网球选手付出了很大代价。

（四）地毯场

顾名思义，这是一种"便携式"可卷起的网球场，其表面是塑胶面层、尼龙编织面层等，一般用专门的胶水粘接于具有一定强度和硬度的沥青、水泥、混凝土底基的地面上即可，有的甚至可以直接铺展或粘接于任何有支持力的地面上，其铺卷方便、适于运输且有非常强的适应性，室内室外甚至屋顶都可采用。球的速度需视场地表面的平整度及地毯表面的粗糙程度而定。在保养上此种场地也是非常简单的，只要保持地面清洁，不破损、不积水（与相应的排水设施配套）就可以了。

项目二　网球运动基本技术

一、握拍方法

握拍方法一般有三种，分别称为："大陆式""东方式""西方式"。对于初学者，可先学习东方式握拍法，以此为基础，再变换握法。

1. 大陆式（右手为例）握拍：食指的指节和右上方的棱面接触，持拍手的虎口就在手柄的上方。大陆式握拍的击球点位置应该与身体侧面较近及较低。

优点：大陆式握拍适用于发球、网前截击、削球和被动击球时使用。尤其是网前截击，在击球瞬间不需要切换握拍动作，可以很快地做出反应。另外，因为这种握法令拍面相对地开放（开放的拍面是指拍面和球网平行，收闭的拍面是指拍面和球网垂直），所以在处理离地面较低的来球和平击球时是比较有利的。

缺点：很难打出好的上旋球，当球员要想打出有威胁的球或救球时，"大陆式"握指要求击球的精确度比其他握法都要高，所以稳定而准确地击球是球员要面对的难题。

2. 东方式（右手为例）握拍："东方式"正手握拍法，对初学者来说比较容易掌握，也适合于各种类型的球场及各种击球方式。这种握拍方式类似与人握手，先将球拍柄水平放置，拍面与地面垂直，右手掌也与地面垂直，然后把手掌紧贴在拍柄上，这时大拇指与食指之间的"V"形虎口恰好对在拍柄的上平面偏右的位置上，大拇指第一关节位于拍柄的上部左上斜面，食指则轻绕至拍柄右侧到下平面，中指、无名指、小指握紧，并与大拇指接触，手掌底部与拍柄顶端对齐。

优点：这种握拍被公认是最容易学的，而且可以让球员击打上旋球和有攻击性的平击球。另外可以很快让球手转换握拍，所以喜欢截击的球员通常选用这种握法。

缺点：虽然击球区在离地面较高和在球手所站位置的较前方，但处理离地面较高的回球仍然是比较吃力。另外，在和对手打底线拉锯战时，它仍然处于下风。

3. 西方式（右手为例）握拍：从东方式握法顺时针转动手腕直至手腕在球柄的下方，也就是说手掌几乎是在球柄的下方。

优点：这种握法要求球员从网球的底部向上和向前打出，因而可以打出又高又强有力的上旋球，令对手停留在底线以外，它是红土球手的首选握法。初学者也可以选用这种握法。击球点是离地面更高和离身体更前的位置，对处理高球最有效。

缺点：处理低球十分困难。不适用在球速较快的硬地和草地场，因为这要求球手要用更多的腕力和更快的挥拍速度去打出有效的上旋球。同时，也不适用于网前截击。

4. 东方式（右手为例）单手反手："东方式"反手握拍，就是在正手握拍的基础上，握拍手沿逆时针方向旋转一个平面，使手掌的"V"形虎口略偏左侧，位于左垂直面与上平面之间的左斜面，食指关节在右上斜面的位置。

优点：击球时手腕会保持稳定。可以打出带上旋或攻击性的穿越球，也可以做反手削球。而且这种握法可以帮助球员发上旋球。

缺点：对处理反手高球不是很有效，通常的解决办法是用防卫性的削球。

5. 非完全西方式（右手为例）单手反手：用东方式单手反手逆时针转动手腕，直至食指指节和手柄左上方的棱面接触。

优点：处理高球最为有效，能够打出最有力的上旋球。有经验的球员采用这种握法，善于打红土场球手也采用这种握法。它的击球点是众多握法中离地面最高和离身体最远的。

缺点：和西方式正手一样，对低击球点效果较差，网前截击球难以运用。

6. 双手反手：持拍手采用大陆式握拍柄，辅助的手用非完全西方式放在上方，这种双手握法是最常用的双手握法（图 11-2-1）。

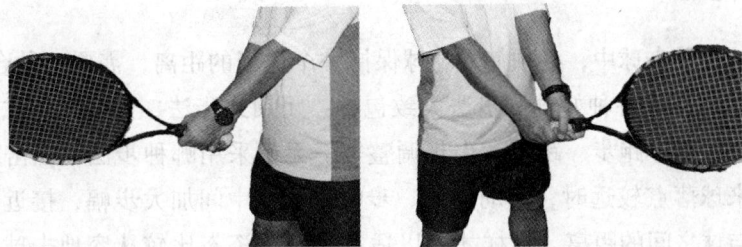

图 11-2-1

优点：对不习惯单手反手击球的球员来说，这是最好的选择。因为它是借助肩膀的转动和两只手的挥拍，回球的动作比单手反手更连贯和流畅，所以处理回球比较理想。另外，回击球点低的很有效。最后就是由于有辅助手的帮助，球员可以更有效的处理与肩膀同高的球。

缺点：因为双手都放在球柄上，限制了球员的覆盖范围。

二、准备姿势

任何一种击球动作都要从准备姿势开始，准备姿势正确与否关系到起动的快慢和击球效果。正确的准备姿势应当是双脚自然开立，略比肩宽，前脚掌着地，脚跟抬起，身体重心置于两脚前脚掌之间，两膝微屈，并保持膝关节的良好弹性，上体微微前倾，两眼注视对手或来球。

球拍自然地置于腹前，拍头指向前方，微上翘，手腕低于拍头，不持拍的手轻夹球拍的顶部。不要轻视扶拍手的作用，它不仅可以扶住并稳定球拍，减轻持拍手的负担，还能起到将球拍引至身体一侧的辅助作用，有利于动作加快（图 11 - 2 - 2）。

图 11 - 2 - 2

三、击球步法

在网球的各种击球中，必须使人与球保持一个适当的距离，需要一种合适的站位，才能得心应手地打出各种好球。步法大致包括：闭锁式步法、开放式步法、滑步、跨步、踮步、交叉步、跑步、跳步和小步调整等。无论采用哪种步法，在击球前都应及时主动。当来球落点较远时，起动要快，步幅稍小，中间加大步幅，接近球时，再用小步调整人与球之间的距离，这样才能以适宜的身体姿态比较从容地击球。如果击球时身体仍处在快速向前跑动的状态中，那么不仅这一拍球很难打好，还会给下一拍的击球带来更大的困难（图 11 - 2 - 3）。

图 11 - 2 - 3

四、正、反手抽球技术

正、反手抽球是网球技术中最基本的技术，是在端线附近回击球和向对方进攻的比较重要的技术，也是初学者最先要学习和掌握的动作。正、反手抽球速度快、力量大，球被击出后有一定弧线，能够准确地将球击入对方场区，比赛中球员在底线时运用较多，在上网前的一击中也多采用正、反手抽球技术。

（1）正手抽球技术动作要领（以右手持拍为例）：从准备姿势开始，当判断出对方来球的方向和落点位置时，应立即启动，快速移动到适当的位置（身体与球保持正确位置），并要相对静止，将球保持在身体右前方，开始准备击球。击球前先迈出左脚，身体左侧朝向来球方向，这时将球拍充分后摆，动作要自然而放松，左手也应配合身体的转动，拍头翘起，手臂伸展，眼睛注视来球，然后手臂由向后摆转而向前挥。在向前挥拍迎球过程中，为了使动作不间断，要形成一个小弧形的动作，球拍由低向高挥动，拍与球碰撞的击球点应在身体的右前方，高度保持在腰与肩之间。拍触球时，拍面垂直或稍前倾，击球的中部或中上部。手腕固定握紧球拍，手臂和腰部要随身体而转动，利用身体的转动力量来带动手臂向前上方挥拍，身体重心从右脚逐渐移到左脚，击球后球拍随势挥至身体的左侧前上方。在整个动作过程中，球拍的顶端始终必须高于手腕。抽球动作完成后迅速还原，恢复成准备姿势（图 11 - 2 - 4）。

图 11 - 2 - 4　正手抽球

（2）反手抽球技术动作要领：反手抽球是球落在身体左侧时采用的一种击球方法，当判断出来球飞向自己的反手方向时，应立即把球拍调整到反手握拍方式。然后，根据球的速度和弧度迅速判断出球的落点位置，并快速移动到适当位置处。在移动过程中要把球拍收向身后，移动到击球位置的最后一步时，要保持右脚在前，屈膝，身体重心前移，身体右侧朝向来球，同时，球拍开始向左后摆动，持拍手臂的肘部保持适当的弯曲，拍头稍翘起；在迎球过程中，左脚用力蹬地，挥拍手臂与身体的右转相配合，发力用在击球动作上。球拍由后向前挥动，击球点应在身体的左前方，高度在腰间。球拍触球时手腕固定握紧球拍，拍面垂直地面或稍后仰，击球的后部。击球后球拍随势挥至身体的右侧前上方，身体重心从左脚逐渐移到右脚，然后迅速还原成准备姿势。

图 11 - 2 - 5　单反抽球

图 11 −2 −6 双反抽球

五、发球技术

发球是比赛开始的第一个动作，应当把发球看作是进攻的开始，它是网球技术中非常重要的一项技术，特别是在硬地和草地球场上发球更显重要。好的发球应具有较强的攻击性，可以使发出的球在速度、力量、旋转和落点方面不断变化，造成对方接发球困难而直接得分或制造反击机会。

发球的质量基本上取决于抛球的准确性。由于抛球的位置不同，以及击球时拍面与球接触的方向不同，可以击出多种性能的球，使球形成各种不同的旋转及飞行路线，这样发出的球不仅准确、有把握，并且速度快。为了保证抛球的稳定性，持球非常关键。如果球接触手心时，抛出球仅靠手臂移动的惯性。球出手后高度不够，将影响挥拍。如果球捏在手指间，抛出球将带有旋转，也将影响击球效果（图 11 −2 −7）。

图 11 −2 −7

发球技术动作要领：两脚自然站立，侧面对着球网，前脚与端线大约呈 45°，身体重心置于后脚。抛球时，球拍开始靠近膝关节，然后向后下方摆动，左臂和左肩上举将球抛起。球应抛在自己身体的右前上方，这时右肘弯曲，使球拍在背后下垂，双腿微屈，上体微后仰。

当球拍向上挥动击球时，手臂充分伸展，双腿蹬地，腰部由后仰随手臂而一起向前压，这时手臂、腰部和腿部同时用力作用于球拍挥击球的瞬间。击球时，拍头朝前，在自己身体尽量伸展到最高点时击球。击球后，球拍向右下挥过身体，并迅速还原成准备姿势。发球一般分大力发球和侧上旋发球等多种，但它们的基本动作是一样的，只是在球拍击球时通过拍面的变化，击中球的不同部位，使球产生不同的旋转。大力发球一般是拍面平击球的后部偏上一点的部位，也就是球拍作用力方向与球体的重心方向垂直，因为是平击，球拍在球面上没有较长时间的滑动，球也不太旋转，因此这种发球控制能力及发球的准确性也就相对低一些，体力消耗也大。其特点是击出的球力量大、速度快、落点深，常用于第一发球。侧上旋发球就是充分利用身体的转动，结合手腕的爆发力与灵活性，使球拍在球面上滑动，使发出的球带侧上旋，它的特点是旋转力强，在空中高弧度飞行，准确性较高。此种球发到对方反手区后弹起较高，并且向对方的反手方向拐弯，给对方接球造成困难。

图 11 - 2 - 8

六、截击球技术

截击球是网前技术中的一种攻击性击球方式，在球落地之前将球击回到对方场区，它回球速度快，力量重，威胁大。目前网球运动向快速方向发展，优秀球员都采用快攻上网型打法，因而截击球技术就成为进攻的重要手段。

截击球技术动作要领：截击空中球的准备姿势应该是站在网前 2.5～3 米处，面对球网，随时准备迅速向前侧移动。

正手截击球动作要领：做好准备姿势，但球拍要举得高一些，约与眼部同高，当判断来球在正手时，身体向右侧转，拍头后引至体后上方，手腕略向后屈，左脚向体前 45°方向跨出，球拍由后向前下击球的瞬间手腕要固定，握紧球拍，类似向前推击的动作（图 11 - 2 - 9）。

图 11 - 2 - 9

截击时后摆动作要小，击球点应保持在身体的右前方。截击高于网的来球时，平击的成分可多一些，这样击出去的球具有进攻性。截击低于网的来球时必须充分下蹲，拍头仍然要高于或平行于手腕，截击球的中下部，成为切下旋球，此时应以推深落点

231

为目的。

反手截击球动作要领：当判断来球在反手时，身体向左侧转动，向左上方引拍，要高于来球。当来球逼近时，要主动去迎击球。肘微屈，腕内收，击球时手腕要固定，手臂由左肩上部向前下方压。截击时后摆动作要小，击球点应保持在身体的左前方。高于网的来球和低于网的来球截击动作要领，同正手截击球动作要领（图11-2-10）。

图11-2-10

七、高压球技术

高压球是指击球者在头顶上方尽可能在高处将球有力地击向对方场区，这是对付挑高球的一种有力的回击手段。

高压球技术动作要领：高压球的握拍法及击球法均类似于发球，不同点是发球由发球者自己抛球控制球的高度和击球点；高压球必须由击球者根据对方挑球的高度及落点来移动自己步伐，在适当的高度击球。而且，高压球下落速度比发球的抛球下落速度快得多，因而击球时要以较小的身体动作和短而直接的后摆动作把球拍后引至头后，以平击的击球方式击球，不要任何花哨的动作。当高球飞过来时，要及时移动脚步，侧身对着来球，右手收拍，左手指着来球，眼睛始终盯着来球；当高球飞近击球点的位置时，迅速挥拍，展开身体，踮起脚尖，向前收腹，在头顶前上方尽可能高处击球，击球后右脚向前跨出一步，完成跟进动作，保持身体平衡（图11-2-11）。

图 11 - 2 - 11

　　击球时注意手腕的动作，类似于排球的扣球，要有扣腕动作，以免球失去控制飞出界。击球时的身体如同一根弹簧，击球前伸直。准备击球时身体尽量展开成背弓状，像一根绷紧的弹簧。击球时随着向上挥拍收腹，身体前屈，右脚向前跨，身体呈弯月形，像弹出去的弹簧。

　　高压球是一种强有力的进攻方式，即使一次击球不能置对方于死地，但也能使对方处于被动的地位。初学者一定要放开来打，若来球飞得太高，从高处几乎垂直落下，难于掌握击球点，则可以等球落地让球弹起后再击打高压球，此时球速虽然大大减慢，但比较容易掌握击球点。

八、挑高球技术

　　挑高球就是将球挑向高空击到对方后场，挑高球可分为防守性和进攻性两种。当对方正在冲上网或距离球网过近的时候，利用挑高球使球落入对方后场区，这就是主动且具有进攻性的挑高球。当自己处于困境或被迫远离球场的不利位置时，最好的回击球的方法就是利用挑高球，争取时间，做好准备，这是防守性的挑高球。

　　（1）进攻性挑高球技术要领：不论是正拍还是反拍挑高球，其准备动作都应与正拍或反拍击球的准备动作相同，这样对方就难于判断是击球还是挑高球，只有在击球前很短的时间内突然改变动作，使拍面转向上，挥拍弧线稍向前上方，造成对手的措手不及，才能发挥挑高球的主动进攻作用。

　　（2）防守性的挑高球技术动作要领：一般是运用平击挑高球的方法，这也是最容易掌握的一种挑高球技术，攻击性较小，击球时能将球挑得较高、较深（接近底线），对方难以直接进行高压球回击，只好让球落地弹起后再还击。从而使挑高球者有更多的时间由被动转向主动，或占据有利位置进行防守。

九、放小球技术

放小球是指将球轻轻地击到对方网前，当对方站在端线附近或远离球场时，采用这种战术打法很容易得分，至少会使对方疲于应付，大大消耗体力。放小球应具有突然性和隐蔽性，使用次数不能多，被对方识破了往往会使自己处于被动挨打的地位。

放小球的技术动作要领：放小球的握拍法与正、反手击球握拍法相同，击球时后摆收拍动作较小，往往采用削球的方式击出下旋球。记住放小球时手腕不能放松，击球点仍在身体前方，击球时拍面稍向上，成托盘状将球轻送过球网。

项目三　网球运动基本战术

一、根据球的旋转性能分类

从球的旋转性能分类，反拍与正拍一样，也有以下几种不同的旋转的击球方法。

1. 上旋球。拍自左后方向前上方挥击，这时球由后下方向前上方旋转，故称为上旋球。要想产生急剧上旋，需加大向上提拉的幅度，上旋球的最大优点是便于加力控制，尤其在快速跑动中，其他的打法容易失误，而上旋球则有较大的把握。因为，反拍上旋球的飞行路线呈彩虹状，过网后有急剧下降的特点，可以打出短的斜线球，把对方拉出场外回击取得主动，同时也是破坏对方上网的有力武器。较低的上旋球落在对方上网人的脚下，使其难于还击。

2. 下旋球。俗称"削球"。和上旋球方向相反，它是由后上方向前下方挥拍，打在球的后下部产生旋转，球由后前方向下方旋转，成下旋球。下旋球的飞行路线是向上的弧线，过网时很低，但可以打对方的深区（后场），落点容易控制，比较稳健和准确。常用于随击上网，可以协调连贯地把随击与上网结合起来，利用球的飞行时间和深而准的落点冲至网前截击；也可以做为变换旋转和节奏的打法，扰乱对方取得主动。

3. 平击球。挥拍击球的路线是从后向前上方较平缓的挥击，击球拍面几乎垂直地面，击球的正后部，用同样的力量击球，这种击球方法的球速最快，球的飞行路线最平直，而球落地后的前冲力量也较大，但准确性较差，尤其在快速奔跑中用平击球的打法很难控制球的准确性，易造成球失误或出界。

4. 侧旋球。击球时球拍由后部向内侧"滑击"（平挥动），使球产生由外向内的侧旋转，球飞行路线呈水平向外侧的弧线飞行，落地后向外跳，常用于正拍直线进攻。

以上是反拍的几种不同的打法，在实践中球的旋转常是混合性能的，因为这与球的方向、力量，旋转、挥拍路线、击球时的拍面角度等因素有关，因此，要掌握反拍击球击球技术，需要在平时训练中反复练习。

（二）战术的指导思想

1. "稳"字当头。比赛中，要有耐心，击球要稳，不要滥用自己还不熟悉的打法或想一下把对方置于死地的冒险球。因为这样打球所付出的代价比收获的大。一般击球落点在距边线 60 厘米以内的区域。

2. 把球打深。无论进攻型或防守型的选手，都遵循一个原则：把球打深。球的落点在离端线 60~90 厘米处，以使自己有充裕的时间对回击作出反应，并能阻止对方上网，以及缩减对方回球的角度。

3. 争取上网截击。上网截击可以使自己的击球范围增大，让对方疲于应付或失误。同时提高了回球速度，使对方来不及调整位置接球。

（三）单打战术

1. 发球上网。发球时发出质量较高的球，使对方的回球不至于力量太凶猛或落点刁钻。自己应果断地上网移动到发球线与网之间，利于发挥速度和角度，造成对方失误。如果机会不是很好，第一次截击可将球打深，落点在对方的弱侧，以第二次截击得分。

2. 底线打法。底线打法是首先要将球打深，球落在端线前而不是发球线附近。同时利用落点调动对方，或者抓住对方的弱点作为突破。在有机会的情况下也可上网截击。

3. 综合打法。根据对手的情况，采用不同的打法。如对方频频上网，可采用挑高球迫使他退回去；如对方底线技术很好，可适当放一些小球诱使他上前，再用力将球打深来调动他。综合打法就是将底线和上网两种打法结合起来，根据场上情况，随机应变。

（四）双打战术

双打是业余网球比赛的主要项目，双打对体力要求较低，适合各种年龄层次的人参加。双打的站位：双打比赛，一般是控制网前的队赢分。发球员和接球员都应做好击球后上网的准备。双打时一般让技术水平较高的选手站在左区或者由正拍技术较好的选手站在右区，反拍技术较好的选手站在左区。发球和接发球时的站位一般是：发球员 A 站在中点与单打线的中间，发球员的同伴 B 站在发球线和球网之间，并稍偏向单打边线些。接球员 C 站在右区端线靠近单打线处，接球员的同伴 D 站在发球线前边，略靠近中线。

双打的配合：双打要求两个队员配合得像一个人，才能发挥出最好水平。比赛中两人相互间的距离不能拉开 3.5 米以上，以利于并肩战斗。当同伴移动到自己区域截击时，自己应迅速补位；当同伴退到底线接高球时，自己也不应继续留在网前，而应后退，使两人处于最佳防守位置。当对方上网时，自己可以挑进攻性高球迫使对方退回后场。

项目四　网球运动竞赛规则简介

一、计分方法

（一）胜一分

遇到下列情况时，判对方胜 1 分：

1. 发球员连续两次发球失误或脚误时。

2. 球员在发来的球没有着地前，球触及自己的身体及所穿戴的衣物时。

3. 在球第二次落地前未能还击过网时。

4. 还击球触及对方场区界线以外的地面、固定物或其他物件时。

5. 空中球失败时。

6. 在比赛中，击球员故意用球拍拖带或接住球，或故意用球拍触球超过一次时。

7. "活球"期间运动员的身体、球拍（不论是否握在手中）或穿戴的其他物件触及球网、网柱、单打支柱、绳或钢丝绳、中心带、网边白布或对方场区以内的场地地面。

8. 还击尚未过网的空中球（过网击球）。

9. 除握在手中（不论单手或双手）的球拍外，运动员的身体或穿戴的物体触球。

10. 抛拍击球时。

11. 比赛进行中，运动员故意改变其球拍形状。

（二）胜一局

1. 运动员每胜一球得 1 分，先胜 4 分者胜一局。

2. 遇双方各得 3 分时，则为"平分"（duece）。"平分"后，一方先得 1 分时，为"接球占先"（advantage serve）或"发球占先"（advantage）。

3. 占先后再得 1 分，才算胜一局。（其中得 1 分为 fifteen，2 分为 thirty，3 分为 forty）

（三）胜一盘

一方先胜 6 局为胜一盘，但遇双方各得 5 局时，一方必须净胜两局才算胜一盘。

（四）决胜局（tie break，也叫抢七局）

在每盘的局数为 6 平时，进行决胜局，先得 7 分为胜该局及该盘，若分数为 6 平时，一方须净胜 2 分。

（五）盘中的计分

1. 一名运动员先取得 6 局的胜利即赢得一盘；除此以外，他必须还要净胜他的对手两局，在这种情况下，一盘的比赛可能一直延续，直到达到净胜两局的情况为止（通常称为"长盘"比赛）。

2. 假如在比赛前提前决定，也可以采用平局决胜局制的计分替代上一条中的比赛规则。在这种情况下，将按照下面的规则进行：当比赛的比分为局数 6∶6 时采用平局决胜局制计分，除非事先声明，否则三盘两胜制比赛的第三盘或五盘三胜制比赛的第五盘仍按普通的"长局"进行。

3. 决胜局计分制在每盘的局数为 6∶6 时，有以下两种计分制：

第一，长盘制：一方净胜两局为胜 1 盘。

第二，短盘制：决胜盘除外，除非赛前另有规定，一般应按以下办法执行。

（1）先得 7 分者为胜该局及该盘（若分数为 6∶6 时，一方须净两分）。

（2）首先发球员发第 1 分球，对方发第 2、3 分球，然后轮流发两分球，直到比赛结束。

（3）第 1 分球在右区发，第 2 分球在左区发，第 3 分球在右区发。

（4）每 6 分球和决胜局结束都要交换场地。

（5）短盘制的计分。①第 1 个球（0∶0），发球员 A 发 1 分球，1 分球之后换发球。②第 2、3 个球（报 1∶0 或 0∶1，不报 15∶0 或 0∶15），由 B 发球，B 连发两分球后换发球，先从左区发。③第 4、5 个球（报 3∶1 或 1∶2，2∶1，不报 40∶0 或 15∶30，30∶15），由 A 发球，A 连发两球后换发球后换发球，先从左区发。④第 6、7 个球（报 3∶3，或 2∶4，4∶2 或 1∶5，5∶1 或 6∶0，0∶6），由 B 发 1 分球之后交换场地，若比赛未结束，B 继续发第 7 个球。⑤比分打到 5∶5，6∶6，7∶7，8∶8……时，需连胜两分才能决定谁为胜方。但在记分表上则统一写为 7∶6。

4. 决胜局打完之后，双方队员交换场地。

二、得失分计算

发球。

表 11－4－1

网球 发球	
发球	信息
发球前的规定	发球员在发球前应先站在端线后、中点和边线的假定延长线之间的区域里，用手将球向空中任何方向抛起，在球接触地面以前，用球拍击球（仅能用一只手的运动员，可用球拍将球抛起）。球拍与球接触时，就算完成球的发送。
发球时的规定	发球员在整个发球动作中，不得通过行走或跑动改变原站的位置，两脚只准站在规定位置，不得触及其他区域。

续表

发球员的位置	1. 每局开始，先从右区端线后发球，得或失一分后，应换到左区发球。 2. 发出的球应从网上越过，落到对角的对方发球区内，或其周围的线上。
发球失误	未击中球；发出的球，在落地前触及固定物（球网、中心带和网边白布除外）；违反发球站位规定。发球员第一次发球失误后，应在原发位置上进行第二次发球。
发球无效	发球触网后，仍然落到对方发球区内，接球员未做好接球准备，均应重发球。
交换发球	第一局比赛终了，接球员成为发球员，发球成为接球。以后每局终了，均依次互相交换，直至比赛结束。

三、比赛规则

通则。

表 11-4-2

网球 通则	
通则	信息
交换场地	双方应在每盘的第 1、3、5 等单数局结束后，以及每盘结束双方局数之和为单数时，交换场地。
失分	发生下列任何一种情况，均判失分。 1. 在球第二次着地前，未能还击过网。 2. 还击的球触及对方场区界线以外的地面、固定物或其他物件。 3. 还击空中球失败。 4. 故意用球拍触球超过一次。 5. 运动员的身体、球拍，在还击期间触及球网。 6. 过网击球。 7. 抛拍击球。
压线球	落在线上的球都算界内球。

双打。

表 11 - 4 - 3

网球 双打	
双打	信息
双打发球次序	每盘第一局开始时，由发球方决定由何人首先发球，对方则同样地在第 2 局开始时，决定由何人首先发球。第 3 局由第 1 局发球方的另一球员发球。第 4 局由第 2 局发球方的另一球员发球。以下各局均按此秩序发球。
双打接球次序	先接球的一方，应在第 1 局开始时，决定何人先接发球，并在这盘单数局，继续先接发球。双方同样应在第 2 局开始时，决定何人接发球，并在这盘双数局继续先接发球。他们的同伴应在每局中轮流接发球。
双打还击	接发球后，双方应轮流由其中任何一名队员还击。如运动员在其同队队员击球后，再以球拍触球，则判对方得分。

四、场地规则

1. 球场。网球场地尺寸。应为长 78 英尺（23.77 米）、宽 27 英尺（8.23 米）的矩形。中间由一条挂在最大直径为 1/3 英寸（0.8 厘米）粗的绳索或钢丝绳上的球网分开。根据场地地面材质又分为草地场、红土场、硬地场、地毯场。

2. 球网。球网粗绳索或钢丝绳最大直径为 1/3 英寸（0.8 厘米），网的两端应附着或挂在两个网柱顶端，网柱应为边长不超过 6 英寸（15 厘米）的正方形方柱或直径为 6 英寸（15 厘米）的圆柱。网柱不能超过网绳顶端 1 英寸（2.5 厘米）。每侧网柱的中点应距场地 3 英尺（0.914 米），网柱的高度应使网绳或钢丝绳顶端距地面的垂直距离为 3 英尺 6 英寸（1.07 米）。

在单双打两用场地上悬挂双打球网的进行单打比赛时，球网应该由两根高度为 3 英尺 6 英寸（1.07 米）的"单打支杆"支撑，该支杆截面应是边长小于 3 英寸（7.5 厘米）的正方形方柱或直径小于 3 英寸（7.5 厘米）的圆柱。每侧单打支杆的中点应距单打边线 3 英尺（0.914 米）。

球网需要充分拉开，以便能够有效填补两根支柱之间的空间，并有效打开所有网孔，网孔大小应能防止球从球网中间穿过。球网中点的高度应该是 3 英尺（0.914 米），并且用不超过 2 英寸（5 厘米）宽，完全是白色的网带向下绷紧固定。球网上端的网绳或钢丝绳要用一条白色的网带包裹住，每一面的宽度介于 2 英寸（5 厘米）到 2.5 英寸（6.35 厘米）。

3. 球场线。球场两端的界线叫底线，两边的界线叫边线。在距离球网两侧 21 英尺（6.4 米）的地方各画一条与球网平行的线，为发球线。

4. 网球比赛场地。球网与每一边的发球线和边线组成的场地再被发球中线分为两个相等的区域，为发球区，发球中线是一条连接两条发球线中点并与边线平行的线，线宽须为2英寸（5厘米）。每一条底线都被一条长4英寸（10厘米）、宽2英寸（5厘米）的发球中线的假定延长线分为相等的两个部分，由一条短线分隔，该短线为"中点"，它与所处的底线呈直角相连，自底线向场内画。除了底线的最大宽度可以不超过4英寸（10厘米）以外，所有其他线的宽度均应在1英寸（2厘米）到2英寸（5厘米）之间。所有的测量都应以线的外沿为准。

5. 永久固定物。网球场地上的永久固定物不只包括球网、网柱、单打支杆、网绳、钢丝绳、中心带及网带，以下情况也算永久固定物，如球场四侧的挡板、看台、环绕球场固定或可移动的椅子、观众，以及所有场地周围和上方的配套设施，还有处于各自预定位置的裁判、司网裁判、脚误裁判、司线员和球童。

单元十二

毽球运动

项目一　毽球运动概述

一、毽球运动的发展

现代毽球运动有着悠久的历史，起源于我国民间的踢毽子游戏，在一些出土的文物之中，有着诸多相关的历史记载。作为一项传统的民族体育项目，毽球运动不仅起到了健身和娱乐的功能，同时还有着竞技和观赏的价值。在中华民族传统的体育宝库中，毽球运动可谓是一颗璀璨的明珠。

最早的踢毽子体育活动可以追溯到五千多年前的新石器时代，人们用脚在地面上蹭蹴石球相撞击，被视为原始形态的毽球运动。踢毽子最初成形于汉代，在六朝、隋、唐时期逐步盛行开来，成为民间一项十分流行的体育活动。到了明清时期，踢毽子活动变得更加广泛，在清朝末年达到了鼎盛时期。二十世纪三十年代，毽球技术进一步得到了普及和提高，各种新的踢法与高难翻新的动作更是层出不穷，令观赏者眼花缭乱。涌现出了以谭俊川、周柱国、杨介人、谢叔安等人为代表的一批踢毽子能手，传统的毽球运动也日趋完善。

到了二十世纪中期，现代毽类运动逐步诞生和发展，衍化为毽球和花样踢毽两个项目。进入八十年代后，现代毽类运动的普及进一步加速。1984 年，毽球运动被正式纳入到全国少数民族传统运动体育运动会的比赛项目之中，随后又被列为全国体育大会、亚洲室内运动会等比赛项目。在工厂、学校、机关事业单位中，广泛开展各种毽类比赛活动，各地的毽球组织如雨后春笋般相继成立。

二、毽球运动的特点与价值

毽球运动作为一项竞技性的体育项目，有着灵巧、简便、有趣等特点。既可以一个人独自运动，也可以两人或多人一起进行，活动场地方便、活动时间灵活、动作姿势多样，深受广大人民群众的喜爱。由于控制毽球往往是在一瞬间，各种接、落、踢、跳的工作都是在空中完成，对于毽者的反应性、灵敏性，以及动作的协调性，都提出了较高的要求。

在现代毽球运动中，已经将足球、排球、羽毛球的教法与战术，充分的融入其中。对于其他体育项目运动技术的提高，起到了很大的促进性作用。从原先的个人技艺展示，演变成为隔网对抗的集体竞技项目。不仅个人的技术得到了充分的显示，更富于青春、朝气、时代感与艺术美感，能够有效地调动人们参与的积极性，树立开拓、进取、创新的精神风貌。

毽球运动有助于腿、背、躯干等身体部位，以及骨骼肌肉的正常发育，还能够促进心肺功能的增强、肺活量的扩大、神经系统的锻炼、机体功能的提高、代谢能力的改善，身体的协调性与柔韧性也进一步得到增强。随着人们生活水平的提高，以及体育锻炼意识的增强，毽球运动在全民健身活动中，必将发挥着日益重要的作用，为我国体育事业的发展做出应有的贡献。

项目二　毽球运动基本技术

一、毽球运动基本技术

（一）毽球运动的基本站立姿势

毽球运动的基本站立姿势——准备姿势，是运动员在场上接球前身体的一种等待状态。保持良好的姿势，是使身体能随时在瞬间由静变动，由被动状态变主动状态的关键。准备姿势一般分为两种：左右开立站法、前后开立站法。

进行准备姿势时，需要将两脚左右或前后开立，随后将两膝微屈、内扣以降低重心。将身体的上部放松前倾，两臂自然屈于体侧，保持两脚处于微动的状态，随时注视来球。通过保持良好的准备姿势，使身体能随时对各种瞬间的变化做出及时的反应，以达到由静变动、由被动状态变主动状态的效果。

（二）毽球运动的移动技术

在毽球运动中，运动员根据来球的距离远近、球速的快慢而不断移动，使身体能够接近球的落点。采用不同脚步的动作，如上步移动、上两步移动、后撤步移动、跨步移动、交叉步移动等，以便及时准确地触击球。

（三）毽球运动的踢球技术

起球的基本技术动作主要分为脚内侧起球、脚外侧起球和脚背起球。除外还有腿部起球、腹部起球、胸部起球和头部起球。

1. 脚内侧起球。

（1）动作方法：发球前，两脚前后自然分开立，两脚微屈，击球脚在后，两臂放松垂于体侧，目视来球。发球时，身体重心前移到支撑脚上，击球脚大腿带动小腿由后向前上方摆动。在向上摆动的过程中，髋关节外张，膝关节弯曲外展，踝关节内翻击球。击球瞬间足弓击球面应端平，用脚内侧足弓中部击球，击球点一般在支撑腿膝关节高度和体前40厘米处（图12-2-1）。

（2）动作要求：起球时的全过程中，动作柔和，协调用力，大腿、小腿应顺用力方向完成送球的动作。脚内侧起球，多用于第二次传球或调整处理球。特点是击球稳、准，便于控制球。

2. 脚外侧起球。两脚自然分立，成准备姿势目视来球。当来球在自己身体的侧面时，重心移到支撑脚上，击球腿的髋、膝内扣，屈踝，屈膝，踝关节外翻，触球脚外侧端平。击球时利用小腿外摆快速上抬的动作完成，触球部位一般在较外侧的中部和后部，击球点的高度一般不超过膝关节。当来球较高并快速向体侧后方飞行时，击球腿快速从下向后摆，踝关节自然勾起、外翻，脚趾向外，使脚的外侧基本成平面，上体成前俯的姿势。击球时大腿后摆，小腿屈膝，用迅速向上摆动的动作向身体前上方击球，触球部位在脚外侧的中部或中后部（图12-2-2）。

3. 脚正背起球。击球前做好准备姿势，目视前方。正面来球时，先移动调整体位，前脚为支撑脚，后脚从后向前摆起，脚背与地面基本水平，利用适度的伸膝和踝关节背屈协调用力勾踢动作，把球向上踢起。击球部位应在脚的脚趾关节处，击球点应在离地面10~15厘米的高度为好。发球的方向、弧度和落点可以通过脚背的变化、踝关节背屈勾踢的幅度来调整（图12-2-3）。

图12-2-1　脚内侧起球　　图12-2-2　脚外侧起球　　图12-2-3　脚正背起球

（四）触球

触球是指用身体膝关节以上部位的踢球，类似足球中的接球，也是毽球的接球方法之一。不仅为了缓冲来球的力量，还为下一个踢球动作做过渡调整。常用的触球动作有胸触球、腹触球、头触球、肩触球、大腿击球磕踢等。胸触球、腹触球、头触球、肩触球时，要注意用对应部位稍微向前去主动迎接球，以便能够控制球落在自己的前方，配合后边用脚将球踢出的动作。大腿触踢球时，则需要注意抬大腿迎球，保持小腿放松，用大腿正面前段击球。

1. 大腿触球时，要注意抬大腿迎球，放松小腿，用大腿正面前段击球（图12-2-4）。

2. 腹部触球时，对准来球屈膝向后蹲，稍含胸收腹，当腹部触球的一瞬间稍挺腹。

3. 胸部触球时，两脚自然开立，当球传到胸前约10厘米处时，两臂自然微曲，两肩稍用力向后拉挺胸，同时两脚蹬地，身体挺起，用胸部触球。

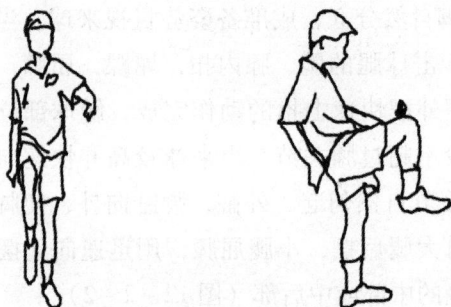

图12-2-4 大腿触球

（五）发球

毽球发球是一项进攻技术，主要分为三种，即脚正背发球、脚内侧发球和脚外侧发球。发球的目的是破坏对方组织进攻或直接得分，可采用盯人、找空、压后、吊前等手段。抛球要抛准、稳，击球要做到脚法固定、击球点固定。脚正背发球的特点是平、快、准，脚内侧发球的特点是既稳又准、破坏性强，脚外侧发球特点是既快又狠、攻击力强。

1. 脚背内侧发球。持球抛脚前，抬大腿带小腿加转髋，用内足弓部位向前上方送髋推踢（图12-2-5）。

图12-2-5 脚内侧发球

2. 脚外侧发球。稍侧身站位，抬腿踝内转绷脚尖，用脚外侧发力扫踢（图 12 - 2 - 6）。

图 12 - 2 - 6 脚外侧发球

3. 脚正背发球。持球抛脚前，伸腿绷脚面，抖动加力击出球。主要脚背向前上方发力挑踢（图 12 - 2 - 7）

图 12 - 2 - 7 脚正背发球

二、毽球进攻技术

（一）脚踏攻球技术

进攻队员面对网站立，两膝微曲做好攻球准备姿势，当二传传球至攻球点时，进攻队员支撑脚迅速上步，也可两步、三步助跑，然后击球腿大腿带动小腿迅速上摆至最高点，支撑腿伸直，提踵式跳起提高击球点，击球髋、腿、膝、踝依次发力鞭打式下压，用脚掌前 1/3 处击球（图 12 - 2 - 8）。

图 12 - 2 - 8　脚踏攻球（正面脚掌）

（二）外摆脚背倒钩攻球

　　进攻队员稍稍向右侧背对球网站立，两腿微曲做好攻球准备姿势，密切观察二传传球信号，当传球至击球点时，采用一步或两步助跑，起跳时膝、踝关节充分蹬直，摆动腿和臂协调用力。身体腾空后，摆动腿下落，击球腿迅速外摆，膝关节猛力伸踢，屈踝用背勾踢动作攻球过网。击球部位在脚背外侧的脚趾根处，击球点应在攻手头上方右侧约 50 厘米的落点上（图 12 - 2 - 9）。击球后，应注意控制击球腿的腾空摆动幅度，避免触网，两腿依次缓冲落地，保持身体平衡。

图 12 - 2 - 9　外摆脚背倒勾攻球

三、毽球的防守技术

毽球的防守技术有拦网、踢防、触防和跑防。毽球比赛的防守反击中，拦网是最为重要的技术，能够给进攻方造成很大的打击。拦网具备进攻性的特点，可分为单人、双人和三人拦网。

（一）拦网

拦网是防守的第一道防线，毽球比赛的防守反击中，拦网是最为重要的技术，能够给进攻方造成很大的打击。拦网具备进攻性的特点，可分为单人、双人和三人拦网。

拦网时，面向球网，距网 20~25 厘米，双脚平衡开立，与肩同宽，双膝微曲，重心下降，自然收腹，身体稍前倾，两臂自然下垂，目视来球。起跳时后，提腰收腹挺胸击球。击球后自然下落，缓冲落地。为及时对准对手击球点，应采用并步、交叉步等技术移动取位，准备起跳拦网。

（二）踢法

作为毽球的最基本技术，踢球时采用不同的脚法，在进攻、防守以及攻防的转换中踢出不同的动作。毽球的基本踢法较多，主要包括了内侧踢、外侧踢、脚背踢球、前脚掌身后踢球、倒勾踢球、凌空踢球、脚踏踢球等 30 余种。毽球的踢法技术有内踢、外踢、挑踢。

1. 内踢。当球的落点在身体前面时，快速移动，膝关节外张，小腿由内向上摆动，用脚内侧完成踢球动作。

2. 外踢。当球落于体侧时，在腰和髋关节的带动下，利用小腿的外摆和脚外侧击球，完成踢球动作。

3. 挑踢。当球落于较低位置时，将脚插入球底下，在踢球时的瞬间，依靠髋、膝、踝关节的带动，抖动上挑脚尖，同时绷直膝关节，完成踢球动作。

（三）触防

触防是根据对方的攻球的情况，在单人拦网的同时，另外两名防守队员判断击球路线，用膝关节以上的身体部位挡球。

（四）跑防

跑防就是对方的攻球将落于较大的空档区域，而球速又不是太快的情况下，快速跑动接近球。

项目三 毽球运动基本战术

在毽球比赛中，各项基本技术的综合运用，被称为毽球战术。需要参赛双方根据自身的具体情况，有目的采取进攻或防守的集体配合手段。毽球基本战术，大体可分为进攻战术和防守战术两种。

一、进攻战术

参赛队伍基本进攻战术的确定，需要根据本方队员的具体情况，结合队员技术的特点，确保阵容配备的合理恰当，常采用的有"一二"配备、"二一"配备和"三三"配备。其中，"一二"配备是最基本的阵容配备，其组合形式是一名主攻手和两名传球手，适用于最初阶段的比赛战术。"二一"配备的组合形式为一名主攻手、一名副攻手和一名传球手，适用于场上有勾球手、踏球手各一人以及一名二传手的阵容。"三三"配备是最先进的进攻战术配备，在组合形式中，三名队员都能攻球又能传球。

（一）"一二"配备及战术形式

"一二"阵容配备就是三个上场队员中有一个是主攻手，两个是传手。运用此阵容配备时，主攻手一般不参与接发球，两个二传手交替接发球和二传（图12-3-1）。

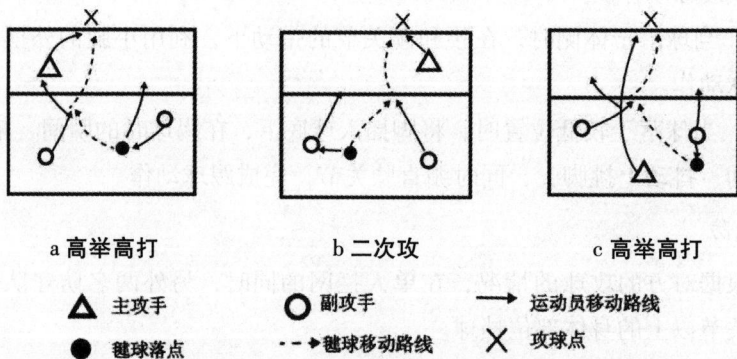

a 高举高打　　　　　b 二次攻　　　　　c 高举高打

△ 主攻手　　　○ 副攻手　　　→ 运动员移动路线
● 毽球落点　　--→ 毽球移动路线　　× 攻球点

图 12-3-1　"一二"配备及战术形式

（二）"二一"配备

"二一"阵容配备是在上场三个队员中有一个主攻手、一个副攻手和一个二传手。"二一"阵容配备中，主攻手一般也可以不参与接发球，由副攻手、二传手互换接做二传。这种战术的特点是攻球变化多，又可以互相掩护，适用于大交叉、插上、掩护等进攻战术（图12-3-2）。

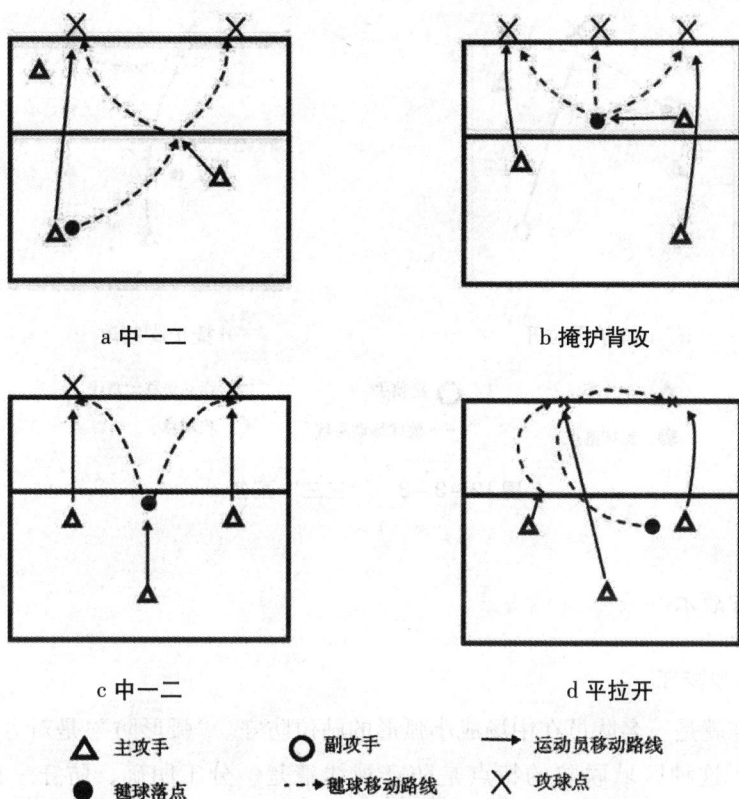

a 中一二　　　　　　　　　　　　　　b 掩护背攻

c 中一二　　　　　　　　　　　　　　d 平拉开

△ 主攻手　　　　　○ 副攻手　　　　　→ 运动员移动路线
● 键球落点　　　　 ----▶ 键球移动路线　　×攻球点

图 12 -3 -2　"二一"配备

（三）"三三"配备

　　"三三"阵容配备就是在上场三个队员中三个都是攻球手又是二传手。"三三"阵容配备场中队员接球站位一般成三角形，任何一个队员接到球后随时都可以组成两人以上同时参与进攻的战术打法，这种阵容可以打出掩护、交叉战术，还可以打出快攻、背溜、双快一掩护等较复杂多变的战术进攻（图 12 -3 -3）。

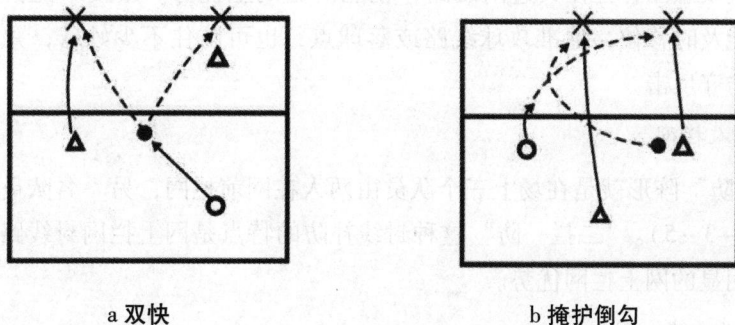

a 双快　　　　　　　　　　　　　　　b 掩护倒勾

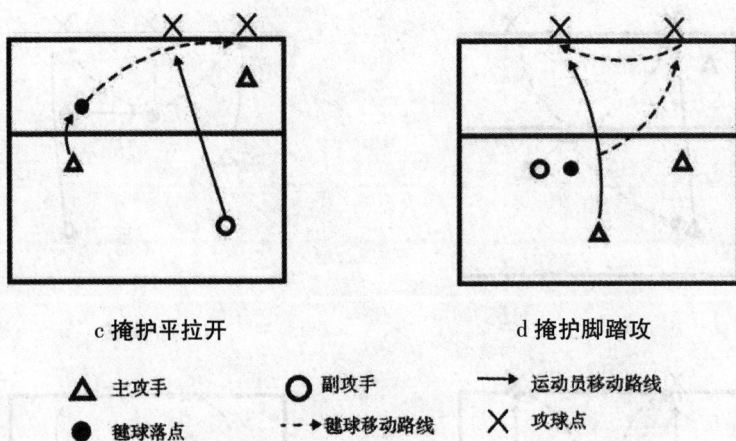

c 掩护平拉开   d 掩护脚踏攻

△ 主攻手   ○ 副攻手   → 运动员移动路线
● 毽球落点   --→ 毽球移动路线   × 攻球点

图 12 - 3 - 3   "三三"配备

二、防守战术

(一) 弧形防守

弧形防守就是三名队员在中场成小弧形的站位防守。"弧形防"是对方的攻球威力不大时采用,这种区域联防的特点是防守视线清楚、分工明确,防守一般性攻球效果好。

(二) 单人拦网

"一拦二防"阵型防守简称"一、二"防守。就是在三名防守队员中,由一名队员在网前拦网,另两名队员在其身后两侧分区防守(图 12 - 3 - 4)。这种防守阵型是针对对方攻球者,有较强的近网变线攻球和打吊变向能力,能打出两条以上强攻线路及其变化时采用。

"一拦二防"这种"封线分防"防守战术的特点是:整个防守设两道防线,即网上拦网封线路、网下中场防落点,拦防结合、利于反击。只要拦网者能够准确地判断出攻球者的进攻意图,拦住其过网线路,就能占据网上优势;即使未能拦到线路,两名防守者如能及时移位,猜准攻球线路或落球点,也可防住不少妙球,并能有效地组织起相应的防守反击。

(三) 双人拦网

"二拦一防"阵形就是在场上三个队员由两人在网前拦网,另一名队员在其中后方防守(图 12 - 3 - 5)。"二拦一防"这种封线补防的特点是网上拦网封线路,网下中场补空缺具有明显的网上拦网优势。

(四)"拦 - 堵 - 防"

"拦 - 堵 - 防"阵形就是一人在网前拦网,一人在侧面往后堵击,另一人在中后场防守（图12-3-6）。"拦-堵-防"这种封堵联防阵形构成三道防线，它具有拦、堵、防结合，既可以互相补缺又具有灵活机动应变的特点，是目前比较理想的防守阵形。

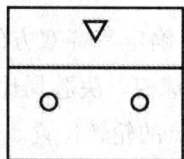

图12-3-4 单人拦网　　图12-3-5 双人拦网　　图12-3-6 拦-堵-防

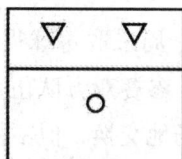

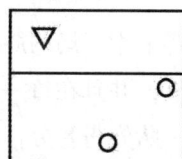

项目四　毽球运动竞赛规则简介

一、竞赛规则

（一）比赛规则

每个参赛队的组成人数为6人，上场队员为3人，由1人担任队长，按要求登记参赛人员的信息。根据实际情况的需要，也可参照3人制规则，增加单人、双人毽球赛，采取直接得分法进行记分。在比赛场地中，教练员和替补队员，都必须坐在指定的位置上。

（二）场上位置

双方队员必须站在本方场区内，1号队员的位置为靠近端线处，2号队员的位置为靠近球网的右边，3号队员的位置为靠近球网的左边。场上队员的位置，应当符合登记的轮转顺序。发球方的2、3号队员，其位置在发球队员的前方，且相隔的间距不得少于2米。球发出后，双方队员可以在本方场区内任意交换位置。在每局比赛结束之前，队员的轮转顺序不得调换。

（三）教练队长

比赛成死球时，教练员和队长有权要求暂停或换人。教练员可以在暂停时间内进行场外指导，但不得进入场区。在比赛进行的过程中，场上队长有权向裁判提出询问或要求解释，但必须服从裁判的最终判决。

（四）服装

比赛队员的着装，必须整齐统一，不得穿戴任何危及其他队员的服饰。场上队员的上衣，需要在前后位置具有明显的、颜色一致、清晰可见的号码。背后的号码不得少于 20 厘米，胸前的号码不得少于 10 厘米，笔画的宽度不得少于 2 厘米。

二、比赛细则

（一）比赛赛制

比赛采用三局两胜制，其中第三局采取每球得分制。比赛前确定参赛双方的场区或发球权，并且在每一局结束之后，参赛双方队伍交换场地和发球权。决胜局比赛中，无论哪一队先得 8 分，都必须进行场地交换，但不得改变双方队员的轮转位置。

（二）暂停

对于比赛中出现的死球情况，教练员或队长有权向裁判员提出暂停的要求。暂停期间，教练员可以在场地外进行指导，任何人员不得进入场内，场上队员也不得出场。每队可以要求的暂停次数不超过两次，每次暂停时间不得超过 30 秒钟。如在一局中出现某队请求暂停超过三次的情况，应判该队失发球权或对方得 1 分。

（三）换人

对于比赛中出现的死球情况，教练员或队长有权向裁判员提出换人要求，但一局不得超过三人。换人时间不得超过 15 秒钟，并按规定做好替补队员的信息登记。如队员在比赛中因故被取消比赛资格，不能继续参加该场比赛，可安排替补队员予以替换。若出现无人替换的情况，或累计换人达到三人次，则判为负局。

（四）局间间隙

两局比赛的间隙时间，不得超过 2 分钟，期间教练员不得进入场内。

（五）发球

发球队员不得超出本方发球区域范围，发球动作必须做到规范，且 2、3 号队员不得有任何掩护动作。如出现发球失误的情况，则判由对方发球。

（六）轮转顺序

取得发球权的参赛队，应先按顺时针方向轮转一个位置，发球由 1 号位队员完成。在开始新的一局之前，可以对本队队员的轮转顺序进行变换调整，需填好位置表，并交给记录员。

（七）动作

球被踢入对方场区之前，在本方场区内，三人共击球不得超过四次，每个队员连续击球不得超过两次。禁止用手、臂触球，在队员身体的任何部位，球不得出现明显地停留，否则判由对方发球或得 1 分。

（八）网上球

在比赛进行的过程中，如出现球触及两标志杆以内的球网，判为好球；如出现球触标志杆，则判为失误。

（九）触网

比赛进行中，如出现队员身体任何部位触及两标志杆以内的球网，则判为触网违例。若发生在队员击球后，则不判为违例。

（十）比赛规则

球触地及违例为死球。如出现意外情况，由裁判员鸣哨中断比赛，待情况排除后，再恢复比赛。

（十一）计胜方法

接发球队出现失误时，应判对方得一分。如果是发球队失误，则判由对方发球。如果某队得分超过 15 分，且比对方队得分多不少于 2 分时，则为胜一局。如果出现比分是 14：14 的情况，应继续比赛，直至某队领先 2 分，方可判为胜一局。

（十二）判定和申诉

比赛中的最终判决，由正裁判员判定。若场上队长对裁判员的判罚提出质疑，正裁判员应及时予以解释。若比赛队对裁判员的判罚存在争议，可在比赛后向仲裁委员会提出书面申诉，但在比赛中必须服从裁判员的裁判。

单元十三

游泳运动

项目一　游泳运动概述

一、游泳运动的起源和发展

游泳，是人在水的浮力作用下产生向上漂浮，凭借浮力通过肢体有规律的运动，使身体在水中有规律运动的技能。游泳运动可分为竞技游泳和实用游泳，竞技游泳是奥林匹克运动会中的第二大项目，它包括自由泳、仰泳（也称背泳）、蛙泳和蝶泳四种泳姿的竞速项目，以及花样游泳等。

游泳运动是全民喜爱的体育项目之一。游泳发源于居住在江、河、湖、海一带的古代人。他们为了生存，必然要在水中捕捉水鸟和鱼类作食物，通过观察和模仿鱼类、青蛙等动物在水中游动的动作，逐渐学会了游泳。

我国历史悠久，水域辽阔。记载中游泳始于五千年前。但游泳作为一个体育项目得以发展还是近几十年的事。

1828 年，在英国利物浦乔治码头修造了第一个室内游泳池，这种泳池到 19 世纪 30 年代，在英国各大城市相继出现。1837 年，在英国伦敦成立了第一个游泳组织，同时举办了英国最早的游泳比赛。1869 年 1 月，在伦敦成立了大城市游泳俱乐部联合会（现英国业余游泳协会前身），并把游泳作为一个专门的运动项目正式固定下来，并随之传入各英国殖民地，继而传遍全世界。随着游泳运动的发展，游泳被分为实用游泳和竞技游泳两大类。实用游泳又分为侧泳、潜泳、反蛙泳、踩水、救护、武装泅渡等；竞技游泳分为蛙泳、自由泳、仰泳、蝶泳。

竞技游泳从第一届奥运会（1896 年）就列入了奥运会正式项目。发展到现在，各种锦标赛，国际大型比赛不断推动着竞技游泳的发展，使它的技术动作更完善，创造了一个又一个优异的成绩。

自古至今，无论是为了捕猎、逃避猛兽或是遇上海难时得以自救，游泳都是一门重要的求生技能之一。远在公元前 2500 年，古埃及已有类似捷泳的活动。古罗马人兴建的巨大浴池，更是上流社会人士作为余暇游泳及社交活动之场所。早期的游泳活动，只被视为贵族子女教育及士兵训练的一个重要部分。直至十八世纪末期，工人阶级参与游泳的时间及机会增多后，游泳运动才开始成为一种普及的活动。

竞技游泳源于英国及澳大利亚，后来传入其他国家，十九世纪中期至二十世纪初，世界各国的游泳比赛开始普遍起来，游泳总会亦相继成立。英国业余游泳总会（前身为都会游泳总会）于1869年成立，是第一个成立的国家游泳总会。在1850年至1860年间，英国与澳大利亚已有游泳比赛。当国际奥林匹克运动会于1894年6月16日在巴黎成立时，游泳已被列为1894年的奥运项目之一。至于国际业余游泳联会（FINA），则成立于1908年。

蛙泳：第一个作为比赛的泳式，而且自由泳及蝶泳也是从中发展出来的。在二十世纪四十至五十年代，由于很多日本泳手利用规例的漏洞在长距离比赛中潜泳，从而获取利益，游泳规则于1956年便有所更改，只容许泳手在起跳后及转池后，在水面下做一次划手及蹬腿动作。为了减低水的阻力及加强推进力，胸泳（蛙泳或俯泳的旧称）的划手及蹬腿动作曾有过多次的改革，不过，基本泳姿就一直都没有多大的出入。

自由泳：也称"爬泳"。澳大利亚人韦利士于1850年使用了一种双手在水面前移的泳姿，这可算是自由泳的雏形。及后英国泳手约翰·特拉真于1873年采用了一种用胸泳腿再配合双手交替前爬的泳式，后来澳大利亚人李察·卡尔又根据特拉真及韦利士的泳式，创造了一种"浅打水"的踢腿方法。自此之后，腿的踢法就只有少许的变化。

仰泳：早期的背泳只是仰浮在水面上，然后再用胸泳的踢腿推进。1900年的奥林匹克运动会，开始有泳员使用手部在水面上过头前移的泳式，踩踏式的踢腿方式，则到1912年的奥运会才开始出现。

蝶泳：蝶泳的划手方法是由德国泳手Erich Rademacher首次在1926年的胸泳比赛中使用，当时，他仍使用胸泳的踢腿方式。1952年的奥林匹克运动会之后，国际业余游泳联会（FINA）决定将此泳式与胸泳分开，因而增加了蝶泳，而且泳员还可以采用海豚式的踢腿方法。

主要分类

实用游泳

军事上、生产上、生活服务上使用价值较大的游泳方式称为实用游泳。如爬泳（自由泳）、蛙泳、侧泳、潜泳、踩水（立泳）、水上救护、武装泅渡、反蛙泳（仰泳）和狗刨。

竞技游泳

竞技游泳是指有特定技术要求，按游泳竞赛规则规定进行竞赛的游泳项目。游泳从第一届奥运会（1896年）就列入了奥运会正式项目。它可以分为在游泳池比赛和在公开水域比赛两大类。如自由泳、蛙泳、仰泳、蝶泳（又称海豚泳）和由这四种游泳组成的个人混合游泳，以及接力游泳比赛。竞技游泳主要是以速度来决定名次的游泳，是根据国家的游泳竞赛规则进行的，称为竞技游泳。

二、游泳运动的锻炼价值

1. 改善心血管系统。游泳对心血管系统的改善有相当重要的作用。冷水的刺激通过热量调节作用与新陈代谢能促进血液循环；此外游泳时水的压力和阻力还对心脏和血液的循环起到特殊的作用，在水面游泳时，身体所承受的水压就已达到每平方厘米 $0.02 \sim 0.05$kg，潜水时随着深度的加大，物理条件的变化，压力还会增大，游泳速度的加快也会加大压力负荷，心房和心室的肌肉组织能得到加强，心腔的容量也能逐渐有所加大，心脏的跳动次数减少，这样心脏的活动就能节省化，整个血液循环系统却能得到改善，静止状态下舒张压有所上升，收缩压有所下降，因此血压值变得更为有利；血管的弹性也有所提高。根据有关专家统计，一般人在安静状态下每分钟心脏跳动约 $66 \sim 72$ 次，每搏量约为 $60 \sim 80$ 毫升，而长期参加游泳锻炼的人，在同样情况下只需收缩 50 次左右，每搏量却达到 $90 \sim 120$ 毫升。

2. 提高肺活量。呼吸主要靠肺，肺功能的强弱由呼吸肌功能的强弱来决定，运动是改善和提高肺活量的有效手段之一。据测定：游泳时人的胸部要受到 $12 \sim 15$ 公斤的压力，加上冷水刺激肌肉紧缩，呼吸感到困难，迫使人用力呼吸，加大呼吸深度，这样吸入的氧气量才能满足机体的需求。一般人的肺活量大概为 3200 毫升，呼吸差（最大吸气与最大呼气时胸围扩大与缩小之差）仅为 $4 \sim 8$ 厘米，剧烈运动时的最大吸氧量为 $2.5 \sim 3$ 升/分，比安静时大 10 倍；而游泳运动员的肺活量可高达 $4000 \sim 7000$ 毫升，呼吸差达到 $12 \sim 15$ 厘米，剧烈运动时的最大吸氧量为 $4.5 \sim 7.5$ 升/分，比安静时增大 20 倍。游泳促使人呼吸肌发达，胸围增大，肺活量增加，而且吸气时肺泡开放更多，换气顺畅，对健康极为有利。

3. 提高呼吸系统的机能。水的一个主要特点是难以压缩性。因为水的密度比空气大 800 余倍，人在水中受到的压力要远远大于在空气中。这就是初学游泳者在水中感到呼吸困难的原因。由于胸腔和腹腔在水中受到的压力增大，这就迫使呼吸肌用更大的力量进行呼吸。所以经常游泳，可以增大呼吸肌的力量，提高呼吸系统的机能。最明显的一个例子是肺活量的值。游泳运动员的肺活量可以达到 $4000 \sim 6000$ 毫升，甚至 7000 毫升，而一般人只有 $3000 \sim 4000$ 毫升。

4. 改善肌肉系统的能力。游泳是一项全身参与的运动，可以比其他运动促使更多的肌肉群参与代谢供能。虽然游泳不能塑造粗壮的、隆起的肌肉，但能够提高许多肌肉的力量和协调性，特别是躯干、肩带和上肢的肌肉。因为在水中游泳需要克服较大的阻力，游泳又是周期性的运动，长期锻炼能够使肌肉的力量、速度、耐力和关节的灵活性都得到提高。

游泳还有一个很大的好处，即柔韧性的改善。这使得人们由于年龄限制而不能从事其他体育活动时，仍然能够继续游泳。由于游泳时身体活动的范围较大，定期进行游泳活动的人都会变得更加灵活和柔软。而且，正确的游泳技术要求肌肉在收缩用力前先伸长，这种运动方式有利于不断地提高柔韧性和力量。

5. 改善体温调节的机制。由于水的温度一般低于气温，水的导热能力又比空气强数十倍，因此人在水中失散的热量远远快于在空气中。经常游泳能改善体温调节能力，从而更能够承受外界温度的变化。特别是冬泳，对这方面的改善作用尤其明显。

6. 加强皮肤血液循环。在游泳过程中，由于水温的刺激，机体为了保证足够的温度。皮肤血管参与了重要的调节作用，冷水的刺激能使皮肤血管收缩，以防热量扩散到体外。同时身体又加紧产生热量，使皮肤血管扩张，改善对皮肤血管的供血，这样长期的坚持锻炼能使皮肤的血液循环得到加强。

另外，水是十分柔软的液体，而由于水波浪的作用，不断对人体表皮进行摩擦，从而使皮肤得到更好的放松和休息，所以经常参加游泳锻炼的人，都有一身光滑洁白、柔软的皮肤。

人在游泳时，水对肌肤、汗腺、脂肪腺的冲刷，起到了很好的按摩作用，促进了血液循环，使皮肤光滑有弹性。此外，在水中运动时，大大减少了汗液中盐分对皮肤的刺激。

7. 增强抵抗力。游泳池的水温常为 26℃~28℃，在水中浸泡散热快，耗能大。为尽快补充身体散发的热量，以供冷热平衡的需要，神经系统便快速做出反应，使人体新陈代谢加快，增强人体对外界的适应能力，抵御寒冷。经常参加冬泳的人，由于体温调节功能改善，就不容易伤风感冒，还能提高人体内分泌功能，使脑垂体功能增强，从而提高对疾病的抵抗力和免疫力。

8. 减肥。游泳时身体直接浸泡在水中，水不仅阻力大，而且导热性能也非常好，散热速度快，因而消耗热量多。就好比一个刚煮熟的鸡蛋，在空气中的冷却速度，远远不如在冷水中快，实验证明：人在标准游泳池中游泳 20 分钟所消耗的热量，相当于同样速度在陆地上的 1 小时，在 14 度的水中停留 1 分钟所消耗的热量高达 100 千卡，相当于在同温度空气中 1 小时所散发的热量。另外游泳减肥法可避免下肢和腰部运动性损伤。在陆上进行运动减肥时，因肥胖者体重大，使身体（特别是下肢和腰部）要承受很大的重力负荷，使运动能力降低，易疲劳，使减肥运动的兴趣大打折扣，并可能损伤下肢关节和骨骼。而游泳项目在水中进行，肥胖者的体重有相当一部分被水的浮力承受，下肢和腰部会因此轻松许多，关节和骨骼损伤的危险性大大降低。由此可见，在水中运动，会使许多想减肥的人，取得事半功倍的效果，所以，游泳是保持身材最有效的有氧运动之一。

9. 健美形体。人在游泳时，通常会利用水的浮力俯卧或仰卧于水中，全身松弛而舒展，使身体得到全面、匀称、协调的发展，使肌肉线条流畅。在水中运动由于减少了地面运动时对骨骼的冲击性，降低了骨骼的劳损概率，使骨关节不易变形。水的阻力可增加人的运动强度，但这种强度，又有别于陆地上的器械训练，是很柔和的，训练的强度又很容易控制在有氧域之内，不会长出很生硬的肌肉块，可以使全身的线条流畅、优美。

10. 增强对温度的适应力。游泳时没有太多衣物的保护，因而对身体抵御寒冷有一定作用，特别是冬泳运动。

11. 增高。游泳有助于使处在发育期中的少年儿童长高。

三、重大赛事

国际标准游泳池长 50 米，宽至少 21 米，深 1.80 米以上。设 8~9 条泳道，每条泳道宽 2.50 米，分道线由直径 5~10 厘米的单个浮标连接而成。运动员比赛必须站在出发台上出发（仰泳除外），出发台高出水面 50~75 厘米，台面积为 50 厘米×50 厘米。

运动组织

国际业余游泳联合会（FINA），简称国际泳联。1908 年由比利时、丹麦、芬兰、法国、德国、英国、匈牙利和瑞典等国倡议成立，总部设在瑞士的洛桑，现有协会会员 179 个。国际泳联是国际单项体育联合会总会成员，正式用语为英语和法语，工作用语为英语。中国在中华人民共和国成立前即为国际泳联会员，1958 年退出，1980 年 7 月恢复会员资格。

从 1896 年雅典奥运会起，游泳就是奥运会的竞赛项目。国际泳联的任务是确定奥运会和其他国际比赛中游泳、跳水、水球和花样游泳的规则，审核和确认世界纪录，指导奥运会中的游泳比赛。国际泳联负责主办的赛事除了奥运会游泳比赛外，还有世界游泳锦标赛（1973 年始）、世界杯赛（1979 年始）、世界短池游泳锦标赛（1993 年始）、跳水大奖赛（1994 年始），跳水世界杯中增加花样跳水（1994 年始），在世界水球锦标赛中增加少年女子水球比赛（1995 年始）。

（一）世锦赛比赛项目

表 13-1-1　世锦赛比赛项目

项目	50 米	100 米	200 米	400 米	800 米	1500 米	5000 米	10000 米
自由泳	√	√	√	√	√	√		
仰泳	√	√	√					
蛙泳	√	√	√					
蝶泳	√	√	√					
个人混合泳			√	√				
自由泳		4×100	4×200					
混合泳接力		4×100						

续表

项目	50 米	100 米	200 米	400 米	800 米	1500 米	5000 米	10000 米
公开水域							√	√
世界游泳锦标赛共设 44 枚金牌								

（二）奥运会比赛项目

表 13 -1 -2 奥运会比赛项目

项目	50 米	100 米	200 米	400 米	800 米	1500 米	5000 米	10000 米
自由泳	√	√	√	√	√	√		
仰泳		√	√					
蛙泳		√	√					
蝶泳		√	√					
个人混合泳		√	√					
自由泳		4×100	4×200					
混合泳接力		4×100						
公开水域								√
奥运会游泳项目共设 37 枚金牌								

项目二 游泳运动基本技术

常见游泳姿势一般分为自由泳、蛙泳、蝶泳和仰泳四种泳式。自由泳速度最快，蛙泳姿势比较优美，蝶泳爆发力最强，仰泳最省体力。

一、自由泳

自由泳的雏形原于澳大利亚人韦利士于 1850 年使用了一种双手在水面前移的泳姿。1873 年，英国泳手约翰·特拉真采用了一种用胸泳手腿配合双手交替前爬的泳式。澳大利亚人李察·卡尔又根据约翰·特拉真及韦利士的泳式，创造了一种"浅打水"的踢腿方法。自由泳的完整配合有多种形式。一般采用手部 2 次划水，腿部 6 次打水，1 次呼吸的形式。在游进中头部于水中保持平衡，躯干围绕身体纵轴有节奏的自然转动35°~45°。

基本动作：自由泳基本动作包括手部动作、腿部动作、换气三部分。

（一）手部动作环节

入水、抱水、划水、出水、空中移臂是手部动作的五个环节，是使身体在水中前进的主要动力。

1. 入水要领。手臂在空中完成移臂之后，大臂内旋，使肘关节处于最高点，手指伸直并拢，掌心斜向外下方，由拇指和食指指尖先入水，接着是小臂，最后大臂自然伸直插入水中（图13－2－1）。

图13－2－1

2. 抱水要领。完成入水之后，由手腕转动使手掌掌心开始由斜向外下转为斜向内后，逐渐弯手肘、弯曲手腕，手肘始终高于手臂，为下一步的划水做好准备（图13－2－2）。

图13－2－2

3. 划水要领。抱水动作完成之后，手臂配合肩膀的旋转，大臂内旋，带动小臂，手掌经过胸前下方，弯曲的手臂逐渐往大腿方向伸直划水，掌心由斜内下方转为斜内上方，从下往上划水至大腿，抱水与划水路线如S形（图13－2－3）。

图 13 - 2 - 3

4. 出水要领。划水至大腿之后，掌心转向上，手指向上先划出水面，大臂带动小臂，上提手肘部位，稍微弯曲手肘，手臂放松，掌心转为后上方，整个出水过程必须连贯不停顿，并且快速。整个过程如手从裤袋中抽出。

5. 空中移臂要领。完成出水之后，手肘处于上提状态，大臂带动肘及小臂由下往上外旋，此时手肘高于手臂，向身体前方移臂，手有些感觉像要插入水的动作，进入下一个入水动作的准备

以上动作一单臂为轮回，双臂交替进行，完成手部动作。

（二）腿部动作环节

自由泳腿部的打水动作，虽然也有一定的推进作用，但主要是起到使身体保持平衡平卧于水中的作用。

图 13 - 2 - 4

1. 膝盖自然弯曲，大腿与小腿弯曲大约160°。但不能角度太大，否则小腿打水就显得不够有力，而且加大了身体在水中前进的面积进而增加了水的阻力，看不到打水时的水花；如果绷紧，伸得太直，会让腿部肌肉过于紧张、增加体能的消耗，而且水花也大（图13-2-4）。

2. 放松脚踝，绷直脚尖，脚尖稍内扣。由大腿带动小腿上下摆动打水，两腿交替进行。

3. 腰部以下用力，上半身保持不动，打水才有力度，身体不会左右晃动。

（三）换气环节

换气是采用自由泳泳式游泳时，身体不因换气而改变身体姿势从而减慢前进速度的方法。一般是划臂两次（即左右臂各自划水一次），呼吸一次，腿部打水六次。（以右手为例）

1. 呼气。右手入水之后，此时头部面向左下方，口鼻在水中慢慢呼气，随着右手臂划水到肩下的过程，头部慢慢转向右下方，同时口鼻加大呼气量，直到右手臂即将划出水面时，用力呼气。

2. 吸气。手臂一划出水面时，身体旋转，脸部刚好右转摆上水面，大口吸气，随着右手臂在空中移臂的过程，将头再次埋进水里，直到右手臂入水结束，这期间有一个闭气的过程，直到头部完全摆向左下方；然后，在左臂空中移臂至入水、划水的过程中，口鼻开始慢慢呼气，头部也慢慢摆向右侧，进行下一轮吸气的准备。

二、蛙泳

蛙泳，顾名思义，是一种模仿青蛙游泳动作的游泳姿势。游泳者可以方便观察前方是否有障碍物，避免撞上障碍物。它是需要手脚的配合与协调，更需要结合吸气呼气的频率而进行的一项游泳。蛙泳是初学游泳者最好的入门游泳姿势，也是最基础的一项游泳技术，学会了蛙泳，后期学习自由泳、仰泳，还有蝶泳，将会是循序渐进，水到渠成。

基本动作：蛙泳基本动作包括手部动作、腿部动作、换气三部分。

（一）手部动作环节

开始姿势、手臂外划、高肘抱水、内划收手、手臂前伸五个环节，其目的是使头部抬起到水面上换气及促进身体前进。

1. 开始姿势：两个手臂自然前伸，手掌张开，掌心向下，与水平面平行，身体处于自然伸直状态（图 13 –2 –5）。

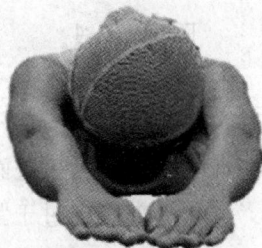

图 13 –2 –5

2. 手臂外划要领：手肘伸直，掌心由向下慢慢转为向外，手掌倾斜大约45°角，边转手掌边将全臂向外斜下方推开，这时是没有向前的推进作用的，不需要太用力，以免浪费体力（图13-2-6）。

图13-2-6

3. 高肘抱水要领：当手掌和手臂感觉到有压力时，开始抱水，这抱水是手部推进力最为关键的一步，过早抱水，会导致内划距离缩短，影响速度。

4. 内划收手要领：当手臂张开大约45°角的时候，手腕开始弯曲，掌心由外向内，手臂带动手肘加速向内划水，将水推向身体内侧，这时由于水的推力，上半身处于一个较高的位置；该动作完成时，手肘将收置于腋下，双臂贴紧身体，以减少水阻力；掌心也同时由外向上（朝向胸部），置于头部前下方位置（图13-2-7）。

图13-2-7

5. 手臂前伸要领：掌心由向上转为相对，再到合并，在手掌转向的同时慢慢伸直手肘，用暗力往前伸，尽量伸到缩紧肩宽，减少阻力，创造更好的流水线，提高滑行速度，在最后动作结束前掌心慢慢转为向下，为下一个向外划水做好准备。

（二）腿部动作环节

收腿、翻腿、蹬夹水、并拢滑行四个环节，是使身体在水中前进的主要动力。

1. 收腿：屈膝自然收腿，收腿时力量小，将脚跟向臀部靠拢，小腿尽量贴近大腿，收腿时最好处于大腿投影面之内，这样可以尽可能地减少收腿阻力；收腿结束后最佳位置，是小腿差不多与水平面垂直，脚掌接近水平面，两膝与肩部差不多同宽（图13－2－8）。

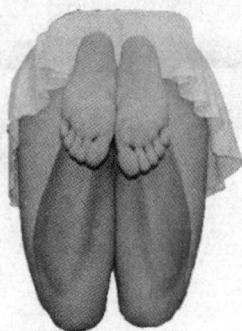

图 13－2－8

2. 翻腿：本动作是整个腿部动作中最为关键的一个，它可以直接影响到蹬腿的效果；脚底朝上，勾脚尖，脚尖向外，双脚外翻，使脚和小腿内侧对着蹬水方向，在后面看起来就像个英文字母"W"，两膝间约 10cm，这样做可以充分发挥蹬水的力量，创造更好的前进推力（图13－2－9）。

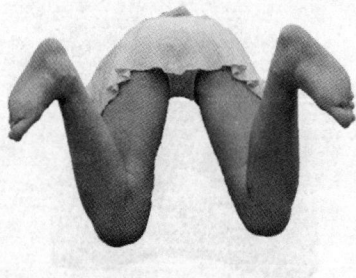

图 13－2－9

3. 蹬夹水：蹬夹水是腿部由屈腿到伸直的过程，甚至脚板都要伸直；蹬水时候，由腰部和大腿发力，以小腿和脚底向外蹬水，直到双脚甚至位置差不多与肩同宽的时候，伸直脚板，用力夹水，直到双脚并拢伸直，两脚尖处于绷直状态；整个过程中蹬水夹水是圆滑连续的，没有那么明显的分开步骤，尽量要控制好脚板的伸直时间，在蹬水中过早伸直，会严重影响推进速度，过慢又会加大水阻力，拖慢速度（图13－2－10）。

图 13 - 2 -10

4. 并拢滑行：双脚并拢伸直后，自然滑行，一般是 1~2 秒的时间。充分利用蹬夹水的动力使身体在水中向前滑行（图 13 - 2 - 11）。

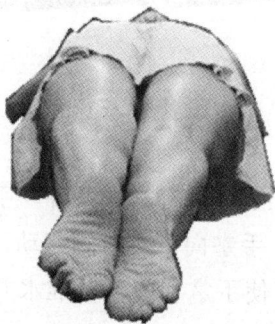

图 13 - 2 -11

（三）换气环节

蛙泳换气是为身体能够连续在水中运动提供氧气的动作，通常采用前换气和后换气两种方式。

1. 前换气：当手臂做外划动作同时头部主动抬起水面吸气，高肘抱水时头部主动低下水中。由于外划动作时间较短，吸气时间也相对较短。初学者不建议采用该方式。

2. 后换气：当手臂做内划收手动作同时收脚，由于水的托力，人体上半身处于较高位置，抬起头，张开嘴吸气，手臂前伸时头部主动潜进水中。

三、仰泳

仰泳技术的产生和发展有较长的历史，1794 年有了关于仰泳技术的记载，早期的仰泳只是仰浮在水面上，然后再用胸泳的踢腿推进。直到 19 世纪初的奥林匹克运动会，运动员游仰泳时仍采用两臂同时向后划水，两腿做蛙泳的蹬水动作的方法，即现在的"反蛙泳"。直到 1921 年才初步形成了现在的仰泳技术。一般采用手部 2 次划水，腿部 4 次打水，1 次呼吸的仰泳技术。

基本动作：仰泳基本动作包括手部动作、腿部动作、换气三部分。

（一）手部动作环节

入水、抱水、划推水、出水、空中移臂五个环节，是使身体前进的主要动力。

1. 入水要领：臂入水时，应借助于移臂动作的惯性，臂部自然放松，入水点应在身体纵轴与肩的延长线之间，或在肩的延长线上。入水角度过宽和过窄都会影响游泳的速度。臂入水时应保持直臂，肘部不要弯曲，入水时小指向下，拇指向上，掌心向侧后方。手掌末指与小臂约成150°~160°角（图13-2-12）。

图13-2-12

2. 抱水要领：抱水是为划推水创造有利的条件。手臂入水后要利用移臂时所产生的动量积极下滑到一定的深度，手掌向下、向侧移动，通过伸肩、屈肘、上臂内旋和屈腕的动作，配合身体的滚动，使手掌和前臂对准水并有压力的感觉。当完成抱水动作时，肘部微屈约成150°~160°，手掌据水面约30~40厘米，肩保持较高的位置（图13-2-13）。

图13-2-13

3. 划推水要领：划水是在臂前伸抱水的基础上进行的。开始时前臂内旋，手掌上移，肘部下降，使屈肘程度加大，手掌和小臂要保持与前进方向垂直。当手掌划至肩侧时，屈臂程度最大，约为70°~110°，手掌接近水面。划水的前半部分，手的运动为向上——向外——向后的三个分运动；后半部分则是向上——向内——向后的三个分运动。水流从大拇指流向小指。这个阶段也是身体向划水臂同侧转动最大的阶段。推水是在手臂划过肩侧时开始的，这时肘关节和大臂应逐渐向身体靠近，同时用力向脚的方向推水。当推水即将结束时，小臂内旋做加速转腕下压的动作，掌心由向后转向向下。推水时，手的运动是由向内——向下——向后的运动，逐渐转变为向内——向下——向前的运动。水流从小指流向大拇指一边。推水结束时，手臂要伸直，手掌在大腿侧下方（图13-2-14）。

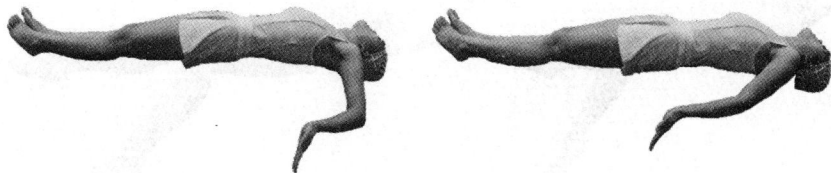

图 13 – 2 – 14

4. 出水要领：推水结束后，借助于手掌压水的反弹力迅速提臂出水。出水时手形有多种：其一，手背先出水；其二，大拇指先出水；其三，小拇指先出水。这三种手型各有利弊，相对来说最后一种较好。无论采用哪种手型出水，都要注意使手臂自然、放松、迅速，并且要先压水后提肩，肩部露出水面后，由肩带动大臂、小臂和手依次出水（图 13 – 2 – 15）。

图 13 – 2 – 15

5. 空中移臂：提臂出水后，手应迅速从大腿外侧垂直于水面移至肩前。当手臂移至肩上方时，手掌要内旋，使掌心向外翻转（采用小拇指先出水技术的无此动作）。空中移臂时，必要伸直放松，移臂的后阶段要注意肩关节充分伸展，为入水和划水做好准备。

（二）腿部动作环节

仰泳腿部的打水动作，虽然也有一定的推进作用，但主要是起到保持身体平衡平卧于水中的作用。

1. 膝盖自然弯曲，大腿与小腿弯曲大约 160°。但不能弯曲太大，否则小腿打水就显得不够有力，而且加大了身体在水中前进的面积进而增加了水的阻力，看不到打水时的水花；如果绷紧，伸得太直，会让腿部肌肉过于紧张、增加消耗体能，而且水花也大。

2. 放松脚踝，绷直脚尖，脚尖稍内扣。由大腿带动小腿上下摆动踢水，两腿交替进行。

3. 腰部以下用力，上半身保持不动，打水才有力度，身体不会左右晃动（图 13 – 2 – 16）。

图 13 - 2 - 16

（三）换气环节

由于仰泳时脸部朝上，嘴部一直处于水平上。所以，换气动作比较简单。一般采用手部 2 次划水，腿部 4 次打水，1 次呼吸的方式。

四、蝶泳

蝶泳技术动作是游泳竞技比赛四种泳姿中最难掌握的技术动作。其划手方法是由德国泳手 Erich Rademacher 首次在 1926 年的胸泳比赛中使用的，当时，他仍使用胸泳的踢腿方式。1952 年的奥林匹克运动会之后，国际业余游泳联会（FINA）决定将此泳式与胸泳分开，因而增加了蝶泳，而且泳员更可以采用海豚式的踢腿方法。

基本动作：自由泳基本动作包括手部动作、腿部动作、换气三部分。

（一）手部动作环节

入水、抱水、划水、出水、空中移臂五个环节，其目的是使头部抬起到水面上换气及促使身体前进。

1. 入水要领：入水应以拇指领先，两手掌同时对称地斜插入水，然后前臂和上臂依次入水。入水时肘关节略微弯曲，掌心朝向外下方，手掌与水面约成 40°。两手的入水点入水位置应该在两肩的延长线或略窄于肩的延长线上，太宽容易造成划水路线缩短，太窄不利于入水后划水和抱水（图 13 - 2 - 17）。

图 13 - 2 - 17

2. 抱水要领：两臂向外分开时手心转向侧外，然后转向侧下进行划水，这时保持高肘姿势，使手和小臂形成较好的对水位置，并开始由前向后，由外向里划水，划至腹下时肘关节弯曲程度达到最大，两手相距很近。然后手再转向内做勾手抱水动作，同时稍提肘。当两手外划至超过肩宽时，屈腕，使手掌由向外、向后变为向外、向下和向后，同时屈肘完成抱水动作。这时小臂与水面约成45°角（图13-2-18）。

图 13-2-18

3. 划水要领：抱水动作结束后手臂内旋，从原来的向外、向下、向后方转为向内、向上和向后方的划动，随手向着内上方的划动，这时的划水要逐渐伸肘、伸腕，使前臂和手尽量保持对水。屈肘程度逐渐加大，当手臂划至肩的下方时，肘关节弯曲成90°~100°角，两手之间的距离最近。当手划到大腿两侧时，划水动作结束，转入出水（图13-2-19）。

图 13-2-19

4. 出水要领：划水尚未结束时，肘已经开始离开水面。当两手划到大腿两侧，利用划水的惯性，肩带动手臂提肘出水。出水时，掌心向内，朝向大腿的内侧，小指领先，以较小的截面出水，以便减小出水的阻力。

5. 空中移臂：手臂出水后，在肩的带动下在身体两侧沿低平的抛物线经空中向前摆动到头前，准备做下一个周期动作的入水动作。在移臂过程中，肩应该露出水面，手臂自然伸直，前臂和手腕自然放松，拇指朝下，由上臂带动前臂前摆。由于蝶泳两臂同时向前移动，采用低平的自然直臂姿势从两侧向前甩臂（图 13 - 2 - 20）。

图 13 - 2 - 20

（二）腿部动作环节

蝶泳腿部动作与自由泳腿部动作较为相似，但蝶泳打腿是双脚同时进行且蝶泳腿打水时屈膝的程度大于自由泳。蝶泳的打腿动作是由躯干发力，经过髋、膝、踝关节的动量传递，各部分协调配合形成波浪式的动作，它对于保持良好的身体姿势以及推进身体前进有十分重要的作用。蝶泳打水时，两腿自然并拢，两脚稍内旋成内八字，两腿的动作应同时进行，否则即为犯规。蝶泳腿由向上打水和向下打水两部分组成。

1. 向上打水：当两腿前一次向下打水动作结束时，两脚处于最低点，膝关节伸直，臀部上升至水面，髋关节屈成约 160°角。接着两腿伸直向上摆动，髋关节逐渐展开，当大腿上升到与躯干成一直线时，腰腹和臀部开始下沉，大腿开始下压。在大腿下压时，两脚和小腿由于惯性的作用继续向上，膝关节形成自然弯曲。随着大腿继续加速向下，屈膝程度增加，直到脚升至接近水面，在水下约 4 ~ 5 厘米处，此时臀部下沉至最低点，膝关节屈成 110° ~ 130°角，这时向上打水结束（图 13 - 2 - 21）。

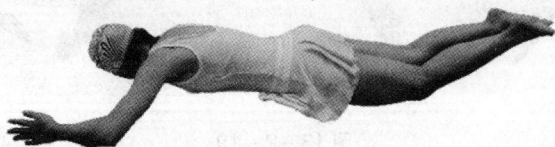

图 13 - 2 - 21

2. 向下打水：随着大腿加速下压，脚和小腿在大腿的带动下加速向后下方下打，直至小腿和脚向下打水到膝关节完全伸直，脚处于最低点。向下打水是伸膝的过程，小腿和脚加速向后下方打水，就像鞭子向池底甩去。向下打水时踝关节跖屈脚掌内旋，踝关节的柔韧性和灵活性对打水效果起重要作用。向下打水是产生推进力的主要阶段，要加速完成。向下打水结束，又进入下一个打水的周期动作。向上打水和向下打水是没有明显界线的：当小腿和脚向上打水动作还未结束时，大腿已经开始向下打水；在小腿和脚向下打水动作还未结束时，大腿已经开始上摆，进入向上打水（图13-2-22）。

图 13 - 2 - 22

（三）换气环节

蝶泳换气是初学者最难掌握的技术动作。双臂入水后开始慢慢呼气，当两臂抱水结束向内划水时，开始抬头。随着两臂向后抱水时，头和肩逐渐升高，呼气也由慢到快地进行，并继续向前抬头。当两手划水至腹部下方时，下巴露出水面并沿水面前伸，当两手推水结束臂出水时张口吸气，在两臂向前移至与肩成一平线时低头闭气，手入水时头没入水中憋气 。蝶泳时多数人采用抬头吸气，高水平运动员一般在手臂推水时抬头吸气，空中移臂时头随肩部向前下方伸展，在手入水前低头。一般按照两臂划水1次，呼吸1次的方式进行。

项目三　游泳运动的注意事项

一、游泳运动的安全卫士常识

游泳是一项深受人们喜爱的体育运动，具有调节人体机能和诸强抵抗力等作用，是男女老幼都适合的健身运动。要自觉遵守游泳安全和卫生守则，防止发生意外事故和传染疾病。

1. 小孩必须在家长（监护人）的带领下去游泳。单身一人去游泳最容易出问题，如果同伴不是家长（成年人），在出现险情时，很难保证能够得到妥善的救助。

2. 身体患病者不要去游泳。中耳炎，心脏病，皮肤病，肝，肾疾病，高血压，癫痫，红眼病等慢性疾病患者，及感冒、发热、精神疲倦、身体无力都不要去游泳，因为上述病人参加游泳运动，不但容易加重病情，而且还容易发生抽筋、意外昏迷，危及生命。传染病患者易把病传染给别人。另外女同学月经期间均不宜游泳。

3. 参加强体力劳动或剧烈运动后，不能立即跳进水中游泳，尤其是在满身大汗，浑身发热的情况下，不可以立即下水，否则易引起抽筋、感冒等。

4. 感冒、生病、身体不适或虚弱、饭后、空腹、饮酒不宜游泳。

5. 被污染的（水质不好）河流、水库、有急流处、两条河流的交汇处以及落差的河流湖泊，均不宜游泳。一般来说，凡是水况不明的江河湖泊都不宜游泳。恶劣天气如雷雨、刮风、天气突变等情况下，也不宜游泳。

6. 在入水之前最好先体验一下水温，如果有过冷或者过热的水温时尽量不要急于下水。池水的水温对血液循环、心脏、血压、呼吸、新陈代谢、人体皮肤和肌肉都有影响。

7. 下水前要先在岸上做准备活动，热身 10 ~ 15 分钟，活动关节以及各部位肌肉。否则突然进行较剧烈的活动，容易使肌肉受伤或发生其他意外。可采用高抬腿、蹲下起立等四肢运动。

8. 不要跳水，避免腹部和睾丸直接受到水面的强烈打击。

9. 游泳时，需要注意保护眼睛、防止晒伤、注意退潮时间等。

10. 游泳后，要用干净水把全身再冲洗一遍，以免传染疾病。

11. 游泳后，可以通过补充运动饮料、放松训练、调试呼吸、催眠暗示、心理调节、按摩恢复、水中漫游等手段恢复体力。

12. 潜在危险有腿抽筋、头晕、头痛、恶心、呕吐、胸闷、耳痛、耳鸣、腹痛、腹胀、眼睛痒痛等。

13. 易发疾病有结膜炎、中耳炎、鼻窦炎、咽喉炎、接触性皮炎、过敏性皮炎、吸入性肺炎等。

14. 忌长时间曝晒游泳。长时间曝晒会产生晒斑，或引起急性皮炎，亦称日光灼伤。为防止晒斑的发生，上岸后最好用伞遮阳，或到有树荫的地方休息，或用浴巾在身上保护皮肤，或在身体裸露处涂防晒霜。

15. 忌不做准备活动即游泳。水温通常总比体温低，因此，下水前必须做准备活动，否则易导致身体不适。

16. 忌游泳后马上进食。游泳后宜休息片刻再进食，否则会突然增加胃肠的负担，久之容易引起胃肠道疾病。

17. 忌游泳时间过久。皮肤对寒冷刺激一般有三个反应期。第一期：入水后，受冷的刺激，皮肤血管收缩，肤色呈苍白。第二期：在水中停留一定时间后，体表血流扩张，皮肤由苍白转呈浅红色，肤体由冷转暖。第三期：停留过久，体温热散大于热发，皮肤出现鸡皮疙瘩和寒战现象。这是夏游的禁忌期，应及时出水。游泳持续时间一般不应超过 1.5 ~ 2 小时。

18. 忌饭前饭后游泳。空腹游泳会影响食欲和消化功能，也会在游泳中发生头昏乏力等意外情况；饱腹游泳亦会影响消化功能，还会产生胃痉挛，甚至呕吐、腹痛现象。

19. 忌在不熟悉的水域游泳。在天然水域游泳时，切忌贸然下水。凡水域周围和水下情况复杂的都不宜下水游泳，以免发生意外。

20. 忌空腹游泳。很多爱好游泳的人们都有一种感觉，那就是游泳上岸之后，都会感觉饥肠辘辘，浑身乏力，这是因为游泳是一项重体力运动项目，四肢肌肉活动的幅度大，会消耗人体的大量能量、热量。如果在空腹时去游泳，会造成身体血糖过低，特别是糖尿病患者，发生低血糖昏迷的危险性更大。如果游泳者因为空腹，血糖低，体能消耗大，特别容易在水中出现肌肉颤抖、头晕眼花、虚脱、昏迷甚至可能直接溺水而亡。因此，游泳者要在游泳之前，适当地补充一些水果、牛奶、糖果之类的食物，再下水游泳。

21. 忌生理期游泳。来月经的女生一定要避免下水游泳，因为来月经期间，病菌容易通过水进入子宫、输卵管等处，引起感染，导致月经不调、经量过多或者经期延长。

二、游泳运动水上救护

游泳救护主要包括自我救护、间接救护和直接救护等三种救护形式。

（一）自我救护

自我救护是指水中遇到意外险情时而采取的自我保护和救助措施。

1. 抽筋。当过度疲劳、精神紧张、水太凉、动作不协调、局部多次重复一种姿势、准备动作不充分时，容易出现抽筋。具体表现为疼痛难受，肌肉坚硬，且一时不易缓解。

抽筋后，要保持镇静，主要采用牵引法自我解救。即通过关节的屈伸，拉长抽筋的肌肉，使收缩的肌肉松弛并伸展，还可以配合局部按摩来促使缓解。若在深水区，自己无法解脱困境时，应及时呼救。

如图所示（图13-3-1），腓肠肌（小腿）或脚趾抽筋，可先吸一口气仰浮于水面，用抽筋腿异侧的手握住抽筋（腿）的脚趾，用力向身体方向拉，同时用另一手压在抽筋腿的膝盖上，帮助小腿伸直。

图13-3-1

大腿抽筋，深吸气，仰浮于水面，抽筋腿屈膝，双手抱膝，随即向前伸直，保持身体平衡，动作自然。

2. 被缠住或漩涡。若被长藤植物缠住，可采取仰卧姿势进行解脱，再从原路游出。若被漩涡吸住，可平卧水面，从漩涡外沿全速游出。

3. 头晕。初学游泳者，下水后心跳加快，可能出现头晕眼花的症状。此外，耳道进水、空腹游泳等也会导致头晕。出现头晕现象后，要保持镇静并坚持锻炼，逐渐熟悉水性，克服头晕。下水前适当补充能量，也可预防头晕。

4. 耳中进水。在水中可用吸引法，将头偏向有水一侧，用手掌紧压有水的耳朵，憋气，快速提起手掌，反复几次即可。也可以在岸上将头偏向有水一侧，手扯耳朵，原地单足跳跃几次。

5. 呛水。呛水是水从鼻腔或口腔吸入呼吸道引起的。发生呛水时，要把头露出水面，把水从鼻和口里咳出，很快就能恢复正常呼吸。

6. 水中自我救护的基本原则就是尽可能保持体力，以最少的体力消耗在水上维持最长的时间。利用身旁任何可以增加浮力的物体，保持身体漂浮在水上。

（二）间接救护

利用救生器材（救生圈、竹竿、木板、轮胎、泡沫块、绳子等），对较清醒的溺水者施行救助。将救生圈或其他漂浮物系上绳子，左脚踩住绳尾，右手持圈自后向前摆，由上而下抛给溺水者，若距离较近，也可以利用竹竿、木板等将其拖至岸边。

（三）直接救护

直接救护是徒手对溺水者（此时溺水者已经散失了自我救护或接受间接救护的能力）施救的一种方法。

入水前，救护人员应观察周围环境和水的流向，选择离溺水者最近的方位下水。静水中，救护人员可以直接游向溺水者，急流的江河中，救护人应从溺水者的斜前方入水施救。救护者在找到并有效控制溺水者后，要确保双方的口、鼻露出水面，以保持正常呼吸。将人救上岸后，要针对其症状决定急救方式。轻度溺水者，可让其吐水、保暖、休息。对昏迷、呼吸微弱或窒息者要实施心脏按压或人工呼吸，并叫救护车。

人工呼吸前，要设法打开溺水者口腔，清除其口鼻内可视的污物，取出活动假牙等之后进行控水。解除溺水者衣带，救护者一腿跪，另一腿屈膝，将其腹部置于屈膝的大腿上，一手扶其头部保持向下，另一手压其背部把水排出。

如图所示（图13-3-2），实施人工呼吸时，使溺水者仰卧，救护者一手提高其下颌保持呼吸顺畅，另一手握紧其鼻孔，深吸气后，口对口吹气15~20秒，为防止漏气，施救者应该将嘴贴近并充分完全罩住溺水者的嘴。待溺水者胸部扩张后，停止吹气并松开口鼻，可用手按压溺水者胸部，以助其呼气。如此反复进行，每分钟14~20次，速度由慢到快。

图 13 - 3 - 2

　　如果溺水者失去知觉，心跳极其微弱，甚至心跳停止或心跳与呼吸均停止时，应将胸外心脏按压（即 CPR 心跳复苏术）和人工呼吸配合进行。先在 3～4 秒内进行两次人工呼吸，然后进行 15 次连续的心脏按压，反复进行。

　　如图所示（图 13 - 3 - 3），胸外心脏按压时，将溺水者仰卧，救护者位于其右侧，一只手的掌根置于其胸骨按压部位（胸骨从上向下的 2～3 根处），手指不可触及肋骨，另一只手重复叠在上，两臂伸直，上体前倾，借助身体重力，平稳有力向下垂直加压，使其胸骨下端下陷 3～4 厘米，压迫心脏。随后两手松压，但掌根不得离位，使胸廓扩张，心脏随之舒张。下压时动作缓慢，松压时动作迅速，有节奏地连续进行，成人每分钟 60～80 次，儿童每分钟 80～100 次。

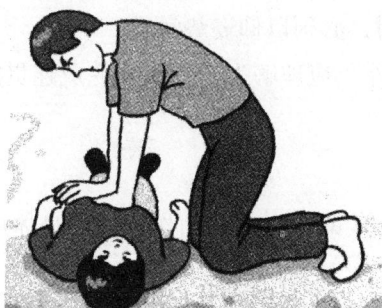

图 13 - 3 - 3

项目四　游泳运动竞赛规则简介

一、各项泳式的比赛规定

（一）自由泳

1. 自由泳比赛中可采用任何泳式。

2. 转身和到达终点时，可用身体任何部分触池壁。

（二）仰泳

1. 运动员面对出发端，两端抓住握手器，两脚（包括脚趾）应处于水面下，禁止蹬在水槽内、水槽上或用脚趾钩住水槽边。

2. 出发和转身后，运动员应蹬离池壁，并在整个游进过程中呈仰卧姿势。除在做转身动作外，运动员必须始终仰卧。仰卧姿势允许身体做转动动作，但必须保持与水平面小于90°的仰卧姿势。头部位置不受此限。

3. 在整个游进过程中，运动员身体的某部分必须露出水面。在转身过程中，允许运动员完全潜入水中。但在出发和每次转身后，运动员潜泳距离不得超过15米，在15米前运动员的头必须露出水面。

4. 在转身过程中，当运动员肩的转动超过垂直面后，可进行一次连续单臂划水或双臂同时划水动作，并在该动作结束前开始滚翻。一旦改变仰卧姿势，就不允许做与连续转身动作无关的打水或划水动作。运动员必须呈仰卧姿势蹬离池壁。转身时运动员身体的某部分必须触壁。

5. 运动员在到达终点时，必须以仰姿势触壁。

注："除在做转身动作外"应理解为"只有在完成连贯的转身动作过程中才可以改变仰卧姿势"。

（三）蛙泳

1. 出发和每次转身后，从第一次手臂动作开始，身体应保持俯卧姿势，两肩应与水面平行。

2. 两臂和两腿的所有动作都应同时、在同一水面上进行，不得有交替动作。

3. 两手应同时在水面、水下或水上由胸前伸出，并在水面或水下向后划水。除最后一个动作外，在手臂的完整动作中，两肘不得露出水面。除出发和每次转身后的第一次划水动作外，两手向后划水不得超过臂线。

4. 在蹬腿过程中，两脚必须做外翻动作，不允许做剪夹、上下交替打水或向下的海豚式打水动作。只要不做向下的海豚式打腿动作，允许两脚露出水面。

5. 在每次转身和到达终点时，两手应在水面、水上或水下同时触壁，触壁前两肩应与水面平行。在触壁前的最后一次向后划水动作结束后，头可以潜入水中，但在触壁前的一个完整或不完整的配合动作中，头应部分地露出水面。

6. 在每个以一次划臂和一次蹬腿顺序完成的完整动作周期内，运动员头的某一部分应露出水面。只有在出发和每次转身后，运动员可在全身没入水中时，做一次手臂充分的向后划至腿部的动作和一次蹬腿动作。但在第二次划臂至最宽点并在两手向内划水前，头必须露出水面。

（四）蝶泳

1. 除在做转身动作时，身体必须始终俯卧外，从出发和每次转身后的第一次手臂动作开始，至下一个转身或到达终点止，两臂均应与水面平行。任何时候都不允许转成仰卧姿势。

2. 两臂必须在水面上同时向前摆动，并同时在水下向下划水。

3. 两脚的动作必须同时进行，允许两腿和两脚在垂直面上同时做上下打水动作。两腿或两脚可不在同一水平面上，但不允许有交替动作。

4. 在每次转身和到达终点时，两手应在水面、水上或水下同时触壁，触壁前两肩应与水面平行。

5. 在出发和每次转身后，允许运动员在水下做一次或多次打水动作和一次划水动作，这次划水动作必须使身体升到水面。

（五）混合泳

1. 个人混合泳须按照下列顺序进行比赛：
①蝶泳，②仰泳，③蛙泳，④自由泳（仰泳、蛙泳及蝶泳以外的任何泳式）。
2. 混合泳接力须按照下列顺序进行比赛：
①仰泳，②蛙泳，③蝶泳，④自由泳（仰泳、蛙泳及蝶泳以外的任何泳式）。
3. 在个人混合泳和混合泳接力项目的仰泳转蛙泳过程中，运动员转肩动作超过垂直面之前必须呈仰泳姿势触及池壁。

二、游泳比赛中的出发

1. 自由泳、蛙泳、蝶泳的各项比赛必须从出发台起跳出发，仰泳项目在水中出发。当听到总裁判发出长哨声信号后，运动员应站到出发台上，两脚距出发台前缘相同距离；仰泳各项运动员下水。在总裁判发出第二声长哨时，仰泳运动员应迅速游回泳池端做好出发准备；仰泳运动员在水中做好出发准备。当所有运动员都处于静止状态时，发令员应发出"出发信号"（鸣枪、鸣哨、电笛或口令）。运动员在听到"出发信号"后才能做出发动作。

2. 运动员如在"出发信号"发出之前出发，应判出发抢码犯规。第一次出发抢码犯规，发令员就要召回运动员并组织重新出发。第一次出发抢码犯规以后，无论哪个运动员抢码犯规（不论该运动员是第几次犯规），均应取消其比赛资格或录取资格。如果在"出发信号"发出之后发现运动员抢码犯规，应继续比赛，在该组比赛结束后取消犯规运动员的录取资格。如果在"出发信号"发出前发现运动员抢码犯规，则不再发"出发信号"，取消抢码犯规运动员的比赛资格后，再次组织出发。

3. 发令员发现运动员抢码犯规或总裁判判定运动员抢码犯规鸣哨后，发令员主应连续不断地发出召回信号直至将运动员召回。

如因裁判员的失误或器材失灵而导致运动员抢码犯规，发令员应将运动员召回重新出发，不作为一次抢码犯规。

三、计时

所有游泳运动员的比赛成绩和名次都是由自动计时装置决定的，运动员出发时，出发台上的压力板将记录数据。每条泳道两端都有触板，当运动员触壁时也会被记录。由于触板和出发台是互连的，因此可以判断参加接力比赛的运动员是否在其队友触壁以后才入水的。接力比赛当中，任何一个运动员在其队友触壁 0.05 秒之前离开出发台，这个队将被自动取消比赛资格（运动员可以在队友触壁的时候做出发动作，都是脚必须接触出发台）。

单元十四

武术运动

项目一　武术运动概述

武术是以技击动作为主要内容，以套路和格斗为运动形式，注重内外兼修的中国传统体育项目。它有着悠久的历史和广泛的群众基础，是中华民族在长期的劳动生活与斗争实践中逐渐积累、提炼、发展起来的一项宝贵的传统文化遗产。它具有强身健体、防身自卫、竞技比赛、娱乐观赏等功能，不仅深受我国广大人民群众的喜爱，而且已成为世界人民喜欢的一项体育运动。

项目二　武术基本功

武术基本功是初学者入门的基础功夫，是为了更好地掌握武术技术，提高套路水平的专门素质基础练习。它的内容丰富、方法多样。按人体的身体部位可分为肩功、腿功、腰功。

一、肩功

肩功练习主要是提高肩部韧带的柔韧性，加大肩关节的活动范围，发展肩部肌肉的力量，增强上肢运动的伸展、敏捷、转环等功能。主要练习方法有压肩、转肩、绕环等。

（一）压肩

面对一定高度的物体开步站立，两手伸直抓握物体，上体前俯并做下压肩动作。也可以两人面对面站立，互相扶按肩部，做体前屈压肩动作。也可以由一人协助做搬压肩部的练习（图 14 - 2 - 1、图 14 - 2 - 2）。

图 14 - 2 - 1

图 14 - 2 - 2

要点：挺胸、塌腰，两肩、两腿要伸直，振幅要逐步加大，压点集中于肩部，增加外力时应由小到大。

（二）转肩

两脚开立，两手保持一定的距离，正握木棍于体前。以肩关节为轴，两臂由体前经头顶绕至背后，然后再由背后经头顶绕至体前。（图 14 - 2 - 3、图 14 - 2 - 4）

图 14 - 2 - 3

图 14 - 2 - 4

要点：转肩时，两臂伸直，两手握棍的距离应由宽到窄。

（三）臂绕环

1. 双臂前后绕环。两脚开立与肩同宽，两臂垂于体侧。左右两臂依次由下向前、向上、向后做绕环（图 14 - 2 - 5、图 14 - 2 - 6、图 14 - 2 - 7）。

图 14 - 2 - 5   图 14 - 2 - 6   图 14 - 2 - 7

要点：松肩、探臂，两臂于体侧成立圆绕环。

2. 双臂交叉绕环。两脚开立，两臂伸直上举，左臂向前、向下、向后，右臂向后、向下、向前，同时于身体两侧划立圆绕环。数次后，向相反的方向做（图 14 - 2 - 8、图 14 - 2 - 9、图 14 - 2 - 10）。

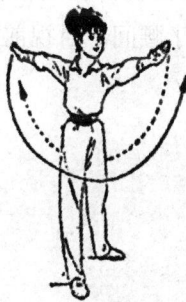

图 14 - 2 - 8   图 14 - 2 - 9   图 14 - 2 - 10

要点：上体放松，协调配合两臂绕环，两臂于体前成立圆绕环。

二、武术基本手型、步型

（一）手型

1. 拳。五指卷紧，拇指压于食指和中指的第二关节上。拳分为拳面、拳眼、拳心、拳背等。拳眼向上为立拳，拳背向上为平拳（图 14 - 2 - 11）。

2. 掌。四指伸直并拢，拇指弯曲扣于虎口处，掌分为掌指、掌背、掌心、掌根等（图 14 – 2 – 12）。

3. 勾。五指尖并拢在一起，腕关节紧张内扣，分为勾尖、勾顶（图 14 – 2 – 13）。

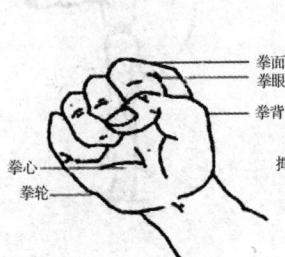 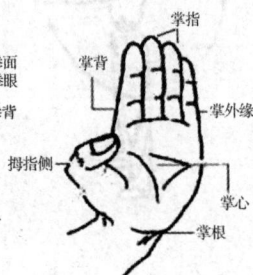 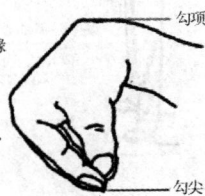

图 14 – 2 – 11　　　　图 14 – 2 – 12　　　　图 14 – 2 – 13

（二）步型

1. 弓步。前脚微内扣，全脚着地，屈膝半蹲，大腿水平，膝与脚尖垂直。另一腿挺直，脚尖内扣向前，全脚着地（两脚间距离约本人的脚长四倍）。上体正对前方，两手抱于腰间。目视前方（图 14 – 2 – 14）。

2. 马步。两脚左右开立（约本人的脚长三倍），两脚尖向前，屈膝半蹲，大腿呈水平，膝部不超过脚尖，两手抱拳于腰间。目视前方（图 14 – 2 – 15）。

图 14 – 2 – 14　　　　　　图 14 – 2 – 15

3. 虚步。两脚前后开立，前脚膝部微屈，脚面绷紧，脚尖虚点地面。后脚半蹲屈膝，大腿接近水平，全脚着地，身体重心落于后脚。目视前方（图 14 – 2 – 16）。

4. 仆步。两脚开立，一腿屈膝全蹲，大腿小腿紧贴，臀部贴近小腿，脚尖稍外展。前脚伸直平铺地面，脚尖内扣。目视前方（图 14 – 2 – 17）。

5. 歇步。两腿交叉屈膝全蹲，前脚全着地，脚尖外展。后脚脚跟离地，臀部外侧贴于后脚小腿（图 14 – 2 – 18）。

图 14 – 2 – 16　　　　　图 14 – 2 – 17　　　　　图 14 – 2 – 18

项目三　初级长拳（第三路）

一、动作名称

起势：①虚步亮掌；②并步对拳。

第一段：①弓步冲拳；②弹腿冲拳；③马步冲拳；④弓步冲拳；⑤弹腿冲拳；⑥大跃步前穿；⑦弓步击掌；⑧马步架单。

第二段：①虚步栽拳；②提膝穿掌；③仆步穿掌；④虚步挑掌；⑤马步击掌；⑥叉步双摆掌；⑦弓步击掌；⑧转身踢腿马步盘肘。

第三断：①歇步抢砸拳；②仆步亮掌；③弓步劈拳；④换跳步弓步冲拳；⑤马步冲拳；⑥弓步下冲拳；⑦叉步亮掌侧踹腿；⑧虚步挑掌。

第四段：①弓步顶肘；②转身左拍脚；③右拍脚；④腾空飞腿；⑤歇步下冲拳；⑥仆步抢劈拳；⑦提膝挑掌；⑧提膝劈拳弓步冲拳。

结束动作：①虚步亮掌；②并步对拳；③收势。

二、完整套路演示

（一）起势：

两脚并步站立，两臂垂于身体两侧，五指并拢贴靠腿外侧，眼向前平视（图 14 – 3 – 1）。

1. 虚步亮掌。

（1）右脚向后方撤步成左弓步，右掌向右、向上、向前划弧，掌心向上。左臂屈肘，左掌提至腰侧，掌心向上。目视右掌（图 14 – 3 – 2）。

（2）右腿微屈，重心后移。左掌经胸前从右臂上方向前穿出伸直。右臂屈肘，右掌收至腰侧，掌心向上。目视左掌（图 14 – 3 – 3）。

（3）重心继续后移，左脚稍向右移，脚尖点地，成左虚步。左臂内旋向左、向后划弧成勾手，勾尖向上。右手继续向后向右向前上划弧，屈肘抖腕，在头前上方成亮掌，掌心向前，掌指向左。目视左方（图 14 – 3 – 4）。

要点：三个动作须连贯，成虚步时，重心落于右腿上，右大腿与地面平行，左腿微屈，脚尖点地。

图 14 -3 -1 　　　图 14 -3 -2 　　　图 14 -3 -3 　　　图 14 -3 -4

2. 并步对拳。

（1）右腿蹬直，左腿提膝，脚尖内扣，上肢姿势不变（图 14 -3 -5）。

（2）左脚向前落步，重心前移，左臂屈肘，左勾手变掌经左肋前伸，右臂外旋向前下落于左掌右侧，两掌同亮，掌心向上（图 14 -3 -6）。

（3）右脚向前上一步，两臂下垂后摆。左脚向右脚并步，两臂向外向上经胸前屈肘下按，两掌变拳，拳心向下，停于小腹前。目视左侧（图 14 -3 -7、图 14 -3 -8）。

要点：并步后，挺胸、塌腰、对拳并步、转头要同时完成。

图 14 -3 -5 　　　图 14 -3 -6 　　　图 14 -3 -7 　　　图 14 -3 -8

（二）第一段

1. 弓步冲拳。

（1）左脚向左上一步，脚尖向斜前方。右腿微屈，成半马步，左臂向上向右格打，拳眼向后，拳与肩高，右拳收至腰侧拳心向上（图 14 -3 -9）。

（2）右腿蹬直成弓步，左拳收至腰侧，拳心向上，右拳向前冲出，高与肩平，拳眼向上。目视右拳（图 14 -3 -10）。

2. 弹腿冲拳。重心前移至左腿，右腿提膝弹腿，右拳收至腰侧，左拳冲出。目视前方（图14－3－11）。

图14－3－9　　　　　　　图14－3－10　　　　　　　图14－3－11

3. 马步冲拳。右脚落地里扣，上体左转，收左掌至腰侧，两腿下蹲成马步，右拳冲出。目视右拳（图14－3－12）。

4. 弓步冲拳。上体右转90°，左手向右打，左腿蹬直成右弓步，右拳收至腰侧，左拳冲出。目视左拳（图14－3－13）。

5. 弹腿冲拳。重心前移至右脚，左脚提膝弹腿，左拳收至腰侧，右拳前冲。目视前方（图14－3－14）。

图14－3－12　　　　　　　图14－3－13　　　　　　　图14－3－14

6. 大跃步前穿。

（1）左腿屈膝，右掌内旋，以手背向下挂至左膝外侧（图14－3－15）。

（2）左腿前落，两腿微屈，右手经腰后挂，左掌向下伸直。目视右掌（图14－3－16）。

（3）右腿向前提起，左脚蹬地向前踢出，两掌向上划弧。目视左掌（图14－3－17）。

（4）右腿落地全蹲，左腿随即落地成仆步，右掌抱于腰侧，左掌由上方向右划弧成立掌，停于胸前。目视左脚（图14－3－18）。

图 14 - 3 - 15   图 14 - 3 - 16   图 14 - 3 - 17

7. 弓步击掌。右腿蹬直成左弓步，左掌经左脚面向后至身后成勾手，左臂伸直，勾尖向上，右手前倾击出。目视右掌（图 14 - 3 - 19）。

8. 马步架掌。两腿变马步，上体右转，左手经右臂内向前穿出，右掌立于左胸前，左手亮掌于头部左上方。目视右方（图 14 - 3 - 20）。

图 14 - 3 - 18   图 14 - 3 - 19   图 14 - 3 - 20

（三）第二段

1. 虚步栽拳。

（1）身体右转 180°，右掌由左胸前向右腿外侧向后划弧线成勾手，左臂随体转动并外旋掌心朝右。目视右手（图 14 - 3 - 21）。

（2）右脚落地，下蹲成左虚步，左拳落于左膝上，拳心向后，右拳架于头上方（图 14 - 3 - 22）。

图 14-3-21　　　　　图 14-3-22　　　　　图 14-3-23

2. 提膝穿掌。右腿伸直，左掌由下向左上划弧盖压于头上方，左腿屈膝，右掌经左臂内向右前穿出，掌心向上，左掌立于右胸前。目视右掌（图 14-3-23）。

3. 仆步穿掌。右腿全蹲，成左仆步，右臂不动，左掌由右胸向下左脚面穿出。目随左掌转视（图 14-3-24）。

4. 虚步挑掌。右腿蹬直，成左弓步，左掌随重心前移向前挑起，右脚向左前上步，成右虚步，上体随上步左转 180°，左手向上，右手向下，划弧右手上挑成合掌在前，左手在后，成勾手（图 14-3-25）。

5. 马步击掌。右掌向外捋手，左脚向前上一步，以右脚为轴转体 180°成马步，左手经右臂上向左侧击出，右掌变拳，收至腰侧（图 14-3-26）。

图 14-3-24　　　　　图 14-3-25　　　　　图 14-3-26

6. 叉步双摆掌。两手变掌同时向下向右摆，继续向上向左摆，停于身体左侧，均成立掌，右手在右肘窝处，右脚向左腿后插步。目随双掌转视（图 14-3-27）。

7. 弓步击掌。左掌收至腰侧，右掌向右上划弧，左腿后撤，成右弓步，右手向下后握成勾手。左手向前推出。目视左掌（图 14-3-28）。

8. 转身踢腿马步盘肘。

（1）以两脚为轴向左后转体 180°，左臂向上前划半圆，右臂向下后划半圆（图 14-3-29）。

287

图 14 - 3 - 27　　　　　　图 14 - 3 - 28　　　　　　图 14 - 3 - 29

（2）上动不停，右臂由后向上前划半圆，左臂由前向下后划半圆（图 14 - 3 - 30）。

（3）上动不停，右臂向下成反臂勾手，左臂向上亮掌，右腿伸直，脚尖勾起向额前踢（图 14 - 3 - 31）。

4. 右脚向前落地，上体左转 90°，两脚成马步，左手平搂至腰侧，右手变拳由体后向右向前摆至体前屈肘，肘尖向前，高与肩平（图 14 - 3 - 32）。

（四）第三段

1. 歇步抡砸拳。右手向后上抱直，左拳向左下抡直，两脚掌为轴向右后转体 180 度，两腿合蹲成歇步，左臂随身体下蹲向下平砸，臂微屈，右臂伸直向上举起（图 14 - 3 - 33）。

图 14 - 3 - 30　　　　　　图 14 - 3 - 31　　　　　　图 14 - 3 - 32

2. 仆步亮掌。

（1）左脚向前上一步成弓步，上体微向右转左拳收至腰侧，右拳变掌向下经胸前向右横击掌。目视右掌（图 14 - 3 - 34）。

（2）右脚蹬地屈膝提起，上体右转，左掌从右掌上向前穿出，右掌平收至左肘下（图 14 - 3 - 35）。

图 14 - 3 - 33 　　　　　 图 14 - 3 - 34 　　　　　 图 14 - 3 - 35

3. 右脚向右落步，成右仆步，左掌向下后划弧成勾手，右掌向右上划弧亮掌。目视左方（图 14 - 3 - 36）。

3. 弓步劈掌。起身，右手握拳收于腰间，左手掳手，右腿向前上一步成右弓步，右拳向后平摆做劈拳，左手外旋扶右臂（图 14 - 3 - 37）。

4. 换跳步弓步冲拳。

（1）重心后移，右脚稍向后移动，右拳变掌，臂内旋以掌背向下划弧挂至右膝内，左掌贴靠右肘外侧（图 14 - 3 - 38）。

图 14 - 3 - 36 　　　　　 图 14 - 3 - 37 　　　　　 图 14 - 3 - 38

（2）右腿自然上抬，上体稍向左扭转，右掌挂至体左侧，左掌伸向右腋下。目随右掌转视（图 14 - 3 - 39）。

（3）右脚向下震踩，左脚急速离地抬起，右手向上前掳盖变拳收至腰侧，左手向前屈肘下按，上体右转（图 14 - 3 - 40）。

（4）左脚向前落步成左弓步，右拳前冲，左掌藏于左腋下。目视右拳（图 14 - 3 - 41）。

图 14 - 3 - 39   图 14 - 3 - 40   图 14 - 3 - 41

5. 马步冲拳。上体右转 90°成马步，右拳收至腰侧，左拳向左冲出（图 14 - 3 - 42）。

6. 弓步下冲拳。右腿直，左腿屈，上体稍向左转成左弓步，左掌向下经体前上架至头左上方，右拳向左前斜下方冲出（图 14 - 3 - 43）。

7. 叉步亮掌侧踹腿。两手体前交叉成十字，上体右转，右脚后插于左腿，右掌经体前向前上划弧亮掌，左腿向左上方踹出，左手在体后成勾手（图 14 - 3 - 44）。

图 14 - 3 - 42   图 14 - 3 - 43   图 14 - 3 - 44

8. 虚步挑拳。

（1）左脚左侧落地，右掌变拳稍后移，左手变拳由体后左上挑，上体左转 180°，左掌继续向上划弧，右拳向下前划弧至右膝（图 14 - 3 - 45）。

（2）右脚提起向前方上步，脚尖点地，左腿下蹲成右虚步，左掌变拳收至腰侧，右拳经膝前挑拳至肩高。目视右拳（图 14 - 3 - 46）。

（五）第四段

1. 弓步顶肘。

（1）重心升高，右臂内旋向下直臂划弧，挂至右膝内侧，左腿蹬直，左掌右臂向前上划弧摆起（图 14 - 3 - 47）。

（2）左脚蹬地跳起两臂继续划弧至头上方（图 14 - 3 - 48）。

图 14 - 3 - 45　　　　　　图 14 - 3 - 46　　　　　　图 14 - 3 - 47

（3）右脚先落地，左脚向前成弓步，两臂向右下屈肘，停于胸前，右手掌贴靠左拳面，右掌推左拳，向左肘击，高与肩平（图 14 - 3 - 49）。

2. 转身左拍脚。以两脚掌为肘向右后转体 180°，右臂划弧抡摆，左掌内摆，左腿向前踢起，绷脚面，左拳在腰侧，右手拍击左脚面（图 14 - 3 - 50）。

图 14 - 3 - 48　　　　　　图 14 - 3 - 49　　　　　　图 14 - 3 - 50

3. 右拍脚。左脚向前落地，右拳收至腰侧，左手拍击上踢的右脚脚面（图 14 - 3 - 51）。

4. 腾空飞脚。

（1）右脚落地，左脚摆起，右脚起跳，左膝屈膝上摆，右拳变掌继续前摆，左掌先上而后下拍击右掌背（图 14 - 3 - 52）。

（2）右腿上摆，右手拍击右脚面，左手由体前向后上举（图 14 - 3 - 53）。

图 14 -3 -51   图 14 -3 -52   图 14 -3 -53

5. 歇步下冲拳。两脚先后落地，身体右转90°，两腿合成歇步，右手握拳，手至腰侧，左拳由腰侧向下方冲出，拳心向下（图 14 -3 -54）。

图 14 -3 -54   图 14 -3 -55   图 14 -3 -56

6. 仆步抡劈拳。

（1）重心升高，右臂由腰侧向体后伸直，左臂向上摆起（图 14 -3 -55）。

（2）以右脚为轴，左腿微屈膝提起，转体270°，右拳由后向前下划圆一周，左拳由前向后划圆一周半（图 14 -3 -56）。

（3）左腿后退，成右仆步，右拳由上向下抡劈，左拳上举。目视右拳（图 14 -3 -57）。

7. 提膝挑掌。

（1）重心前移成弓步，右手变掌由下向上抡摆（图 14 -3 -58）。

（2）左、右臂在垂直面上由前向后划圆一周。右臂在上，左臂在下。左手变勾手，右腿提起，左腿站直（图 14 -3 -59）。

图 14 - 3 - 57   图 14 - 3 - 58   图 14 - 3 - 59

8. 提膝劈掌弓步冲拳

（1）下肢不动，右掌向前劈出，掌心向上，左掌屈臂向前停于右臂内侧（图 14 - 3 - 60）。

（2）右脚落地，身体右转 90°，左掌变拳收至腰侧，右臂内旋向右弧劈掌（图 14 - 3 - 61）。

（3）上动不停，左腿蹬直，右腿屈膝成右弓步，右手握拳在腰侧，左拳向左前方冲出（图 14 - 3 - 62）。

（六）收势

1. 虚步亮掌。

（1）右脚扣于左膝后，两臂由上向下屈肘交叉于体前，右脚向后落步，右腿半蹲，上体稍右转，右掌划弧停于右腋下，左掌划弧停于左胸前（图 14 - 3 - 63）。

图 14 - 3 - 60   图 14 - 3 - 61   图 14 - 3 - 62   图 14 - 3 - 63

（2）左脚稍向右移，右腿蹲成左虚步，左臂伸直向左后划弧成反勾手，右臂划弧成亮掌，掌心向前（图 14 - 3 - 64）。

2. 并步对拳。

（1）左脚后撤一步，两掌从腰侧向前穿出，掌心向上（图 14 - 3 - 65）。

图14-3-64　　　图14-3-65　　　图14-3-66　　　图14-3-67

（2）右腿后撤一步，两臂分别由体后下摆，左脚后退向右脚并拢，两臂由后向上经体前屈臂下按，两掌变拳，停于腹前。目视左方（图14-3-66）。

（3）两臂自然下垂。目视前方（图14-3-67）。

项目四　二十四式简化太极拳

一、动作名称

①起势；②左右野马分鬃；③白鹤亮翅；④左右搂膝拗步；⑤手挥琵琶；⑥左右倒卷肱；⑦左揽雀尾；⑧右揽雀尾；⑨单鞭；⑩云手；⑪单鞭；⑫高探马；⑬右蹬脚；⑭双峰贯耳；⑮转身左蹬脚；⑯左下势独立；⑰右下势独立；⑱左右穿梭；⑲海底针；⑳闪通臂；㉑转身搬拦锤；㉒如封似闭；㉓十字手；㉔收势。

二、动作说明

（一）起势

1. 身体自然直立，两脚开立，与肩同宽，脚尖向前，两臂自然下垂，两手放在大腿外侧。两眼平视前方（图14-4-1）。

要点：头颈挺直，下颌微向后收，不要故意挺胸或收腹。

2. 两臂慢慢向前平举，两手高与肩平，与肩同宽，手心向下（图14-4-2）。

3. 上体保持挺直，两腿屈膝半蹲，同时两掌轻轻下按，两肘下垂与两膝相对。眼平视前方（图14-4-3、图14-4-4）。

要点：两肩下沉，两肘松垂，手指自然微屈。屈膝松腰，臀部不可突出，身体重心落于两腿。

图 14 - 4 - 1   图 14 - 4 - 2   图 14 - 4 - 3   图 14 - 4 - 4

（二）左右野马分鬃

1. 上体微向右转，身体的重心移向右脚。同时右臂收于胸前平屈，手心向下，左手经体前向右下划弧放在右手下，手心向上，两手心相对成抱球状。左脚收于右脚内侧，脚尖点地。眼看右手（图 14 - 4 - 5、图 14 - 4 - 6）。

2. 上体微转向左，左脚向前方迈出，右脚跟后蹬，右脚自然伸直，成左弓步。同时上体继续向左转，左、右手随转体慢慢分别向左上、右下分开，左手高与眼平，肘微屈。右手落在右胯旁，肘微屈，手心向下，指尖向前。眼看左手（图 14 - 4 - 7、图 14 - 4 - 8、图 14 - 4 - 9）。

3. 上体慢慢后坐，身体的重心移在右脚，左脚尖抬起微向外撇，随后脚掌慢慢落实，左腿慢慢前弓，身体左转，身体重心再移至左脚，同时左手翻转向下，左臂收于胸前平屈，右手向左上划弧放在左手下，两手心相对成抱球状。右脚随即收到左脚内侧脚尖点地。眼看左手（图 14 - 4 - 10、图 14 - 4 - 11、图 14 - 4 - 12）。

4. 右脚前方迈出，左跟后蹬，左腿自然伸直，成右弓步。同时上体继续向右，左、右手随转体慢慢分别向左下右上分开。右手高与眼平，肘微屈，左手落在左胯旁，肘微屈，手心向下，指尖向前。眼看右手（图 14 - 4 - 13、图 14 - 4 - 14、图 14 - 4 - 15）。

5. 与 3 解同，只是左右相反（图 14 - 4 - 16、图 14 - 4 - 17）。

6. 与 4 解同，只是左右相反（图 14 - 4 - 18、图 14 - 4 - 19）。

要点：上体不可前俯后仰，胸部须宽松舒展。两臂分开要保持弧形，身体转动时要以腰为轴。弓步动作与分手的速度要一致。

图 14 - 4 - 5 　　　图 14 - 4 - 6 　　　图 14 - 4 - 7 　　　图 14 - 4 - 8

图 14 - 4 - 9 　　　图 14 - 4 - 10 　　　图 14 - 4 - 11 　　　图 14 - 4 - 12

图 14 - 4 - 13 　　　图 14 - 4 - 14 　　　图 14 - 4 - 15 　　　图 14 - 4 - 16

图 14 - 4 - 17 　　　图 14 - 4 - 18 　　　图 14 - 4 - 19

（三）白鹤亮翅

1. 上体微转向左，左手向下翻掌，左臂平屈胸前，右手向左下划弧，手心转向上，与左手成抱球状（图 14 - 4 - 20）。

2. 右脚跟进半步，上体后坐，身体重心移至右腿，上体先向右转，面向右前方，然后左脚稍向前移点地，成左虚步。同时上体向左转，两手随体慢慢向右上、左下分开，右手上提停于头右侧，手心向左后方，左手落于左胯旁，手心向下，指尖向前（图 14 - 4 - 21、图 14 - 4 - 22、图 14 - 4 - 23）。

要点：胸部不要挺，两臂保持半弧形，左膝微屈，重心落于右腿。

图 14 - 4 - 20　　　　图 14 - 4 - 21　　　　图 14 - 4 - 22　　　　图 14 - 4 - 23

（四）左右搂膝拗步

1. 右手从体前下落，由下向后上方划弧至右肩外侧，肘微屈，手与耳同高，手心斜向上，左手由左下向上向右下方划弧至右胸前，手心斜向下，同时上体先微向左再向右转，左脚收于右脚内侧，脚尖点地（图 14 - 4 - 24、图 14 - 4 - 25、图 14 - 4 - 26、图 14 - 4 - 27）。

2. 上体左转，左脚向前迈出成左弓步。同时右手屈回由耳向前推出，高与鼻尖平，左手向下由左膝前搂过落于左胯旁，指尖向前（图 14 - 4 - 28、图 14 - 4 - 29、图 14 - 4 - 30）。

3. 右腿慢慢屈膝，上体后坐，身体重心移至右腿，左脚尖翘起微向外撇，随后脚掌慢慢落实，左腿前弓，身体左转，身体重心移至左腿，右脚收于左脚内侧，脚尖点地。同时左手向外翻掌由左后向上划弧至左肩外侧，肘微屈，手与耳同高，手心斜向上，右手随转体向上、向左下划弧落于左胸前，手心斜向下（图 14 - 4 - 31、图 14 - 4 - 32）。

4. 与 2 解同，只是左右相反（图 14 - 4 - 33、图 14 - 4 - 34、图 14 - 4 - 35）。

5. 与 3 解同，只是左右相反（图 14 - 4 - 36、图 14 - 4 - 37）。

6. 与 2 解同，只是左右相反（图 14 - 4 - 38、图 14 - 4 - 39）。

要点：前手推出，身体不可前俯后仰，松腰松胯。推掌时要沉肩垂肘，坐腕舒掌，同时须松腰、弓腿，上下协调一致。

图 14 - 4 - 24　　　　　图 14 - 4 - 25　　　　　图 14 - 4 - 26　　　　　图 14 - 4 - 27

图 14 - 4 - 28　　　　　图 14 - 4 - 29　　　　　图 14 - 4 - 30　　　　　图 14 - 4 - 31

图 14 - 4 - 32　　　　　图 14 - 4 - 33　　　　　图 14 - 4 - 34　　　　　图 14 - 4 - 35

图 14 - 4 - 36　　　　　图 14 - 4 - 37　　　　　图 14 - 4 - 38　　　　　图 14 - 4 - 39

（五）手挥琵琶

右脚跟进半步，上体后坐，身体重心转至右脚，上体半面向右转，左脚略提起稍向前移，变成左虚步，脚跟着地，脚尖翘起，膝部微屈。同时左手由左下向上挑举，高与鼻尖平，掌心向右，臂微屈。右手收回放在左臂肘部内侧，掌心向左。眼看左手食指（图14－4－40、图14－4－41）。

要点：身体要平稳自然，沉肩垂肘，胸部放松。左手上举时不要直向上挑，要由左向上、向前、微带弧形。右脚跟进时，脚掌先着地，再全脚着地。

图14－4－40

图14－4－41

（六）左右倒卷肱

1. 上体右转，右手翻掌经腹前由下向后上划弧平举，臂微屈，左手随即翻掌向上。眼的视线随着向右转体先向右看，再转向前方看左手（图14－4－42、图14－4－43）。

2. 右臂屈肘折向前，右手由耳侧向前推出，手心向前，左臂屈肘后撤，手心向上，撤至左肋外侧，同时左腿轻轻提起向后退一步，脚掌先着地，然后全脚慢慢踏实，身体重心移至左腿上，成右虚步，右脚随转体以脚掌为轴扭正。眼看右手（图14－4－44、图14－4－45）。

3. 上体微向左转，同时左手随转体向后上方划弧平举，手心向上，右手随即翻掌，掌心向上。眼随转体向左看，再转向前方看右手（图14－4－46）。

4. 与2解相同，只是左右相反（图14－4－47、图14－4－48）。

5. 与3解相同，只是左右相反（图14－4－49）。

6. 与2解相同（图14－4－50、图14－4－51）。

7. 与3解相同（图14－4－52）。

8. 与2解相同，只是左右相反［图14－4－53（1）、图14－4－53（2）］。

要点：前推的手不要伸直，后撤手也不可直向回抽，随体转走弧线。前推时，要转腰松胯，两手要一致。退步时，脚掌先着地，再慢慢全脚踏实，同时前脚随转体以脚掌为轴扭正。

图 14 – 4 –42 　　　　图 14 – 4 –43 　　　　图 14 – 4 –44 　　　　图 14 – 4 –45

图 14 – 4 –46 　　　　图 14 – 4 –47 　　　　图 14 – 4 –48 　　　　图 14 – 4 –49

图 14 – 4 –50 　　　　图 14 – 4 –51 　　　　图 14 – 4 –52 　　　　图 14 – 4 –53 （1）

图 14 – 4 –53 （2）

（七）左揽雀尾

1. 身体微向右转，同时左手随转体向后上方划弧平举，手心向上；右手随即翻掌，手心向上。眼看右手（图 14 – 4 –54）。

2. 身体继续向右转，左手自然下落逐渐翻掌经腹前划弧至右肋前，手心向上，右臂屈肘，手心转向下，收至右胸前，两手相对成抱球状。同时身体重心落在右腿上，左脚收到右脚内侧，脚尖点地。眼看右手（图 14-4-55、图 14-4-56）。

3. 上体微向左转，左脚向前迈出，上体继续向左转，右腿自然蹬直，左腿屈膝，成左弓步，同时左臂向左出，高与肩平，手心向内，右手向右下落放于右胯旁，手心向下，指尖向前。眼看前臂（图 14-4-57、图 14-4-58）。

要点：两臂前后保持弧形。分手、松胯、弓腿三者必须协调一致。

4. 身体微向左转，左手随即前翻掌向下，右手翻掌向上，经腹前向上、向前伸至左前臂下方，然后两手下捋，随即上体右转。两手经腹前向右后上方划弧，直至右手手心向上，高与肩平，左臂平屈于胸前，手心向后。同时身体重心移至右腿。眼看右手。（图 14-4-59、图 14-4-60）。

5. 上体微向左转，右臂屈肘折回，右手附于左手腕里侧，上体继续向左转，双手同时向前挤出，左前臂要保持半圆。同时身体重心逐渐移变成左弓步。眼看左手腕部（图 14-4-61、图 14-4-62）。

6. 左手翻掌，手心向下，右手经左腕上方向前，向右伸出，高与左手齐，两手左右分开，宽与肩平。然后右腿屈膝，上体慢慢后坐，身体重心移至右腿上，左脚翘起；同时两手屈肘收至腹前，手心均向前下方。眼向前平视（图 14-4-63、图 14-4-64、图 14-4-65）。

7. 上式不停。身体重心慢慢前移，同时两手向前、向上按出，掌心向前。左腿成弓步，平视前方（图 14-4-66）。

图 14-4-54 　　图 14-4-55 　　图 14-4-56 　　图 14-4-57

图 14-4-58 　　图 14-4-59 　　图 14-4-60 　　图 14-4-61

图 14 - 4 - 62

图 14 - 4 - 63

图 14 - 4 - 64

图 14 - 4 - 65

图 14 - 4 - 66

（八）右揽雀尾

1. 上体后坐并右转，身体重心移至右腿，左脚尖内扣。右手向右平行划弧至右侧，然后右下经腹前向左上划弧至左肋前，手心向上。左臂平屈胸前，左手掌向下与右手成抱球状。同时身体重心再移至左腿上，右脚收至左脚内侧，脚尖点地。眼看左手（图 14 - 4 - 67、图 14 - 4 - 68、图 14 - 4 - 69、图 14 - 4 - 70）。

2. 同"左揽雀尾"3 解，只是左右相反（图 14 - 4 - 71、图 14 - 4 - 72）。

3. 同"左揽雀尾"4 解，只是左右相反（图 14 - 4 - 73、图 14 - 4 - 74）。

4. 同"左揽雀尾"5 解，只是左右相反（图 14 - 4 - 75、图 14 - 4 - 76）。

5. 同"左揽雀尾"6 解，只是左右相反（图 14 - 4 - 77、图 14 - 4 - 78、图 14 - 4 - 79）。

6. 同"左揽雀尾"7 解，只是左右相反（图 14 - 4 - 80）。

要点：与"左揽雀尾"同，只是左右相反。

图 14 – 4 – 67　　　　　图 14 – 4 – 68　　　　　图 14 – 4 – 69　　　　　图 14 – 4 – 70

图 14 – 4 – 71　　　　　图 14 – 4 – 72　　　　　图 14 – 4 – 73　　　　　图 14 – 4 – 74

图 14 – 4 – 75　　　　　图 14 – 4 – 76　　　　　图 14 – 4 – 77　　　　　图 14 – 4 – 78

图 14 – 4 – 79　　　　　　　　　图 14 – 4 – 80

（九）单鞭

1. 上体后转，身体重心逐渐移至坐腿上，右脚尖内扣。同时上体左转，两手向左弧形运转，直至左臂平举伸于身体左侧，手心向左，右手经腹前运至左肋前，手心向后上方。眼看左手（图 14 – 4 – 81）。

2. 身体重心再渐渐向右腿移，上体右转，左脚向右脚靠拢，脚尖点地；同时右手向右上方划弧，至右侧时变勾手，臂与肩平，左手经腹前向右上划弧停于右肩前，手心向里。眼看左手（图14-4-82、图14-4-83）。

3. 上体微向左转，左脚向左侧迈出，右脚跟后蹬，成左弓步。在身体重心移向左腿的同时，左掌随上体的继续左转慢慢转向前推出，手心向前，手指与眼齐平，臂微屈。眼看左手（图14-4-84、图14-4-85、图14-4-86）。

要点：上体保持挺直、松腰。完成时，右臂肘部下垂，左肘与左膝上下相对，两肩下沉。左手向外翻掌前推时，要随转体边翻边推出，不要翻掌太快或最后突然翻掌。

图14-4-81   图14-4-82   图14-4-83   图14-4-84

图14-4-85   图14-4-86

（十）云手

1. 身体重心移至右腿上，身体逐渐右转，左脚尖内扣；左手经腹前向右上划弧至右肩前，手心斜向后，同时右手变掌，手心向右前。眼看左手（图14-4-87）。

2. 上体慢慢向左转，身体重心随之逐渐移至左侧。左手由脸前向左侧运转，手心渐渐向左方。右手由右下经腹前向左上划弧，至左肩前，手心斜向后，同时右脚靠近左脚，成小开步（两脚距离约10厘米~20厘米）。眼看右手（图14-4-88、图14-4-89、图14-4-90）。

3. 上体再向右转，同时左手经腹前向右上划弧至右肩前，手心斜向后。右手向右侧运转，手心翻转向右。随之左腿向左横跨一步。眼看左手（图14-4-91）。

4. 同 2 解（图 14 – 4 – 92、图 14 – 4 – 93、图 14 – 4 – 94）。

5. 同 3 解（图 14 – 4 – 95）。

6. 同 2 解（图 14 – 4 – 96、图 14 – 4 – 97、图 14 – 4 – 98）。

要点：身体转动要以腰为轴，松腰、松胯，不可忽高忽低。两臂随转动而转动，要自然圆活，速度缓慢均匀。

图 14 – 4 – 87

图 14 – 4 – 88

图 14 – 4 – 89

图 14 – 4 – 90

图 14 – 4 – 91

图 14 – 4 – 92

图 14 – 4 – 93

图 14 – 4 – 94

图 14 – 4 – 95

图 14 – 4 – 96

图 14 – 4 – 97

图 14 – 4 – 98

图 14 - 4 - 99　　　　　图 14 - 4 - 100　　　　　图 14 - 4 - 101

（十一）单鞭

1. 上体右转，右手随之向右运转，至右侧时变成勾手，左手经腹前向右上划弧至右肩前，手心向内。身体重心落在右腿上，左脚尖点地。眼看左手（图 14 - 4 - 99、图 14 - 4 - 100、图 14 - 4 - 101、图 14 - 4 - 102）。

2. 上体微向左转，左脚向左侧迈出，右脚跟后蹬，成左弓步，身体重心移向左腿的同时，上体继续左转，左掌慢慢翻掌向前推出，成"单鞭"式（图 14 - 4 - 103、图 14 - 4 - 104）。

要点：与前"单鞭"式相同。

图 14 - 4 - 102　　　　　图 14 - 4 - 103　　　　　图 14 - 4 - 104

（十二）高探马

1. 右脚跟进半步，身体重心逐渐后移至右腿上，右手变掌，两手翻掌向上，两肘微屈，同时身体微向右转，左脚跟渐渐离地。眼看左方（图 14 - 4 - 105）。

2. 上体微向左转，面向前方，右掌经右耳旁向前推出，手心向前，手指与眼同高。左手收至左侧腰前，手心向上。同时左脚微向前移，脚尖点地，成左虚步。眼看右手。

要点：上体自然挺直，双肩要下沉，右肘微下垂。跟步移换重心时，身体不能有起伏（图 14 - 4 - 106）。

图 14 – 4 – 105　　　　　图 14 – 4 – 106

（十三）右蹬脚

1. 左手手心向上，前伸至右手腕背面，两手相互交叉，随即向两侧分开并向下划弧，手心向斜下。同时左脚提起向左前方进步。身体重心前移，右腿自然蹬直，成左弓步。眼看前方（图 14 – 4 – 107、图 14 – 4 – 108、图 14 – 4 – 109）。

2. 两手由外圈向里圈划弧，两手交叉抱于胸前，右手在外，手心均向后。同时右脚向左脚靠拢，脚尖点地。眼平看右前方（图 14 – 4 – 110）。

3. 两臂左右划弧分开平举，肘部微屈，手心均向外，同时右腿屈膝提起向前方慢慢蹬出。眼看右手（图 14 – 4 – 111、图 14 – 4 – 112）。

要点：身体要稳定，不可前俯后仰。两手分开时，腕部与肩齐平。蹬脚时，左腿微屈，右脚尖内勾，力达脚跟。分手和蹬脚要协调一致。

图 14 – 4 – 107　　　图 14 – 4 – 108　　　　图 14 – 4 – 109　　　　图 14 – 4 – 110

图 14 – 4 – 111　　　　　图 14 – 4 – 112

（十四）双峰贯耳

1. 右腿收回，屈膝平举，左手由后向上。向前下落至体前，两手心均转向上，两手同时向下划弧分落右膝盖两侧。眼看前方（图14 - 4 - 113、图14 - 4 - 114）。

2. 右脚向右前方落下，身体重心渐渐前移，成右弓步，面向右前方。同时两手下落，慢慢变拳，分别从两侧向上、向前划弧至面部前方，成钳形状，两拳相对，高与耳齐，拳眼斜向内下（两拳距离10 ~ 20厘米）。眼看右拳（图14 - 4 - 115、图14 - 4 - 116）。

要点：完成时，头颈挺直、松腰松胯、两拳松握、沉肩垂肘。

图14 - 4 - 113   图14 - 4 - 114   图14 - 4 - 115   图14 - 4 - 116

（十五）转身左蹬脚

1. 左腿屈膝后坐，身体重心移至左腿，上体左转，右脚尖内扣，同时两拳变掌，由上向左右划弧分开平举，手心向前。眼看左手（图14 - 4 - 117、图14 - 4 - 118）。

2. 身体的重心再移至右腿，左脚收到右腿内侧，脚尖点地。同时两手由外圈划弧合抱于胸前，左手在外，手心均向后。眼平看左方（图14 - 4 - 119、图14 - 4 - 120）。

3. 两臂左右分开划弧平举，肘部微屈，手心均向外，同时左腿屈膝提起，左脚向前方慢慢蹬出。眼看左手（图14 - 4 - 121、图14 - 4 - 122）。

要点：与右蹬脚相同，只是左右相反。

图 14 - 4 - 117

图 14 - 4 - 118

图 14 - 4 - 119

图 14 - 4 - 120

图 14 - 4 - 121

图 14 - 4 - 122

（十六）左下式独立

1. 左腿收回平屈，上体右转，右掌变勾手，左掌向上、向右划弧下落，立于右肩前，掌心斜向后。眼看右手（图 14 - 4 - 123、图 14 - 4 - 124）。

2. 右腿慢慢屈膝下蹲，左腿由内向左侧伸出，成左仆步。左手下落向左下顺左腿内侧向前穿出。眼看左手（图 14 - 4 - 125、图 14 - 4 - 126）。

3. 身体重心前移，左脚跟为轴，脚尖尽量外撇，左腿前弓，右腿后蹬，右脚尖内扣，上体微向左转并向前起身。同时左臂继续向前伸出，掌心向右，右勾手下落，勾尖向后（图 14 - 4 - 127）。

4. 右腿慢慢提起平屈，成左独立步。同时右勾手变掌，并由下方顺右腿外侧向前弧形摆出，屈臂立于右腿上方，肘与膝相对，手心向左。左手落于左胯旁，手心向下，指尖向前。眼看右手（图 14 - 4 - 128、图 14 - 4 - 129）。

要点：上体要挺直，独立的腿微屈。

图 14 - 4 - 123   图 14 - 4 - 124   图 14 - 4 - 125   图 14 - 4 - 126

图 14 - 4 - 127   图 14 - 4 - 128   图 14 - 4 - 129

（十七）右下式独立

1. 右脚落于左脚前，脚掌着地，然后以左脚前掌为轴脚跟转动，身体随即左转，同时左手向后平举变成勾手，右掌随着转体向左侧划弧，立于左肩前，掌心斜向后。眼看左手（图 14 - 4 - 130、图 14 - 4 - 131）。

2. 同"左下式独立"2 解，只是左右相反（图 14 - 4 - 132、图 14 - 4 - 133）。

3. 同"左下式独立"3 解，只是左右相反（图 14 - 4 - 134）。

4. 同"左下式独立"4 解，只是左右相反（图 14 - 4 - 135、图 14 - 4 - 136）。

图 14 - 4 - 130   图 14 - 4 - 131   图 14 - 4 - 132   图 14 - 4 - 133

图 14 – 4 –134   图 14 – 4 –135   图 14 – 4 –136

（十八）左右穿梭

1. 身体微向左转，左脚向前落地，脚尖外撇，右脚跟离地，两腿屈膝成半坐盘式。同时两手在左胸前成抱球状。然后右脚收到左脚的内侧，脚尖点地。眼看前臂（图 14 – 4 – 137、图 14 – 4 – 138、图 14 – 4 – 139）。

2. 身体右转，右腿向右前方迈出，屈膝弓腿，成成右弓步。同时右手由脸前向上举并翻掌停在右前额，手心斜向上。左手先向左下再经体前向前推出，高与鼻尖平，手心向前。眼看左手（图 14 – 4 – 140、图 14 – 4 – 141、图 14 – 4 – 142）。

3. 身体的重心略向后移，右脚尖稍向外撇，随即身体重心再移至右腿，左脚跟进，停于右脚内侧，脚尖点地。同时两手在右胸前成抱球状。眼看右臂前（图 14 – 4 – 143、图 14 – 4 – 144）。

4. 同 2 解，只是左右相反（图 14 – 4 – 145、图 14 – 4 – 146、图 14 – 4 – 147）。

要点：完成姿势面向斜前方。手推出后，上体不可前俯。手向上举时，防止引肩上耸。

图 14 – 4 –137   图 14 – 4 –138   图 14 – 4 –139   图 14 – 4 –140

图 14 – 4 – 141   图 14 – 4 – 142   图 14 – 4 – 143   图 14 – 4 – 144

图 14 – 4 – 145   图 14 – 4 – 146   图 14 – 4 – 147

（十九）海底针

右脚向前跟进半步，身体重心移至右腿，左脚稍向前移，脚尖点地，成左虚步。同时身体稍向右转，右手从右耳旁斜向下方插出，掌心向左，指尖向下。同时，左手向前，向下划弧落于左胯旁，手心向下，指尖向前。眼看前下方（图 14 – 4 – 148、图 14 – 4 – 149）。

图 14 – 4 – 148   图 14 – 4 – 149

（二十）闪通臂

上体稍向右转，左脚向前迈出，屈膝弓腿成左弓步，同时右手由体前上提，屈臂上举，停于右额前上方，掌心翻转斜向上，拇指朝下。左手向上经胸前推出，高与鼻尖平，手心向前。眼看左手（图14-4-150、图14-4-151、图14-4-152）。

图14-4-150　　　　　图14-4-151　　　　　图14-4-152

（二十一）转身搬拦锤

1. 上体后坐，上体重心移至右腿，左脚尖内扣，上体向右后转，然后上体重心再移至左腿，同时右手随着转体向右、向下经腹前划弧至左肋旁，拳心向下。左掌上举至头前，掌心斜向上。眼看前方（图14-4-153、图14-4-154）。

2. 向右转体，右拳经胸前向前翻转撇出，拳心向上。左掌落于左胯旁，掌心向下，指尖向前。同时右脚收回后即向前迈出，脚尖外撇。眼看右拳（图14-4-155）。

3. 身体重心移至右腿，右脚向前迈一步。左手经左侧向前上划弧拦出，掌心向前下方。同时右拳向右划弧收到右腰旁，拳心向上。眼看左手（图14-4-156、图14-4-157）。

4. 左腿前弓成左弓步，同时右拳向前打出，拳眼向上，高与肩平，左手附于右前臂里侧。眼看右拳（图14-4-158）。

要点：右拳不要握太紧，右拳收回时，前臂要慢慢内旋划弧，然后再外旋停于右腰旁，拳心向上。向前打拳时，沉肩垂肘，右臂微屈。

图14-4-153　　　　图14-4-154　　　　图14-4-155　　　　图14-4-156

图 14 – 4 – 157　　　　　　　图 14 – 4 – 158

（二十二）如封似闭

1. 左手由右腕下向前伸出，右拳变掌，两手手心渐渐翻掌向上慢慢分开收回。同时身体后坐，左脚尖翘起。身体重心移至右腿。眼看前方（图 14 – 4 – 159、图 14 – 4 – 160、图 14 – 4 – 161）。

2. 两手在胸前翻掌，向下经腹前再向上，向前推出，胸部与肩平，手心向前。同时左腿前弓成左弓步。眼看前方（图 14 – 4 – 162、图 14 – 4 – 163）。

要点：身体后坐时，避免后仰，臀部不可凸出。两臂随身体回收时，肩、肘部略向外松开。

图 14 – 4 – 159　　图 14 – 4 – 160　　图 14 – 4 – 161　　图 14 – 4 – 162

图 14 – 4 – 163

（二十三）十字手

1. 屈膝后坐，身体重心移至右腿，左脚尖内扣，向右转体，右手随着转体动作向右平摆划弧，与左手成两臂侧平举，掌心向前。肘部微屈。同时右脚尖随着转体稍向外撇，成右弓步。眼看右手（图14-4-164、图14-4-165）。

2. 身体重心慢慢移至左脚，右脚尖内扣，随即向左收回，两脚距离与肩同宽，两腿逐渐蹬直，成开立步。同时两手向下经腹前向上划弧交叉合抱于胸前，两臂撑圆，腕高与肩平，右手在外成十字手，手心均向后。眼看前方（图14-4-166、图14-4-167）。

要点：合抱时，上体不前俯。站起后上体挺直，头要微微上顶，下颌稍向后收。

图14-4-164　　　　图14-4-165　　　　图14-4-166　　　　图14-4-167

（二十四）收势

两手向外翻掌，手心向下，两臂慢慢下落，停于身体两侧。眼看前方（图14-4-168、图14-4-169、图14-4-170）。

要点：两手左右分开下落时，要做到身体放松，同时气也慢慢下沉。

图14-4-168　　　　图14-4-169　　　　图14-4-170

项目五　初级剑术

一、动作名称

预备式：①压把穿指；②转身平指；③弓步分指；④虚步接剑。

第一段：①弓步直刺；②回身后劈；③弓步平抹；④弓步左撩；⑤提膝平斩；⑥回身下刺；⑦挂剑直刺；⑧虚步架剑。

第二段：①虚步平劈；②弓步下劈；③带剑前点；④提膝下截；⑤提膝直刺；⑥回身平崩；⑦歇步下劈；⑧提膝下点。

第三段：①并步直刺；②弓步上挑；③歇步下劈；④右截腕；⑤左截腕；⑥跃步上挑；⑦仆步下压；⑧提膝直刺。

第四段：①弓步平劈；②回身后撩；③歇步上崩；④弓步斜削；⑤进步左撩；⑥坐盘反撩；⑦转身云剑。

收势：①虚步持剑；②并步站立。

二、完整套路演示

（一）预备式

身体正直，并步站立。左手持剑，手背朝前，右手握成剑指，手背朝上，两臂在体侧下垂，两肘微上提（图14-5-1）。

要点：上身微挺胸，收腹，两膝挺直，持剑时前臂与剑身紧贴

1. 压把穿指。

（1）上身半面向右转，右脚向右上一步，成右弓步。同时，右手剑指从身体右侧经胸前屈肘上举，至左肩后向前方平伸指出，拇指一侧在上。眼看剑指（图14-5-2）。

（2）上身右转，左手持剑由左侧直臂上举，经头部前上方向右侧划弧，至前身时，拇指一侧朝下作反臂平举。同时，右手剑指屈肘收于右腰侧，手心朝上（图14-5-3）。

（3）左脚向右脚并步。左手持剑随之下落，垂于身体左侧。同时，右手剑指向右侧平伸指出，拇指一侧在上。眼看剑指（图14-5-4）。

要点：动作连贯、协调，眼随手动。

图 14 - 5 - 1   图 14 - 5 - 2   图 14 - 5 - 3   图 14 - 5 - 4

2. 转身平指。

（1）上身左转，左脚向左上一步，成左弓步。同时，左手持剑屈肘经胸前向上、向前弧形绕环，平举于身体左侧（图 14 - 5 - 5）。

（2）左腿伸直站立，右脚向前并步。左手持剑随之从身前下落，垂于身体左侧。同时右手剑指屈肘沿右耳侧向前平伸指出，拇指一侧在上（图 14 - 5 - 6）。

要点：身体重心前移时，右脚并步要轻灵。

3. 弓步分指。

（1）左手持剑由右手剑指上面向前平伸穿出，拇指一侧在下，右手剑指顺左臂下面屈肘收于左肩前，并且屈腕使手指朝上。上身右转，右脚向右侧跨步，成右弓步。眼视左方（图 14 - 5 - 7）。

（2）上身右转，右手剑指经身前向右侧平伸指出，拇指一侧在上。眼视剑指（图 14 - 5 - 8）。

要点：成弓步时，左腿要挺直，两脚脚掌均着地。上身略向前倾，挺胸、塌腰。

4. 虚步接剑。右脚的前脚掌内扣，上身左转，重心落于右腿，左腿随之移回半步，成左虚步。同时，左手持剑向胸前屈肘，手心朝外，右手剑指也向胸前屈肘，手心朝里，准备接握左手之剑（图 14 - 5 - 9）。

要点：要虚实分明，右脚跟不能掀起。两肘要平，剑尖朝前，剑身贴紧左小臂。

图 14 - 5 - 5   图 14 - 5 - 6   图 14 - 5 - 7   图 14 - 5 - 8   图 14 - 5 - 9

（二）第一段

1. 弓步直刺。右手接握左手之剑，左脚向前上半步，成左弓步。同时，右手持剑向身前平伸直刺，拇指一侧在上，左手成剑指随之伸向身后平举，拇指一侧在上。眼视剑尖（图14-5-10）。

要点：弓步时，右脚跟不离开地面，腰要向左转，下踏，臀部不凸起，两肩松沉。

2. 回身后劈。左脚不动，膝部伸直，右脚向前上一步，膝略屈，上身右转，同时。左手持剑经上向后劈剑，高与剑平，拇指一侧在上，右手剑指随之由下向后前上弧形绕环，在头顶上方屈肘侧举，拇指一侧在下。眼视剑尖（图14-5-11）。

要点：上步、转身、平劈和剑指向上侧举，必须协调一致。转身后仰，腰向右拧转，左脚不移动。

3. 弓步平抹。左脚向左前方上一步，成左弓步。同时，左手剑指由胸前下落，经左下向上弧形绕环，在头顶上方屈肘侧举，拇指一侧在下，右手持剑随之向前平抹，剑尖稍向右斜。眼视前方（图14-5-12）。

要点：抹剑时，右手心向上，剑与臂成一条直线，用力柔和。

图14-5-10　　　　　图14-5-11　　　　　图14-5-12

4. 弓步左撩。

（1）上身左转，右腿屈膝在身前提起。同时，右手持剑臂外旋使剑由前向上、向后划弧，至后方时，屈肘使手腕、前臂贴靠腹部，手心朝里，左手剑指随之由头顶上方下落，附于右手腕部。眼视剑身（图14-5-13）。

（2）右腿继续向右前方落步，成右弓步。同时，右手持剑由后向下、向前反手撩起，小指一侧在上，左手剑指随右手运动，附于右手腕处。眼视剑尖（图14-5-14）。

要点：整个动作，连贯一致，直背、收腹，剑尖稍低于剑指。

5. 提膝平斩。左脚向前上一步，右手手腕向左上方翻转，屈肘，使剑向左平绕至头部前上方，右腿随之屈膝提起。右手继续转手腕，使剑向右平绕至右后方，再用力向前平斩，左手剑指由下向左、向上弧形绕环，屈肘横举于头部左上方。眼视前方（图14-5-15）。

要点：剑从左向后平绕时，要仰头，使剑从脸部上方平绕而过，提膝时，左腿伸直，上身稍向前倾。

6. 回身下刺。右脚向前落步，上身右转。同时，右手持剑手腕反屈，向后下方直刺，剑尖低于膝，拇指一侧在上，左手剑指向前上方伸直，拇指一侧在上。眼视剑尖（图14－5－16）。

要点：向前落步，身体尽量向右后拧转，剑与右臂成一条直线。

7. 挂剑直刺。

（1）左脚向前上一步，左腿伸直站立，右腿随之在身前屈膝提起。右手持剑使剑尖向左、向上抄挂，左手剑指屈肘附于右手腕处（图14－5－17）。

（2）接着以左腿前脚掌碾地，上身右转。右手持剑使剑向下插，左手剑指附于右手腕处。眼视剑尖（图14－5－18）。

（3）上动不停，右脚向身后跨一步，上身从右向转，成右弓步。同时，右手持剑向前直刺，剑尖与剑高，拇指一侧在上，左手剑指随之向后平伸，拇指一侧在上。眼视剑尖（图14－5－19）。

要点：挂剑、下插、直刺动作必须连贯，并与下肢动作协调一致，转身要快，刺剑力达剑尖。

图14－5－13　　图14－5－14　　图14－5－15　　图14－5－16　　图14－5－17

8. 虚步架剑。

（1）右脚尖外撇，上身从右向后转，左脚向前收拢半步，两膝均略屈成交叉步。同时，右手持剑反手向后上方屈肘上架，左手剑指屈肘经右剑前附于右手腕部。眼向左平视（图14－5－20）。

（2）右腿屈膝不动，左脚向前进一步，成左虚步。在右手持剑略向后牵引的同时，左手剑指向前平伸指出，手心朝下。眼视剑指（图14－5－21）。

要点：虚步要虚实分明，剑身成立剑。

（三）第二段

1. 虚步平劈。上身向右转，成右虚步，在转向的同时，拉右手持剑向下平劈，拇指一侧在上，右手剑指随即向上屈肘，手心向右上方。眼视剑尖（图14－5－22）。

要点：身体重心移动时，左脚尖迅速内扣，左右虚实变化要分明。

图 14 - 5 - 18　　图 14 - 5 - 19　　图 14 - 5 - 20　　图 14 - 5 - 21　　图 14 - 5 - 22

2. 弓步下劈。左脚随即向左前方上步，成左弓步。同时，右手持剑屈腕向左平绕，划一小圈后向前下方劈剑，剑尖高与膝平，左手剑指随之由右腋下向左、向上绕环，在头顶上方屈肘侧举，上身略前倾。眼视剑尖（图 14 - 5 - 23）。

要点：右手绕转幅度不要过大，劈剑时，右肩前顺，左肩后引。

3. 带剑前点。

（1）右脚向左脚靠拢，以前脚掌着地面，两腿均屈膝略蹲，右手持剑向上屈腕，使剑向右耳际带回，肘微屈，左手剑指随之由前下落，附于右手腕处。眼向右前方平视（图 14 - 5 - 24）。

（2）右脚向右前方跃一步，左脚随之跟进，向右脚并步屈膝，以脚尖点地，成丁步。同时，右手持剑向前点击，拇指一侧在上，左手剑指随即屈肘向头上方侧举，手心朝上。眼视剑尖（图 14 - 5 - 25）。

要点：带剑时，右手腕上挑，上体略后倾。点剑时力达剑尖，手腕略高于肩。

4. 提膝下截。

（1）右腿伸直，左腿退步后屈膝，上身后仰。右臂外旋，手心朝上，使剑向右、向后上方弧形绕环，左手剑指不动（图 14 - 5 - 26）。

（2）上动不停，右臂内旋使手心朝下，继续使剑向左、向前下方划弧下截。同时，上身向前探倾，左膝屈膝提起。眼视剑尖（图 14 - 5 - 27）。

要点：剑从右向左划弧下截要连贯，独立要稳，右臂与剑成一直线，剑身斜平。

图 14 - 5 - 23　　图 14 - 5 - 24　　图 14 - 5 - 25　　图 14 - 5 - 26　　图 14 - 5 - 27

5. 提膝直刺

（1）左脚向前落步，脚尖外撇，右臂屈肘，将剑柄收抱于胸前，手心朝里，剑尖高与肩平，左手剑指随之下落，屈肘按于剑柄上。眼视剑尖（图14－5－28）。

（2）右腿向身前屈膝提起，左腿伸直站立，右手持剑向前直刺出，拇指一侧在上。同时左手剑指向右平伸至出，手心朝下。眼视剑尖（图14－5－29）。

要点：抱剑与落步，直刺与提膝动作必须协调一致。直刺时右肩前倾，力达剑尖。

6. 回身平崩。

（1）右脚向前落步成交叉步，右手持剑，屈肘向胸前收回，剑身与右前臂成水平直线，左手剑指，经耳侧屈，肘前落，附于右手心上面。眼视剑尖（图14－5－30）。

（2）上身稍向右转，左腿挺膝伸直，右腿略屈膝。同时，右手持剑使剑的前端用力向右平崩，手心朝上，左手剑指屈肘向额前左上方侧举。眼视剑尖（图14－5－31）。

要点：身体向右拧转要快速有力，手剑、崩剑要连贯，崩剑力达剑前半段。

图14－5－28　　　　图14－5－29　　　　图14－5－30　　　　图14－5－31

7. 歇步下劈。右脚蹬地起跳，左脚向左横跨一步，落地后成歇步。在跃步的同时，右手持剑向上举起，并在形成歇步时向左下劈，左手剑指随着下劈动作，下按于右手腕上面。眼视剑身（图14－5－32）。

要点：成歇步时，右脚跟离地，臀部坐在右小腿上。劈剑时，剑身与地面平行，劈剑与跃步成歇步动作须同时完成。

8. 提膝下点。

（1）两脚前脚掌碾地，上身经右、向后转动，两腿边转边站立起来。右手持剑平绕一周，当剑绕至上身左侧时，上身稍向左后仰，左手剑指离开右手腕向上屈肘侧举。眼视前下方（图14－5－33）。

（2）上动不停，右腿伸直站立，左腿屈膝提起。上身向右侧下探俯。同时右手持剑向前下点击，拇指一侧在上。眼视剑尖（图14－5－34）。

要点：整个动作要连贯，右腿独立时，膝部要挺直，左膝尽量上提，点剑时，右手腕要下曲，力达剑尖。

图14 - 5 - 32　　　　　图14 - 5 - 33　　　　　图14 - 5 - 34

（四）第三段

1. 并步直刺。

（1）上身向后转，右脚掌碾地。由臂内旋屈腕，使剑尖指向转身后的身前，左手向正前方指出，手心朝下（图14 - 5 - 35）。

（2）左脚向前落步，右脚随之跟进半步，两腿均屈膝半蹲。同时，右手持剑向前平伸直刺，左手剑指顺势附于右手腕处。眼视剑尖（图14 - 5 - 36）。

要点：身体左后转要快，并步下蹲时，大腿要平。前刺时，剑与臂成一直线，力达剑尖。

2. 弓步上挑。右脚上步，成右弓步。右手持剑直臂向上挑举，剑尖向上，手心朝左，左手剑指向前平伸指出，手心朝下，上身稍微前倾。眼视剑指（图14 - 5 - 37）。

要点：两臂均应伸直，上举剑刃朝前、后方向。

3. 歇步下劈。左脚向前上步，屈膝全蹲，成歇步。同时，右手持剑向前下劈，拇指一侧在上，剑尖与踝关节同高，左手剑指屈肘附于右手腕里侧，上身稍前俯。眼视剑身（图14 - 5 - 38）。

要点：歇步时，两大腿交叉叠紧，歇步与劈剑同时完成。

4. 右截腕。两脚以前脚掌碾地，使上身右转，左脚前脚掌虚着地面，成左虚步。右臂内旋，右手持剑使剑的前端下刃向前上方划弧翻转，再向右后上方托起，左手剑指附于右手腕，两肘均微屈。眼视剑的前端（图14 - 5 - 39）。

要点：剑刃向右上方翻转力点要明确。划弧避免过大，剑尖稍高于剑柄。

图14 - 5 - 35　　　图14 - 5 - 36　　　图14 - 5 - 37　　　图14 - 5 - 38　　　图14 - 5 - 39

5. 左截腕。左脚向前上半步，上身左转，右脚随之向前上一步，两腿均屈膝，成右虚步。同时右臂外旋，使剑身的前端向左前上方划弧翻转，手心朝上，剑身与地面平行，左手剑指随之离开右手腕，屈肘向上侧举。眼视剑的前端（图14－5－40）。

要点：同右截腕。

6. 跃步上挑。

（1）左脚经身前上一步，右脚随之在身后离地，小腿后屈。同时，右臂屈肘使剑由右向上、向左划弧，右手靠近左胯旁，手心朝里，左手剑指下落附于右腕上。眼视剑尖（图14－5－41）。

（2）左脚蹬地，右脚向右侧跃步，落地后屈膝略蹲，左脚随之离地屈膝从身后伸向右侧，形成望月平衡式，上身向左侧倾俯。在右脚跃步的同时，右手持剑由左胯旁向下、向右划弧，当剑到达右侧时，臂外旋并向拇指一侧屈腕，使剑向上挑击，左手剑指即向左上方屈肘横举，拇指一侧在上。眼视右侧方（图14－5－42）。

要点：跃步要腾空，落地要稳健，跃步与上挑剑要协调一致，挑剑时腕部猛力上屈，剑身斜举于右侧上方。

7. 仆步下压。

（1）右手持剑使剑尖从头上经过，经身后、向右弧形平绕，当绕至右侧时，屈肘将剑柄收抱于胸前下方，手心朝上。同时右膝伸直，左腿屈膝提于身前，左手剑指不变（图14－5－43）。

（2）左脚向左侧落步，成右仆步。同时，右手持剑用剑身平面向下带压，剑尖斜向右上方，左手剑指经身前下落按在右手腕上，上身前探。眼向右平视（图14－5－44）。

要点：仆步和压剑同时完成，上身前探时要挺胸，两肘略屈环抱剑于身前。

图14－5－40　　图14－5－41　　图14－5－42　　图14－5－43　　图14－5－44

8. 提膝直刺。左脚蹬地，屈膝提于身前，右腿挺直站立。同时，右手持剑向身前平伸直刺，拇指一侧在上，左手剑指屈肘在左侧上举，拇指一侧在下。眼视剑尖（图14－5－45）。

要点：蹬地要用力，右腿独立要挺，下膝站稳，左膝尽量上提，脚背绷直，脚尖下垂。

（五）第四段

1. 弓步平劈。上身左后转，左脚向左后转落一大步，成左弓步。同时，右手持剑向身前平刺，剑尖略高于肩，左手剑指向右逆时针划弧一周，架于头顶左上方。眼视剑尖（图 14 – 5 – 46）。

要点：转身时右脚辗转要有力，上体主动带动全身。左脚落地方向偏向左前方，向前劈剑和剑指绕环，必须同时协调完成。

2. 回身后撩。右脚向前上一步，膝微屈，左脚随之离地，小腿向上弯曲。上身前俯，腰向右拧转，右手持剑向后反撩，剑尖斜向下方，拇指一侧在下，左手剑指前伸成侧上举，拇指一侧在下。眼视剑尖（图 14 – 5 – 47）。

要点：站立要稳，后撩剑时，力达下剑刃。

图 14 – 5 – 45　　　　图 14 – 5 – 46　　　　图 14 – 5 – 47

3. 歇步上崩。右脚蹬地，左脚向前跃步，上身随之向右后转，左脚落地，右脚在身后落步，两腿均屈膝全蹲，成歇步。同时右手持剑直臂下压，手腕向拇指一侧上屈，使剑尖上崩，左手剑指随之屈肘在头顶上方侧举，拇指一侧在下。眼视剑身（图 14 – 5 – 48、图 14 – 5 – 49）。

要点：跃步、歇步、崩剑三个动作要连贯、协调。跃步要远，落地要轻。崩剑时，手腕快速上屈，力达剑身前半段，剑尖高与肩平。

4. 弓步斜削。

（1）上身右转，右脚随之向前上步，成右弓步。右手持剑，臂外旋使手心朝上，左手剑指随之从身前落下，按于剑柄上，上身向右前倾。眼视前方（图 14 – 5 – 50）。

（2）右手持剑由后向前方斜弧形上削，手心斜向上。同时，左手剑指伸向后方，拇指一侧在上。眼视剑尖（图 14 – 5 – 51）。

要点：削剑时，力达上剑刃，右手稍低于肩，剑尖略高于头，剑指略高于肩。

图 14 – 5 – 48   图 14 – 5 – 49   图 14 – 5 – 50   图 14 – 5 – 51

5. 进步左撩。

（1）上身向左转，成左弓步。右手持剑使手心朝里经脸前，边转身边向左划弧，剑至体前时，左手剑指附于右手腕里侧。眼视剑尖（图 14 – 5 – 52）。

（2）上身向右后转，左脚随之向前上步，以前脚掌着地面。同时右手持剑反手向下、向前、向上划弧撩起，剑至前上方时，肘部略屈，剑尖高与肩平，左手剑指附于右手腕。眼视剑尖（图 14 – 5 – 53）。

要点：剑的绕环要圆活、连贯、上下协调一致，剑刃绕环时始终朝前。

6. 进步右撩。

（1）右手持剑直臂向上、向右后方划弧，左手剑指随势收于右肩前。眼视剑尖（图 14 – 5 – 54）。

（2）右脚随之向左脚前上一步，前脚掌虚着地面。同时，右手持剑由右向下、向前划弧抡臂撩起，剑尖高与头平，左手剑指随之由右肩前向下、向前、向后上方绕环，屈肘侧举于头左上方。眼视剑尖（图 14 – 5 – 55）。

要点：动作连贯，身、剑配合要协调。

7. 坐盘反撩。右脚踏实后向前上一步，左脚从右腿后向右侧插一步，成坐盘式。同时，右手持剑向上、向左、向下、再向右上方反手绕环斜上撩，剑尖高过头顶，左手剑指随之经体前向下、向后上方划弧，屈肘横举于左耳侧，拇指一侧在上，上身向左前倾。眼视剑尖（图 14 – 5 – 56）。

要点：坐盘时，左腿外侧盘坐地面，右腿盘落于左腿上，全脚掌着地，上身倾俯时，胸要内含。

图 14 – 5 – 52   图 14 – 5 – 53   图 14 – 5 – 54   图 14 – 5 – 55   图 14 – 5 – 56

8. 转身云剑。

（1）右脚蹬地，两腿站起，上身向左后转，身体重心落于头部。同时，右手持剑随身体转动一周后屈肘使剑平举，拇指一侧在下，左手剑指附于右腕处。眼视剑尖（图14-5-57）。

（2）上动不停，上身后仰，右手持剑向左、向后、向右、向前弧形云绕一周，剑至身前时，右手手心朝上，送把，使剑尖下垂，左手剑指放开，拇指一侧朝上，准备接握右手之剑。此时重心前移，左脚踏实，右腿伸直，上身前倾。眼视左手（图14-5-58）。

要点：转身和云剑动作要连贯，云剑时要挺胸、仰头，剑身经过面前要平、要快、要灵活。

（六）收势

1. 虚步持剑。右手将剑柄交于左手后即握成剑指，左手接剑后反握住剑柄向身体左侧下垂。此时右脚向右前方上步，脚尖内扣，屈膝略蹲，上身随之左转，左脚随之向前移步，以前脚虚着地面，成左虚步。在上身左转的同时，右手剑指随之由身后向上屈肘举于头右上方，手心朝上。眼向左平视（图14-5-59）。

要点：左肘略上提，剑身紧贴前臂后侧，左手离胯约10厘米。

2. 并步站立。右腿伸直，右脚向左脚靠拢，并步站立。右手剑指下落于身体右侧，手心朝下，恢复成预备。眼视前方（图14-5-60）。

图14-5-57　　　　图14-5-58　　　　图14-5-59　　　　图14-5-60

项目六　初级棍术

一、初级棍术完整动作名称起势

第一段：①弓步劈棍；②弓步撩棍；③虚步上拨棍；④虚步把拨棍；⑤插步抢劈棍；⑥翻身抢劈棍；⑦马步平抢棍；⑧跳步半抢劈棍。

第二段：①单手抢劈棍；②提膝把劈棍；③弓步抢劈棍；④弓步背棍；⑤挑把棍；⑥转身弓步戳棍；⑦踢腿撩棍；⑧弓步拉棍。

第三段：①提膝拦棍；②插步抢把劈棍；③马步抢劈棍；④翻身马步抢劈棍；⑤上步右撩棍；⑥上步左撩棍；⑦转身仆步摔棍；⑧弓步崩棍。

第四段：①马步把劈棍；②歇步半抢劈棍；③左平舞花棍；④右平舞花棍；⑤插步下点棍；⑥弓步下点棍；⑦插步下戳棍；⑧提膝拦棍。

收势。

二、初级棍术完整套路演示

（一）起势

动作要领：两脚并立，右手持棍立于身体右侧。目向左平视。右手提棍上举，臂伸直。左手随即握住把，臂平屈胸前（图14-6-1、图14-6-2）。

图14-6-1　　　　　图14-6-2

（二）第一段

1. 弓步劈棍。

图14-6-3

（1）动作要领：身体左转，左脚向前上一步成左弓步。同时，两手握棍向前下劈，棍梢略高于肩，棍把紧贴左腰侧。目视前方（图14-6-3）。

（2）易犯错误：上步与劈棍动作不协调。

（3）纠正方法：弓步与劈棍分解练习。

2. 弓步撩棍。

（1）动作要领：右手经体前滑把握住棍的把端，左手撒开握于棍的中段，向前撩出。右脚向前方上一大步，成右弓步。目视前方（图14-6-4）。

图14-6-4

（2）易犯错误：撩棍与上步不协调。

（3）纠正方法：换把与撩棍上步分解练习。

3. 虚步上拨棍。

（1）动作要领：左手使棍梢在头上绕半圈。头微后仰。同时左脚向前上一步，右脚再上半步，成右虚步。左臂伸直向前平摆，手心向下，身体左转，棍梢向左上方拨动，右手置于左腋下，棍梢高与头平。目视棍前方［图14-6-5（1）、图14-6-5（2）］。

图14-6-5（1）

图14-6-5（2）

（2）易犯错误：上步与拨棍不协调。

（3）纠正方法：上右脚步同时棍梢向左拨，右手握棍位置不变。

4. 虚步把拨棍。

（1）动作要领：右脚向前跨半步，左脚向前上一步，脚尖点地，成左虚步。两手在头顶上方做云棍使棍把向前上方拨击，棍把一端略高于头部。目视棍把（图14-6-6）。

图 14 – 6 – 6

（2）易犯错误：云棍时未走平圆，拨动棍把与虚步不能同时完成。

（3）纠正方法：左、右云拨棍练习。上、下肢配合的完整练习。

5. 插步抢劈棍。

（1）动作要领：左脚外撇，两手握棍使棍身在左腿外侧绕行一周，成立圆。同时上右脚插左步，左手由左向右绕弧半周做下劈，右手置于左腋下。目视棍稍（图 14 – 6 – 7）。

图 14 – 6 – 7

（2）易犯错误：抢劈时，两手握棍太紧，棍身未贴身体，使动作不协调。

（3）纠正方法：原地舞花抢劈棍练习。练习时须通过腰的转动将上、下肢的动作协调。

6. 翻身抢劈棍。

（1）动作要领：以两脚为轴，上体向左后翻转，两腿成半马步。与此同时，左手握棍随翻身动作向左侧前方下劈。右手握棍把置于右腹前，棍稍略高于棍把。目视左前方（图 14 – 6 – 8）。

图 14 – 6 – 8

（2）易犯错误：翻身动作时棍梢成横扫，马步与劈棍不协调。

（3）纠正方法：翻身劈棍贴身走立圆。马步与劈棍分解练习。

7. 马步平抡棍。

（1）动作要点：两手握棍背于后肩，左手撒开，右手握住棍把用力向身前抡动，棍梢平抡一周。左脚为轴向左后转，右脚向左侧上一步成马步。平抡棍后，两臂平屈胸前，左手松握于右手外面，手心均向下，棍身架于左上臂部。目视右前方（图 14 – 6 – 9、图 14 – 6 – 10）。

图 14 – 6 – 9   图 14 – 6 – 10（侧面）

（2）易犯错误：抡棍时不平，上步与抡棍不协调。

（3）纠正方法：平抡棍练习。结合转身上步进行完整动作的练习。

8. 跳步半抡劈棍。

（1）动作要领：两脚蹬地向右转体换跳落地成马步，同时棍梢沿身体向前下方抡半圆。左手随即向前松握滑把向右前下方做下劈，右手握棍把撒至右腰前。目视棍梢（图 14 – 6 – 11、图 14 – 6 – 12）。

图 14 – 6 – 11   图 14 – 6 – 12

（2）易犯错误：两脚换跳时离地太高，抡劈棍与转体动作不协调。

（3）纠正方法：换跳练习，结合棍法进行完整动作练习。

（三）第二段

1. 单手抡劈棍。

（1）动作要领：右脚左移，上体右转，成右高虚步。左手撒开，右手握棍上举，使棍梢经右腿外侧向后绕行一周收至右腹前，同时右脚后退一步成半马步。棍梢向上、向前绕行。左手握住棍的中段，两手向体左侧劈棍。目视棍梢（图14－6－13）。

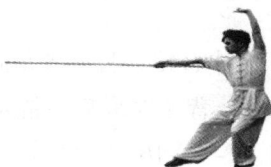

图 14 －6 －13

（2）易犯错误：棍不贴身，左手接握棍身时易脱把。

（3）纠正方法：单手外腕花抡劈棍练习。

2. 提膝把劈棍。

（1）动作要领：重心移至右腿，左脚内收提膝成右独立式。同时，右手举棍向前劈棍；左手收至右腋下，目视前方（图14－6－14）。

图 14 －6 －14

（2）易犯错误：劈棍与提膝不协调，上体后仰。

（3）纠正方法：劈棍与提膝分解练习后上下肢结合练习，身体微前倾。

3. 弓步抡劈棍。

（1）动作要领：左脚下落，上体左转，右手握棍向左腿外侧抡一周，右脚向前上一步成右弓步，左手向棍身中段移握，向右绕行下劈，右手顺势收于左腋下。目视棍梢（图14－6－15）。

图 14 －6 －15

（2）易犯错误：抡劈动作不连贯。

（3）纠正方法：舞花抡劈练习，棍走立圆。

4. 弓步背棍。

（1）动作要领：右脚外撇，上体右转。两手舞花向右腿外侧抡绕一周。左脚上步成左弓步。同时右手单手握棍抡绕，背于左肩后，棍梢指向前上方。左手由右胸向前推掌，掌指向上。目视左掌（图14-6-16）。

图 14-6-16

（2）易犯错误：弓步起跟，背棍时棍不贴身。

（3）纠正方法：右脚五趾抓地，沉跨，后腿蹬直，舞花背棍分解练习。

5. 挑把棍。

（1）动作要领：右脚向前上步成右弓步，上体左转。同时左手接握棍中段，右手握棍向左前上绕行，使棍把向左前上方挑起。目视棍把（图14-6-17）。

图 14-6-17

（2）易犯错误：向前挑把时，右臂太直。

（3）纠正方法：上部，挑把分解练习。

6. 转身弓步戳棍。

（1）动作要领：右脚尖里扣，左腿屈膝提起，成右独立式，上体稍左转180度，两手握棍使棍身贴于左腿小腿内侧，左脚立即向身体左侧落步，成左弓步。同时，两手握棍使棍梢向左侧平戳，左手松握后滑与右手靠近。目视棍梢（图14-6-18、图14-6-19）。

图 14 - 6 - 18　　　　　　　　　　图 14 - 6 - 19

（2）易犯错误：提膝和转身动作不连贯。平戳棍时易耸肩。

（3）纠正方法：提膝不宜过高，转身要敏捷。提膝、转身、平戳棍分解动作练习。

7. 踢腿撩棍。

（1）动作要领：右脚向前移，身体重心移至右腿上，上体右转。两手握棍向右侧后方提撩一圈，棍身落于左臂。同时右脚侧踢，脚尖勾起与头同高，目视前方（图14 - 6 - 20）。

图 14 - 6 - 20

（2）易犯错误：撩棍和踢腿不协调，耸肩。

（3）纠正方法：两手撩棍练习。侧踢腿练习。上下肢配合的完整动作练习。

8. 弓步拉棍。

（1）动作要领：右脚在身体右侧落步，成右弓步。同时，右手向右肩前拉带并内旋，左臂直臂下压内旋，棍身斜放于身前。目视左下方（图14 - 6 - 21）。

图 14 - 6 - 21

（2）易犯错误：拉棍与弓步动作不协调。

（3）纠正方法：完成弓步拉棍动作，切不可直腿下落砸地。

（四）第三段

1. 提膝拦棍。

（1）动作要领：左脚向右跨一大步成马步。左手握棍左侧推出，右手顺势提至头上。左脚尖里扣，左手握棍上举于左后侧，右手顺势向胸前下拉，棍身斜举于胸前，左手棍梢向左上方。右腿屈膝提起，右手握住棍把向前推拦，左手举于头上，上体前倾，棍身斜架于身前。目视棍把（图14-6-22）。

图14-6-22

（2）易犯错误：动作不连贯，支撑腿不稳。

（3）纠正方法：先进行转身提膝的练习，提膝要展胯成侧提膝。结合棍法进行完整动作的练习。

2. 插步抡把劈棍。

（1）动作要领：右脚向前落步，两手做舞花棍。同时，上左脚插右脚身体左转，做右把下劈。目视棍把（图14-6-23）。

图14-6-23

（2）易犯错误：动作不连贯，两手握棍过死，棍身未贴近身体。

（3）纠正方法：插步与抡劈棍慢动作练习，棍贴身做立圆。

3. 马步抡劈棍。

（1）动作要领：以两脚掌为轴，上体向右翻转180度。同时，右手握棍向右后方绕行，左手则顺势直臂斜伸左下侧，左脚向身体右侧跨一大步，上体从右向后转成马步。同时，左手握棍向上，并随着转体动作向身体右侧抢棍，使棍的上段向前平劈。
目视棍梢（图14-6-24）。

图14-6-24

（2）易犯错误：劈棍动作须用力，并与马步动作同时完成。

（3）纠正方法：与基础棍术的马步抢劈棍相同。

4.翻身马步抢劈棍。

（1）动作要领：蹬地起跳做转体360度，两手握棍随转体绕抢一周，成马步劈棍。
目视棍稍（图14-6-25、图14-6-26）。

图14-6-25　　　　图14-6-26

（2）易犯错误：劈棍与马步两个动作不能同时完成。

（3）纠正方法：徒手的翻身跳练习。结合棍法进行完整动作练习。

5.上步右撩棍。

（1）动作要领：两腿直立，左手向棍把一端下滑并迅速两手一齐向右绕行一周。
同时上体右转，紧接右脚跟上一步，左腿半蹲成右虚步。目视棍梢（图14-6-27）。

图14-6-27

（2）易犯错误：棍上撩时，没有靠近身体右侧。

（3）纠正方法：原地左右撩棍。

6. 上步左撩棍。

（1）动作要领：上动不停。左手迅速移至右手拇指前握棍，两手一齐向左后抡棍一周。目平视前方（图14-6-28）。

图14-6-28

（2）易犯错误：与"右撩棍"相同，唯左右方向相反。

（3）纠正方法：原地左右撩棍练习。

7. 转身仆步摔棍。

（1）动作要领：上动不停。两手握棍继续向上撩棍的同时扣腕做舞花下劈。同时左脚掌里扣，右脚跟辗转，上体随即右转。右脚向身后落步全蹲，成左仆步。两手向下劈棍，左臂伸直，右臂屈肘于胸前正下方，棍梢前半段摔地，上体稍前倾。目平视前方（图14-6-29、图14-6-30）。

图14-6-29   图14-6-30

（2）易犯错误：摔棍动作与仆步不能同时完成，棍身与左腿不平行。

（3）纠正方法：舞花仆步摔棍练习。

8. 弓步崩棍。

（1）动作要领：右腿挺膝蹬直，左腿屈膝半蹲，成左弓步。左手略向右手前滑握，棍顺势前送，两臂自然伸直，右手猛力向下压，使棍梢从下向上崩挑，高与头平。目视棍梢（图14-6-31、图14-6-32）。

图 14 - 6 - 31　　　　　　　　　图 14 - 6 - 32

（2）易犯错误：上崩弧度过大，与弓步不协调。

（3）纠正方法：两手随身体重心上提向前顺送，然后，再与弓步同时完成崩棍动作。

（五）第四段

1. 马步把劈棍。

（1）动作要领：身体重心后移，左脚随即稍回收，右脚向左脚前跨一大步，上体随即向左后转，两腿半蹲成马步。右手随着转体动作从右肩前上方一面滑握于棍身中段，一面向前做抢劈动作，此时，右臂向右伸平，手心向下，左手至左腰侧，虎口向右，把端高度在胸下、腰上之间。目视棍把（图 14 - 6 - 33）。

图 14 - 6 - 33

（2）易犯错误：上步与劈棍动作不一致。

（3）纠正方法：上步与劈棍做慢动作练习，完整动作练习。

2. 歇步半抢劈棍。

（1）动作要领：上身右转，两腿成歇步。右手滑握至棍把收至腹前，左手滑握至棍身中段向身前平劈。左臂向前伸平。右手握棍至腹前，棍梢与肩同高。目视棍梢（图 14 - 6 - 34）。

图 14 - 6 - 34

（2）易犯错误：转体下坐与劈棍动作不一致。劈棍无力。

（3）纠正方法：两腿全蹲交叉相叠。身体保持马步时的高度，不可上提后再下落。

3. 左平舞花棍。

（1）动作要领：两腿立起，左脚向前一步，左脚蹬地跳起，右脚向身前跨跳一步，身体随即向左后转，右手握棍，随转体动作在头上平转一周半。左脚在身后退一大步，上体随即向左后转成左弓步。棍梢略高于头。目视棍梢（图 14 - 6 - 35）。

图 14 - 6 - 35

（2）易犯错误：舞花时，两手握得太紧，与上步不协调。

（3）纠正方法：舞花棍时两手松握，跳步与舞花棍分解练习。

4. 右平舞花棍。

（1）动作要领：右脚向右前方上一步，在头顶上方向右云棍一周。同时上左脚，插右脚，转身向右上方拨击。左手置于右肋处，棍梢贴靠右胯外侧。目视棍把（图 14 - 6 - 36、图 14 - 6 - 37）。

图 14 - 6 - 36   图 14 - 6 - 37

（2）易犯错误：同上，唯云棍方向相反。

（3）纠正方法：进行左右云拨棍练习。

5. 插步下点棍。

（1）动作要领：两手握棍使棍把向左后方贴身绕一周，同时插步向右点棍。目视棍稍（图14-6-38）。

图14-6-38

（2）易犯错误：插步与点棍动作不协调。

（3）纠正方法：进行左右点棍练习，再结合步法进行完整动作的练习。

6. 弓步下点棍。

（1）动作要领：上体左转，右脚后退一步，成左弓步。同时滚向左侧点地。两臂伸直，两手位于膝盖前。目视棍梢（图14-6-39）。

图14-6-39

（2）易犯错误：点棍时，左腕幅度太大。

（3）纠正方法：原地点棍练习，使棍梢放远些。

7. 插步下戳棍。

（1）动作要领：重心后移，上体右转，左脚向右侧插一步，成交叉步。左手先上抬并向棍梢一端滑握，右手从把端略向中段滑握，使棍把由腹前向身体右下方戳击。右臂伸直，左臂屈肘于左胸前，手心向里，上体左倾。目视棍把（图14-6-40）。

图 14 - 6 - 40

（2）易犯错误：插步与戳把动作不协调。

（3）纠正方法：插步与戳把动作的完整练习。

8. 提膝拦棍。

（1）动作要领：右脚向右退一步，上体左转，两手握棍，右手握把向左上绕弧，重心移至右腿，左腿屈膝提起，成右独立式。同时两手向身体左上方架拦，棍梢指向左斜下方。目视左前方（图 14 - 6 - 41）。

图 14 - 6 - 41

（2）易犯错误：抢摆棍不协调，拦棍与提膝不一致。

（3）纠正方法：两手握棍抢摆时要柔和连贯。提膝须展胯成侧提膝，与拦棍同时完成。

（六）收势

动作要领：右手从上屈肘向身体右侧下落，臂伸直，左手顺势向右上滑把，使棍把下降至右腿外侧，棍身直立。目仍视左侧。左脚下落与右脚并立。同时左手撒开垂于身体左侧，棍把在右脚外侧着地。目视正前方（图 14 - 6 - 42）。

图 14 - 6 - 42

参考文献

1. 钟勇："警察体能训练的基本原则与方法"，载《辽宁警专学报》2007 年第 6 期。

2. 黄肃扬："中国加入 WTO 对警察体能的新挑战初探"，载《甘肃政法成人教育学院学报》2004 年第 2 期。

3. 李平、刘宇星、黄佑琴主编：《大学体育与健康教育》，中国经济出版社 2007 年版。

4. 蒋珊："关于大学生心理健康的思考"，载《山西青年管理干部学院学报》2005 年第 3 期。

5. 谢群、符万忠主编：《高职高专体育教程》，人民邮电出版社 2014 年版。

6. 卢平主编：《体育与健康》，西南交通大学出版社 2007 年版。

7. 钟丹、周巧燕主编：《高职体育与健康》，北京体育大学出版社 2014 年版。

8. 文超主编：《田径运动高级教程》，人民体育出版社 1994 年版。

9. ［美］裴博儒、裴派特著，张云涛译：《青少年篮球训练 110 法》，人民体育出版社 2004 年版。

10. 全国体育学院教材委员会审定：《体育学院普修通用教材：足球》，人民体育出版社 1991 年版。

11. 全国体育学院教材委员会审定：《体育学院函授通用教材：足球》，人民体育出版社 1994 年版。

12. 高宝华：《普通高校足球课程教材》，南开大学出版社出版 2010 年版。

13. 美国国家足球教练员协会著，李春满等译：《经典足球指导教材》，北京体育大学出版社 2009 年版。

14. 钟丹、张向东主编：《中职体育文化与运动教程》，北京体育大学出版社 2011 年版。

15. 赵青主编《排球技战术全图解》，北京大学出版社 2009 年版。

16. 朱征宇、柳天杨、李志兰主编：《网球 乒乓球 羽毛球》，广东人民教育出版社 2003 年版。

17. 徐佶、张伟健主编：《体育教师教学综合技能训练理论与实践》，广东人民教育出版社 2016 年版。

18. 郑超主编：《羽毛球教程》，北京交通出版社 2010 年版。

19. 张勇、刘燕编著：《羽毛球入门》，安徽科学技术出版社 2009 年版。

20. 中国羽毛球协会审定：《羽毛球竞赛规则（2017）》，北京体育大学出版社 2017 年版。

21. ［加］乔奇：《网球技战术》，东南大学出版社 2013 年版。

22. 网球杂志：《网球入门宝典》，湖南文兴出版社 2011 年版。

23. 孙卫星、张旭编著：《网球规则入门导读》，北京体育大学出版社 2007 年版。

24. 白波编著：《跟我学网球》，成都时代出版社 2009 年版。

25. ［日］丸山熏著，修翠华等译：《网球技巧图解》，北京体育大学出版 2002 年版。

26. 温宇红、李文静主编：《蛙泳技术图解》，北京体育大学出版社 2004 年版。

27. 温宇红、李文静主编：《蝶泳技术图解》，北京体育大学出版社 2004 年版。

28. 温宇红、李文静主编：《仰泳技术图解》，北京体育大学出版社 2004 年版。

29. 温宇红、李文静主编：《爬泳技术图解》，北京体育大学出版社 2004 年版。

30. 秋实主编：《实用游泳入门》，世界图书出版社 2009 年版。

31. 膳书堂文化编：《游泳入门与指导》，中国画报出版社 2009 年版。

32. 谢伦立、刘振卿主编：《游泳课堂》，人民体育出版社 2012 年版。

33. 全国体育学院教材委员会审定：《体育学院普修通用教材：武术》，人民体育出版社 1989 年版。

34. 纪秋云主编：《普通高校体育选项课教材：武术》，北京体育大学出版社 2004 年版。

35. 曹冬、徐春林主编：《体育大学》，华南理工大学出版社 2001 年版。

36. 杜少辉等主编：《高职院校体育课教程》，北京体育大学出版社 2008 年版。

37. 田麦久、刘大庆主编：《运动训练学》，人民体育出版社 2012 年版。